H. R. Hansen

Klare Sicht am Info-Highway

Klare Sicht am Info-Highway

Geschäfte via Internet & Co.

von
Hans Robert Hansen

unter Mitarbeit von
Christian Bauer, Martin Bichler, Walter Blocher, Christina Drimmel,
Anton Karl Forstner, Stefan Nusser und Andreas Schuster

Wien 1996

Verlag Orac
profil
trend

Die Deutsche Bibliothek - CIP-Einheitsaufnahme

Hansen, Hans Robert:
Klare Sicht am Info-Highway : Geschäfte via Internet & Co. / von Hans Robert Hansen. Unter Mitarb. von Christian Bauer ... - Wien : Orac ; [München ; Wien] : Profil ; [Buggingen] : Trend, 1996
ISBN 3-7007-0789-4

ISBN 3-7007-0789-4

Verlag Orac, Wien

Titelblatt: Ilse Wandl und Thomas Kussin
Herstellung und Lithos: trend-Verlagstechnik, 1013 Wien
Druck & Buchbindearbeiten: Laber Druck, 5110 Oberndorf

Anschrift der Verfasser: Wirtschaftsuniversität Wien
Abteilung für Wirtschaftsinformatik
Augasse 2–6, A-1090 Wien
Telefon: (+43-1) 313 36-4468; Fax: (+43-1) 313 36-746
E-Mail: wi-sek@wu-wien.ac.at
WWW: http://www.wu-wien.ac.at

Vorwort

Das explosive Wachstum des Internet, der Markteintritt neuer On-line-Services und Feldtests des Interaktiven Fernsehens stoßen in weiten Bereichen der Wirtschaft auf großes Interesse. Durch Angebote auf Basis interaktiver Dienste lassen sich effizientere Organisationsformen realisieren, neue Märkte erschließen und die Kunden direkt und individuell ansprechen.

Dieses leichtverständliche Buch richtet sich an Praktiker, die rasch ein wissenschaftlich fundiertes Wissen über die kommerzielle Nutzung des Info-Highways erwerben wollen. Im Mittelpunkt stehen die Geschäftspotentiale, Aktionsräume und Grenzen des Internet.

In den beiden ersten Kapiteln werden aktuelle Telekommunikationsbegriffe verständlich erklärt, und es wird eine Übersicht über die wichtigsten On-line-Dienste gegeben. Dabei erfahren Sie alles über die Stärken und Schwächen von Audiotexdiensten, Kiosksystemen, Videotexdiensten, Internet-Diensten und Interaktivem Fernsehen. Dazu: Anbieter und Benutzer, Kosten und Nutzeffekte, Fallstudien und zahlreiche Beispiele aus der Wirtschaft. Im Vergleich: World Wide Web (WWW) vs. T-Online (Btx) vs. America Online, CompuServe und Microsoft Network. Vor allem aber: das Potential von Anwendungen wie E-Mail, FTP und NetNews bis hin zu Teleshopping und Video-on-Demand.

Das dritte Kapitel behandelt Masseninformationssysteme: Das sind Informationsangebote und Geschäftstransaktionen mit einer großen Zahl räumlich verteilter Privatkunden auf der Basis von On-line-Diensten. Folgende Fragen werden diskutiert: Unter welchen Umständen ist es überhaupt sinnvoll, ein solches System aufzubauen? Was sind die Ziele der Betreiber und Benutzer? Welche Grundsatzentscheidungen sind in Abhängigkeit von der jeweiligen Situation zu treffen? Wie laufen On-line-Geschäftstransaktionen ab? Ist es besser, als Anbieter allein aufzutreten oder sich mit Partnern zusammenzutun? Welche Rolle spielen die Netzzugangsanbieter? Wie kann den Benutzern geholfen werden, sich im Cyberspace zurechtzufinden, gibt es Suchhilfen? Wie gut sind die Haushalte für die schöne neue Informationswelt gerüstet? Welche Reichweiten und Leistungen bieten die verschiedenen Netzbetreiber? Wie entwickelt sich die Telekom-Situation in Deutschland und Österreich – vor allem im Zuge der bevorstehenden EU-Liberalisierung? Was sind die innerbetrieblichen Voraussetzungen für einen erfolgreichen Online-Vertrieb? Einen Schwerpunkt bildet die erste österreichische Geschäftspotentialanalyse für interaktive Dienste: 420 Haushalte und 218 Unternehmen wurden detailliert über ihre Erfahrungen und Erwartungen befragt.

Das vierte Kapitel erläutert das Marketing via Internet. Ausgehend von den bisherigen Erfahrungen kommerzieller Anbieter und einer Zielgruppenanalyse aufgrund aktueller Benutzerstatistiken, werden Empfehlungen zur Produkt-, Preis-, Kommunikations- und Distributionspolitik im World Wide Web gegeben. Die „Netiquette" bei der Kontaktierung von Kunden steht dabei ebenso zur Diskussion wie eine Klassifikation kommerzieller WWW-Sites. Das Spektrum reicht von der bloßen elektronischen Visitenkarte über Advertainment, Prospekte und Kataloge bis hin zu großen Shopping-Malls mit Hunderten von Firmen und Tausenden von Produkten. Die Stärken und Schwächen der heimischen Wirtschaft im Cyberspace werden anhand typischer Beispiele branchenbezogen analysiert.

Sicherheit und Recht sind die zentralen Problembereiche, denen das fünfte Kapitel gewidmet ist. Angst vor Computerviren, bösen Hackern und betrügerischen Manipulationen schrecken viele Unternehmen vom Internet ab. Die an sich zweckmäßige Integration der Web-Site in die hausinterne Informationsverarbeitung wird als gefährlich angesehen. Oft entstehen deshalb Insellösungen mit hohem Wartungsaufwand und Dateninkonsistenz. Hier werden die neuesten Möglichkeiten zur sicheren Identifizierung und elektronischen Bezahlung bei Geschäftstransaktionen dargestellt und der Einsatz moderner „Firewalls" zur Abschottung der internen Netze vom Internet gezeigt.

Während technische Probleme und Akzeptanzschwierigkeiten abnehmen, sehen sich die Anbieter und Konsumenten im Bereich der Telekommunikation mit einer Fülle ungeklärter rechtlicher Fragen konfrontiert. Die behandelten Themen reichen von der Zulässigkeit unverlangter Werbung über Rechtsfragen bei Vertragsabschlüssen (Formerfordernisse, Mißbrauchshaftung, anwendbare Rechtsordnung) bis hin zum Verbraucherschutz beim Teleshopping (EU-Richtlinie).

Das letzte Kapitel beschreibt die systematische Entwicklung von WWW-Angeboten. Zunächst werden die Bausteine einer WWW-Präsenz – die Informations-, die Verkaufs- und die Unterhaltungskomponente – aus der Entwicklerperspektive beleuchtet. Sodann werden die Erfolgsfaktoren von WWW-Angeboten herausgearbeitet. Daraus wird ein Vorgehensmodell für die Analyse, den Entwurf, die Realisierung, die Einführung und die Wartung von Masseninformationssystemen abgeleitet, das sich inzwischen in einer Vielzahl von Praxisprojekten bewährt hat. Eine abschließende Fallstudie kennzeichnet die Entwicklung des WWW-Angebotes der Bank Austria anhand dieses Schemas.

Die Autoren dieses Buches sind an der Abteilung für Wirtschaftsinformatik der Wirtschaftsuniversität Wien tätig. Dort gibt es seit 1993 ein Kompetenzzentrum „Masseninformationssysteme“, in dem eng mit der Praxis zusammengearbeitet wird. Kooperationspartner, für die WWW-Sites (weiter-)entwickelt worden sind, sind u. a. Austrian Airlines, Bank Austria, Lufthansa Österreich, ÖAMTC, Olympus Austria und Rank Xerox Austria. Die Erfahrungen aus diesen Partnerschaften sind in das vorliegende Buch eingeflossen. Das Konzept und die Kapitel 1–3 stammen von Hans Robert Hansen, der auch die inhaltliche Gesamtabstimmung vorgenommen hat. Das vierte Kapitel haben Christina Drimmel und Andreas Schuster geschrieben. Die Sicherheitsproblematik im Kapitel 5 hat Stefan Nusser behandelt, die Ausführungen zum rechtlichen Kontext hat Walter Blocher verfaßt. Koautoren des sechsten Kapitels über die erfolgreiche Entwicklung von WWW-Angeboten sind Christian Bauer und Martin Bichler. Anton Karl Forstner zeichnet als Koautor der Kapitel 1–2 und für die Schlußredaktion verantwortlich.

Inhalt

1 Einleitung

Willkommen am I-Way

Längst sind dem Wort Flügel gewachsen. Fast jeder kennt es – zumindest vom Hörensagen. Nur drei Jahre nachdem US-Vizepräsident Al Gore den Info-Highway als elektronische Goldader der Zukunft thematisierte, grassiert das Virus weltweit.
„Information at your fingertips" postuliert Microsoft-Boss Bill Gates immer und überall. Industrie, Zeitungen und Fernsehen erklären den Information Superhighway, I-Way oder Datenhighway – wie immer er auch genannt wird – zum Weg in die Zukunft. Viele Namen für einen Begriff, der aus der medialen Technologieecke ausgebrochen ist und immer öfter die Titelseiten beherrscht. Egal, ob bei „Newsweek", „Business Week" und „Fortune" oder den bekanntesten europäischen Magazinen – überall war der Datenhighway schon Thema Nummer eins.
Die große Popularität gründet sich nicht zuletzt in der Vielschichtigkeit und Phantasie, die dieses Wort vermittelt. Info-Highway, das ist die international vernetzte Computerwelt, der Cyberspace, die Virtual Reality, die sich nur aus Nullen und Einsen definiert und dennoch unendlich erscheint.

Der I-Way ist zum Synonym der neuen multimedialen und interaktiven Informationsgesellschaft avanciert. Die Fahrbahnen heißen Internet, On-line-Dienste, Video-on-Demand (VOD) oder Interaktives Fernsehen (ITV). All das, sind sich Microsoft-Gründer Paul Allen und Bill Gates einig, wird die Welt nachhaltiger verändern, als es der Computer bisher vermochte.

Die internationale digitale Informationsrevolution breitet sich über das Internet aus. Von Telearbeitsplätzen ist die Rede, deren einzige Verbindung zum Arbeitgeber die Datenleitung ist. Pizzas mutieren zu Cyber-Pizzas, weil sie per Computer nach Hause geordert werden können. Teleshopping vom Wohnzimmer oder Büro aus ist der Hit. Filme sollen bald nicht mehr aus der Videothek, sondern aus dem Kabel kommen. Und statt zu telefonieren, sind On-line-Plaudereien, sogenannte Chats am Computer, en vogue.

Ungeahntes wird durch das weltweite Datennetz, in das man sich mit PC und Modem über die Telefonleitung ganz einfach einklinken kann, möglich. Internet macht die Welt endgültig zum Dorf. Es gibt kaum einen Bereich, der vernetzt nicht angeblich besser oder billiger funktionieren würde. Die Thesen reichen von „Internet verbessert die Kommunikation“ über „Es durchbricht starre Hierarchien und eröffnet ungeahnte Vertriebspotentiale“ bis zu „Information wird auf Knopfdruck abrufbar“. Auch der Straßenverkehr würde weniger, wird argumentiert, wenn erst mehr Menschen zu Hause blieben und statt der Autobahn die Infobahn benutzten.

Die ökonomischen Chancen, die sich aus den gewaltigen Dimensionen des Netzverbundes ergeben könnten, sind beachtlich: Geschätzte 30 bis 60 Millionen Menschen und über zehn Millionen Computer hängen schon heute weltweit am Internet. Seit die neue World Wide Web-Technologie das Netsurfen rund um den Globus per Mausklick ermöglicht, hat das Internet endgültig das Zeug zum Massenmedium. Die Teilnehmerzahl hat sich bisher jährlich verdoppelt.

Die Datenautobahn verändert damit auch das Wirtschaftsleben. Sie entzweit es nicht, sondern wirkt – im Gegenteil – verbindend. Die Giganten der Hard- und Softwarebranche rücken mit Medienmultis und Netzbetreibern zusammen. Weltweit wird fusioniert oder zumindest kooperiert, um sich ein möglichst großes Stück des elektronischen Zukunftsmarktes zu sichern. Die Strategie ist simpel: Wer Inhalte – sogenannte Contents – hat, wie Medienhäuser, sucht Partner, die über ein Netz verfügen, das möglichst viele Haushalte erreicht und umgekehrt. Prominente Beispiele dafür sind die Übernahme von ABC/Capital Cities durch Disney oder die Beteiligung des US-Netzgiganten MCI an Rupert Murdochs News Corp.

Wohin das alles führt, ist derzeit kaum abschätzbar. Klar ist nur: Alle wollen in Zukunft daran verdienen, und wer keinen Anschluß hat, bleibt draußen.

Die Politik ist wachgerüttelt. Sie weiß um das sensible Verhältnis von Macht und Information und die Tatsache, daß der Info-Highway keine Landesgrenzen kennt. Postmonopole werden europaweit niedergerissen. Spätestens 1998 müssen die Postnetze auch privaten Anbietern offenstehen, und Kabelgesellschaften dürfen Telefondienste anbieten. Der rauhe Wettbewerb hält Einzug in einen bislang gut geschützten Sektor, der die Regeln der freien Marktwirtschaft nur vom Hörensagen kennt. Was die kontinentalen Postverwaltungen in den nächsten Jahren erwartet, läßt sich am Beispiel der British Telecom (BT) abschätzen. Ende der 80er Jahre privatisiert, ist aus dem ehemals aufgeblasenen königlichen Telefonministerium ein weltweit agierender, schlagkräftiger Telekommunikationskonzern geworden. Der Weg dorthin war allerdings beinhart. Die Hälfte der Mitarbeiter verlor dabei den Arbeitsplatz. Zusätzlich purzelten die Telefon- und Leitungstarife um bis zu 50 Prozent. Die Rettung waren der Mobilfunk und die neuen interaktiven Telekomdienste zur Daten-, Text- und Bildübertragung. Sie sind heute die Wachstumsträger mit enormem Potential.

Auch die Deutsche Telekom bereitet den Sprung von der wirtschaftlichen Steinzeit in die private, digitale Zukunft vor. Bereits im Sommer 1996 sollen weltweit Telekom-Aktien im Wert von 100 Milliarden Schilling plaziert werden. Um dafür auch Investoren zu finden, muß Europas größte Telekomgesellschaft aber noch kräftig abspecken. Rund 60.000 der insgesamt 230.000 Telekom-Jobs sollen der Privatisierung zum Opfer fallen.

In Österreich ist man noch lange nicht soweit. Von einer Privatisierung ist keine Rede. Es gelang nicht einmal die weltweit übliche gesellschaftsrechtliche Trennung von Brief und Telefon. Jahrelang sträflich vernachlässigt, erhielt die Telekommunikation nur am Papier einen neuen politischen Stellenwert. „Eines der wichtigsten Vorhaben ...“, heißt es dazu in der Regierungserklärung, „ist eine Informationsoffensive auf Grundlage von Telekommunikation und Medien. Beides sind Sektoren, die sich weltweit sehr dynamisch entwickeln. Wir müssen mit dieser Entwicklung Schritt halten, um unsere Wettbewerbsfähigkeit, ... Kultur und Identität zu erhalten ... Der Zugang zu den neuen Medien soll ein möglichst offener und billiger sein.“ Dem stehen derzeit aber noch die hohen Telekomgebühren entgegen.

Die Angst vor der Informationselite keimt bereits. Man fürchtet die gesellschaftliche Polarisierung in Informationsbesitzer und -habenichtse – eine Kategorisierung, die in der fortschreitenden Dienstleistungsgesellschaft einer Einteilung in Arm und Reich gleichkommt.

Internet, On-line-Shopping & Co. bringen also nicht nur eine schöne neue Welt, in der alles auf Knopfdruck möglich wird. Sie schaffen soziale Probleme und neue Risiken im Bereich Sicherheit und Recht. Das Spektrum reicht dabei von skurril bis todernst. Auf der 95er Jahrestagung britischer Psychologen wurden „Datenhighway und Computersucht“ als rapide ansteigende Scheidungsursachen identifiziert. Und welch menschenbedrohliche Dimensionen „The Net“ annehmen könnte, verdeutlichte der gleichnamige Hollywood-Thriller. Dort wird die liebliche Sandra Bullock alias Softwareexpertin Angela Benett durch eine geheimnisvolle Diskette Zielscheibe der Datenmafia. Der Grund: Auf der Diskette ist ein Programm, mit dem man über den Datenhighway in sämtliche geheimen Regierungs- und Militärrechenzentren eindringen kann. Statt einer netten E-Mail wird Angela also ein eiskalter Technokiller geschickt. Der verändert zuerst via Internet ihre Personaldaten in den staatlichen Computerarchiven und versucht anschließend, sie zu töten. Die unbescholtene Angela mutiert so zur heimatlosen, mehrmals vorbestraften Ruth auf der Flucht vor Polizei und Mafia.

Datensicherheit gehört zweifellos zu den bedeutendsten Themen in der Info-

Highway-Diskussion. Die Angst vor Manipulation und Computerkriminalität ist groß und durchaus berechtigt. Denn mit den globalen Zugriffsmöglichkeiten erhält auch das kriminelle Potential eine neue Dimension. Vor allem für die kommerzielle Nutzung ist die Sicherheit von zentraler Bedeutung. Zahlreiche neue Technologien – Kryptographie und sogenannte Firewalls – bieten hier bereits effizienten Schutz.
Durch die Verfügbarkeit von Daten in digitaler Form eröffnen sich nicht nur unendliche Vervielfältigungsmöglichkeiten auf Knopfdruck und ohne Qualitätsverlust. Über das Internet können diese Daten auch noch in Sekundenschnelle und unkontrolliert weltweit verbreitet werden. Urheberrecht, Konsumenten- und Datenschutz sowie Arbeitsrecht – um nur die wichtigsten Bereiche zu nennen – müssen mit diesen neuen Gegebenheiten erst fertig werden. Einige Regierungen wollen den möglichen Gefahren mit eigenen Regelungen begegnen. Ob regionale Lösungen für solch globale Veränderungen zielführend sind, darf allerdings bezweifelt werden.
Trotz zahlreicher offener Fragen und Unsicherheiten erleben die neuen Dienste einen regelrechten Boom. Das Internet-Angebot wächst gigantisch und wird vor allem immer kommerzieller. Btx – längst totgeglaubt – verzeichnet plötzlich einen unerwarteten Zustrom. Von Amerika rollt eine On-line-Welle auf Europa zu. Und in immer mehr europäischen Städten laufen oder starten Info-Highway-Pilotprojekte. Über das Angebot soll die Nachfrage steigen und Realität werden, was die Industrievertreter seit geraumer Zeit gebetsmühlenartig von sich geben: Telekommunikation und Medien sind die Wachstumsbranchen der nächsten zehn Jahre.
Für Unternehmen fast aller Branchen gewinnen interaktive Medien als Kommunikationsmittel und/oder Vertriebskanal an Bedeutung. Entscheidungsträger sollten für ihre Firmen rechtzeitig eine Strategie entwickeln, ob, wie und welche der multimedialen Möglichkeiten sie in Zukunft nutzen werden. Nur dabeisein ist zuwenig. Eine Homepage im World Wide Web (WWW) ohne Inhalte und weiterführendes Konzept dürfte schon bald eher kontraproduktiv als innovativ wirken.
Voraussetzung für den erfolgreichen Einsatz und Umgang mit den neuen Medien ist zuerst das Wissen um ihre Eigenschaften, Chancen und Risiken. Dann erst kann beurteilt werden, ob und welche Anwendungen überhaupt in Frage kommen. Jedenfalls gehört ein Einstieg gut geplant und sollte keinesfalls ohne entsprechende personelle und finanzielle Ressourcen erfolgen. Denn es wird letztendlich mit von der Qualität der Inhalte abhängen, ob und wie die Konsumenten die neuen Dienste nutzen.
Dieses Buch soll allen Interessierten und all jenen, die sich am Info-Highway engagieren, ein Wegweiser sein. Es soll aber nicht nur im digitalen Neuland Orientierung schaffen, sondern eine aktive Entscheidungshilfe darstellen, wie und womit man sich am besten auf der Datenautobahn bewegt. Es soll Antworten geben auf die Frage: „Was bieten die neuen interaktiven Medien der Wirtschaft?" und ausschweifende, bunte Cyberträume auf die nüchterne, wirtschaftliche Realität reduzieren. Vor allem kommt es uns darauf an, die gegenwärtige Situation aufzuzeigen und das heute Machbare von ungewissen Zukunftsvisionen abzugrenzen.

2 Die wichtigsten On-line-Dienste im Überblick

2.1 Von der traditionellen EDV zu Masseninformationssystemen

Über Jahrzehnte hinweg dominierten innerbetriebliche Administrations- und Dispositionssysteme. Buchhaltung, Kostenrechnung, Einkauf, Lagerhaltung, Produktionssteuerung und Verkaufsabrechnung waren und sind die Kernanwendungen, durch deren Entwicklung, Betrieb und Wartung ein Großteil der Mittel gebunden wird. Weil das Maßschneidern immer teurer geworden ist und dabei bald nicht mehr passende, mit der übrigen „Garderobe" kaum abgestimmte, aufwendig zu pflegende „Anzüge" entstanden sind, hat heutzutage der Einsatz von Standardsoftware Hochkonjunktur. Pakete wie SAP R/3 bieten moderne, integrierte Lösungen für den kommerziellen Bereich. Sie enthalten zunehmend auch Planungs- und Kontrollfunktionen, teilweise bis hin zu „ausgewachsenen" Executive Information Systems (EIS). Der Fokus ist jedoch immer noch auf den unternehmensinternen Bereich gerichtet, trotz Schnittstellen für den elektronischen Dokumentenaustausch (EDI) und zu Bürosystemen.

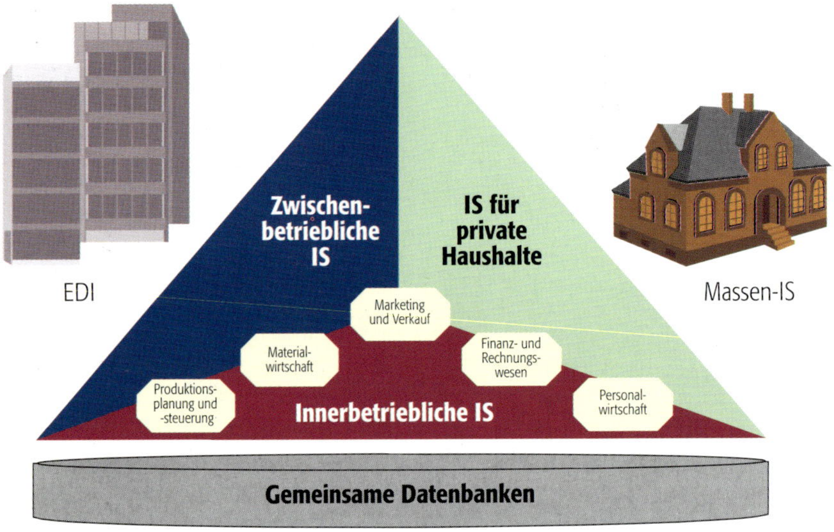

Abb. 1: Informationssysteme (IS) für interne und externe Benutzer

Neben diesen großen abteilungsübergreifenden Anwendungssystemen hat sich unternehmensweit die individuelle Datenverarbeitung mit PC-Endbenutzerwerkzeugen durchgesetzt: Textverarbeitung, Tabellenkalkulation, Präsentationsgrafik und die Verwaltung kleinerer Datenbestände. Im Zuge der Verbreitung lokaler Netze und deren Verbindung zu unternehmensweiten Corporate Networks haben allmählich auch die innerbetriebliche Kommunikation per elektronischer Post (engl.: e-mail) und die Unterstützung der Gruppenarbeit durch Softwareprodukte wie Lotus Notes an Boden gewonnen – letzteres allerdings meist nur bei einem relativ kleinen Kreis von aufgeschlossenen Großunternehmen, die sich allgemein moderner Methoden und Werkzeuge bedienen. Und auch bei diesen informationstechnischen Schrittmachern liegt es oft mit der Integration der skizzierten EDV-Einsatzbereiche im argen.

Zwischenbetriebliche Kommunikation: E-Mail und EDI

Zwischenbetriebliche Informationssysteme sind rar. Bisher ist es in Europa eher die Ausnahme, daß ein unternehmensinternes E-Mail-System für die externe Kommunikation geöffnet wird. Universitäten sind hier weit voraus. Von vernetzten, virtuellen Unternehmen, die schon seit Jahren durch die Management-Literatur geistern, ist die Praxis weit entfernt.

Am weitesten ist noch Electronic Data Interchange (EDI) entwickelt. Dabei geht es um den Austausch von Geschäftsdaten, nach vereinbarten Formaten strukturiert, zwischen Computeranwendungen von Industrie, Handel, Spediteuren, Finanzdienstleistern und Behörden. In Österreich sind das heute rund 800 Unternehmen. Vor allem die großen Handelskonzerne wie ADEG, Billa oder Spar wickeln so ihre Bestellungen ab. In Deutschland ist die Automobilindustrie der größte EDI-Anwender. Durch die frühzeitige Liberali-

sierung der Postdienste haben in Europa die nördlichen Länder (Großbritannien, Niederlande, Skandinavien) ein starkes EDI-Wachstum zu verzeichnen. Südliche Länder wie Spanien, Italien und Frankreich hängen demgegenüber etwas nach.
EDI findet nur nach gegenseitiger Vereinbarung und zwischen kommerziellen Geschäftspartnern Verwendung. Es ist außerdem je nach Wirtschafts-

	Innerbetriebliches Administrationssystem (z. B. FiBu)	**Elektronisches Datenaustauschsystem (EDI)**	**Masseninformationssystem**
Kommunikationspartner	Einzelne Sachbearbeiter mit einem Anwendungsprogrammsystem in einem Unternehmen	Anwendungsprogramme auf voneinander entfernten Rechnern in verschiedenen Unternehmen	Ein Informationsanbieter (Unternehmen) mit einzelnen Personen (Kunden und Interessenten) in Haushalten
Betriebsarten	Transaktionsverarbeitung	Automatischer Versand bzw. Abruf im Stapel, oft über einen Clearing-Service	Dialogverarbeitung in verschiedenen Formen auf Initiative des Endbenutzers
Anzahl der Benutzer eines Systems	Einige Dutzend bis einige hundert Mitarbeiter	Einige Dutzend bis einige hundert Geschäftspartner bzw. deren Mailboxen	Potentiell Tausende, Hunderttausende oder Millionen Privatpersonen
Maximale Reichweite und Streuung der Benutzer	Unternehmensweit	National (selten internationale Verbindungen, hauptsächlich bei multinationalen Unternehmen)	Global (wobei auch nur regionale oder nationale Zielgruppen angesprochen werden können)
Häufigkeit der Inanspruchnahme	Laufend, durch dieselben wohlbekannten Mitarbeiter	Regelmäßig, durch bekannte, gleichbleibende Partner	Gelegentlich, durch oft unbekannte, wechselnde Partner
Informationsstruktur	Überwiegend proprietäre Festlegungen oder Industriestandards zur Repräsentation von formatierten schriftlichen Daten	Nach Industriestandards sowie nationalen und weltweiten Normen formatierte schriftliche Daten	Überwiegend proprietäre Festlegungen oder Industriestandards zur Repräsentation von Text-, Audio- und Videoinformation
Benutzungszwang	Benutzung wird gefordert	Benutzung entsprechend Vereinbarung	Freiwillige Benutzung

Abb. 2: Typische Merkmale von innerbetrieblichen Administrationssystemen, zwischenbetrieblichen Informationssystemen (EDI) und Masseninformationssystemen

zweig und Betriebsgröße auf einige Dutzend bis maximal einige hundert Kontaktpartner beschränkt.

Masseninformationssysteme dienen Privatkunden

Zur interaktiven Kommunikation mit potentiell Tausenden, Hunderttausenden oder gar Millionen privater Kunden bzw. Interessenten eignet sich EDI also nicht. Die Datenautobahn zum Konsumenten stellen sogenannte Masseninformationssysteme auf Basis von Audiotex, Videotex, Internet oder Interaktivem Fernsehen dar. Ihr Anwendungsspektrum reicht von der Auskunftserteilung (Datenbankabruf) über individuelle Mitteilungen bis zu Routinegeschäften wie Bestellungen, Überweisungen oder Platzbuchungen. Im einzelnen unterscheiden sich innerbetriebliche Informationssysteme, EDI und Masseninformationssysteme wie in Abb. 2 dargestellt.

Wie der Name schon sagt, unterscheiden sich Masseninformationssysteme vor allem in der Reichweite oder besser dem potentiellen Adressatenkreis grundlegend von herkömmlichen Informationssystemen. Daraus ergeben sich automatisch auch andere Anforderungen an die Inhalte sowie an die informationstechnische und grafische Systemgestaltung. Basis hierfür sind On-line-Dienste.

On-line-Dienst, was ist das eigentlich?

Der Begriff „on-line“ wird heute praktisch für alles verwendet, was sich in einem Rechnernetz abspielt. Somit definiert on-line eine elektronische Verbindung, die den Computerbenutzern einen Dialog in Form eines interakti-

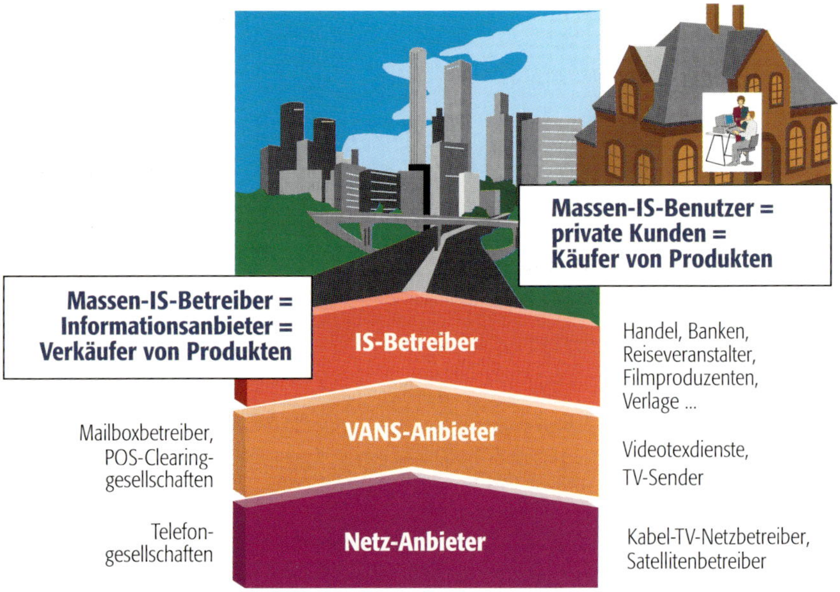

Abb. 3: Partner von Masseninformationssystemen

ven Datenaustausches ermöglicht. Ein einfaches Beispiel ist etwa das Anwählen eines Mailboxsystems, um eingegangene Post zu sichten und um eigene elektronische Mitteilungen abzuschicken.
Der physische Weg zum Kunden führt bei On-line-Diensten jedenfalls über das Netz. In der Regel sind das heute noch die normalen Telefon- oder Datenleitungen der Post/Telekom. Seit Anfang 1996 erlaubt die EU auch privaten Kabel-TV-Betreibern die Datenübertragung sowie Multimedia- und Teleshopping-Dienste.
Am einen Ende der Verbindung stehen Informationssystem-Betreiber (IS-Betreiber), die ihre Dienstleistungen und/oder Produkte on-line anbieten. Das können Handelsunternehmen, Banken, Verlage etc. sein, die sich direkt über Telefon/PC-Verbindungen an ihre Kunden wenden oder das Internet und Btx als zusätzliche Vertriebs- und/oder Kommunikationskanäle benützen.
Je nachdem, ob ein Anbieter zum Beispiel Audiotex, Btx, Internet oder etwa CompuServe als elektronischen Vertriebskanal wählt, benötigt er einen Partner, der ein solches Service technisch betreibt und/oder ihm den Zutritt ermöglicht, wie das etwa bei den Internet-Providern der Fall ist.
Die Telekom/Post und zahlreiche private Unternehmen bieten diese sogenannten Mehrwertdienste (engl.: value added services; abgekürzt: VANS) an, deren Funktionalität weit über die reine Datenübertragung hinausgeht. Beispiele sind die bereits oben erwähnten Audiotexdienste, interaktive Videotexdienste (Bildschirmtext/Datex-J/T-Online und PAN), Mailboxsysteme, World Wide Web und künftig interaktive Fernsehkanäle.
All diese Telekommunikationsdienste sind für den Dialogbetrieb über das Netz ausgelegt und fallen in die Rubrik On-line-Services. Während in den USA nur die textorientierten, interaktiven Mehrwertdienste (= interaktives Videotex) wie CompuServe, Prodigy und America Online (AOL) unter dieser Bezeichnung firmieren, haben wir On-line-Dienst als Oberbegriff für alle interaktiven Trägersysteme gewählt, egal,

- wer diese betreibt,
- wie viele Anbieter darin mitwirken,
- welche informationstechnische Infrastruktur zum Einsatz kommt und
- ob dabei die Sprach-, Text- oder Bildkommunikation im Vordergrund steht.

2.2 Audiotexdienste

Ruf doch mal an! Die Nummern, die heißes Bettgeflüster versprechen oder unter denen sich gar der langgesuchte Partner endlich meldet, erleben seit geraumer Zeit einen Boom. Im Fachjargon heißen die neuen Telefonservices freilich nicht Sex- oder Partner-Hotlines, sondern ganz unerotisch Audiotexdienste. Ein Sammelbegriff für alle Telefon-Informations- und -Unterhaltungsangebote, für die die Nutzer entweder gleich viel, mehr (engl.: premium rate services) oder weniger (toll-free oder green numbers) als die normalen Telefongebühren zahlen müssen.

In Österreich gibt es heute um die 50 Audiotexdienst-Anbieter mit mehreren hundert Leitungen. Pro Monat kommen zwei bis drei Anbieter neu dazu. Der Schwerpunkt liegt klar in Wien. Den noch jungen Markt teilen sich wenige große Anbieter wie Computerdial oder Teleworld.

2.2.1 Entwicklung und Formen von Audiotexdiensten

Das älteste und nach wie vor frequentierteste Telefonservice ist der Auskunftsdienst der Post. Die Deutsche Telekom bediente beispielsweise 1990 insgesamt 320 Millionen Telefonnummernanfragen. Neu hingegen sind die sogenannten Premium Rate Services (PRS) und Free Phone-Dienste, die die Grundlage für die Entwicklung des Angebotes privater interaktiver Audiotexdienste bilden.

2.2.1.1 Premium Rate Services (PRS)

Tele-Info 045 und TIP 190

Erst 1993 wurden Premium Rate Services in Österreich und Deutschland unter der Vorwahl 045 beziehungsweise 190 auch landesweit möglich.
Bereits Mitte 1993 waren in Österreich über 30 Firmen als Anbieter von 045-Services aktiv. Zu Jahresende waren 915 „Tele-Info 045"-Leitungen angemeldet. Mitte 1995 bestanden mit 1.170 Anschlüssen nicht wesentlich mehr.
Die Anbieter solcher Telefonmehrwertdienste sind in ihrer Preisgestaltung gegenüber den Kunden fast durchwegs auf die von der Post vorgegebenen Tarife beschränkt.

Mehrwertdienst	Tarif-stufe	Vorwahl-nummer	Kosten für Anrufer pro Minute in öS (Normaltarif)	Erlös für Anbieter pro Minute in öS
Tele-Info 045	1	0457...	5,33	3,33
Tele-Info 045	2	0450...	8,–	3,33
Tele-Business 045	1	0459...	12,67	6,67
Tele-Business 045	2	0458...	21,33	16,–

Abb. 4: Tarifstruktur am Beispiel von Tele-Info 045 (Stand: Juni 1995)

Beim deutschen TIP 190-Service ist bislang überhaupt nur ein Einheitstarif von 1,15 Mark pro Minute möglich, was die kommerzielle Anwendung erheblich einschränkt.
Bundesweit boten Mitte 1995 erst 40 PIA – sogenannte Private Informationsanbieter – über 190er-Nummern rund 1.500 Services an. Die Deutsche Telekom reagiert nun darauf und will ein differenzierteres Mehrtarifsystem einführen, um, wie es ein Telekom-Sprecher formuliert, „auch Anbieter hochwertiger Information gewinnen zu können".
Der Großteil der 045er- und 190er-Einnahmen geht außerdem an die Tele-

kom/Post. Von den 1,15 Mark pro Minute bleiben der Deutschen Telekom derzeit 50 Prozent. Die privaten Informationsanbieter erhalten 48 Prozent. Die restlichen zwei Prozent gehen an die Telekom-Tochter DeTe Medien GmbH. In Österreich fließen nur knapp 40 Prozent aus den 045er-Erlösen (50 Prozent beim niedrigeren Nachttarif) an die Anbieter.

Marktvolumen und Nutzung

Der österreichische Markt für Premium Rate Services wird auf eine potentielle Größe von 500 Millionen Schilling geschätzt. Die Post gibt offiziell zwar keine Umsatzzahlen bekannt. Für 1995 dürfte sich der Erlös aus den 045er-Telefonaten aber auf rund 250 Millionen Schilling belaufen.
Deutschland gilt als der potentiell größte und zugleich hoffnungsvollste europäische Markt für Premium Rate-Dienste. Umsatzprognosen aus 1992 reichen für Mitte der 90er Jahre entsprechend optimistisch bis zu 2,6 Milliarden Mark. Angesichts der noch immer winzigen Anbieterzahl und einer rigid niedrigen Tarifstruktur dürften die tatsächlichen Erlöse aber weit hinter diesen Erwartungen zurückbleiben.
Während für das deutsche TIP 190 keinerlei Nutzungsdaten veröffentlicht werden, gibt es für die österreichische Tele-Info 045 zumindest rudimentäre Angaben. Regelmäßige Verkehrsmessungen oder eine kontinuierliche Anrufstatistik sind ebenfalls nicht verfügbar. Punktuelle Stichproben, beispielsweise für 4.2.110.2.1995, ergaben 150.929 Anrufe unter dieser Nummer. Wobei nur 929 Anrufe auf den teureren Tele-Business-045-Dienst entfallen. Auch die durchschnittliche Nutzungsdauer pro Anruf liegt bei Tele-Business mit 2,4 Minuten deutlich unter jener der normalen Tele-Info mit 3,8 Minuten.

2.2.1.2 Free Phone-Dienste

In Deutschland sind unter der Vorwahl 130 längst kostenlose Telefonverbindungen möglich. Für die Österreicher heißt es aus technischen Gründen, bitte warten.
Das 130er-Service der Deutschen Telekom ist ein enormer Erfolg. Ende 1994 waren bereits 17.500 dieser Nummern in Betrieb, und es wurden 120millionenmal 130er-Services in Anspruch genommen. Fast alle großen deutschen Dienstleistungsunternehmen nutzen mittlerweile 130er-Telefone als Kunden- oder Servicehotline.
Der österreichische Kompromiß zu echten Call-toll-free-Diensten sind die 660er-Nummern. Anrufer zahlen hier distanzunabhängig landesweit nur den Ortstarif. Die 660er-Services erfreuen sich ebenso zunehmender Beliebtheit. Seit Ende 1993 stieg die Zahl der Anschlüsse um knapp 60 Prozent auf 4.400 Mitte 1995. Die Zahl der Anrufe schwankt zwischen 5.000 und 6.000 täglich. Die Durchschnittsdauer pro Verbindung beträgt allerdings nur 1,1 Minuten.
Einen interessanten Dienst bietet die österreichische Post Firmen im Ausland an. Sie haben die Möglichkeit, von Österreich aus zum Ortstarif international erreichbar zu sein. Mitte 1995 waren 735 solcher Free Phone-Nummern (Ende 1993: 444) in Betrieb. Der Hauptteil dieser Free Phone-Anschlüsse

hat als Umleitziel Deutschland. Pro Monat (Juli 1995) gingen auf diesem Weg 22.000 Anrufe mit einer durchschnittlichen Dauer von 96 Sekunden über die Grenze.

2.2.1.3 Interaktive Audiotexdienste

Eine immer bedeutendere Form stellen heute vollautomatische Audiotexsysteme dar. Diese interaktiven Systeme arbeiten in Verbindung mit einem sogenannten Sprach- oder Voicecomputer. Die Besonderheit liegt dabei weniger in der vom Benutzer zu bezahlenden Gebühr, sondern darin, daß sich unter der gewählten Rufnummer ein Sprachcomputer – meist freundlich, aber eben doch künstlich – meldet.
Dem Anrufer (Kunden) dient dabei die Telefontastatur als Bedienerschnittstelle für den Computer am anderen Ende der Leitung. Die Benutzerführung erfolgt durch den Sprachcomputer, der dem Nutzer die jeweils möglichen Optionen und ihre Auswahlart (Nummer) mitteilt. Das System schränkt das Suchergebnis schrittweise ein. Die Ausgabe der gewünschten Information erfolgt – soweit im Computer gespeichert – wiederum mittels Sprache.
Interaktive Audiotexsysteme werden vorwiegend dazu verwendet, Routineanfragen zu automatisieren. Der Suchprozeß wird dabei auf den Kunden übertragen. Oftmals vage Anfragen lassen sich so sehr gut kanalisieren und durch die schrittweise Auswahl verschiedener Optionen immer weiter filtern und konkretisieren. Außerdem wird so ein 24-Stunden-Telefonservice möglich. Handelt es sich um Standardfragen (engl.: frequently asked questions; abgekürzt: FAQs), werden sie vom System sofort beantwortet. Geht es um komplexere Dinge, vermittelt das System automatisch zur richtigen (zuständigen) Stelle.

2.2.2 Anwendungsbeispiele

Die Anwendung von Audiotexdiensten reicht in der Regel von sogenannten Pink-Services oder Erotic-Hotlines bis hin zu seriösen Produktinformationen und Rund-um-die-Uhr-Services.
Jedenfalls nutzen immer mehr Firmen Audiotexdienste als Vertriebskanal und/oder als Serviceleistung für ihre Kunden. In England, Holland und der Schweiz sind die Dienste europaweit am längsten in Betrieb und gleichzeitig am weitesten verbreitet.
Ähnlich wie bei interaktivem Videotex (Btx) findet sich die Hauptanwendung von interaktivem Audiotex im Service- und Dienstleistungssektor. Vor allem Banken sind hier Vorreiter mit diversen Telefonkonto-Serviceangeboten.

2.2.2.1 Telefonservice der Creditanstalt Bankverein (CA)

Zum normalen Telefontarif plus einer monatlichen Pauschale von 20 Schilling bietet die CA ein interaktives Audiotex-Kontoservice. Nach Identifikation mittels Kontonummer (11stellig) und erster Ziffer der Bankkarte sowie dem PIN-Code (engl.: personal identification number) können folgende Leistungen beansprucht werden:

- Die Kontostandsabfrage: Sie erfolgt über direkte Sprachausgabe durch das System.
- Die Abfrage der letzten Kontoumsätze erfolgt ebenfalls über direkte Sprachausgabe durch das System.
- Das System faxt automatisch die gewünschte Kontoinformation an die eingespeicherte Faxnummer.
- Ohne neu einzusteigen, können auch Angaben zu weiteren CA-Konten abgefragt werden.
- Änderung des PIN-Codes.
- Auf Wunsch verbindet das System direkt zu einem CA-Telefonservice-Mitarbeiter.

Das Telefonservice ist wochentags zwischen 7 und 20 Uhr verfügbar, an Samstagen von 8 bis 18 Uhr.

2.2.2.2 Powerphone-Service der Wirtschaftsuniversität Wien (WU)

Dieser Audiotexdienst ist eine von mehreren Möglichkeiten für WU-Studenten, mit dem universitären Informationssystem interaktiv zu kommunizieren. Powerphone verwendet wie das CA-Telefonservice weder eine Premium Rate noch den bundesweiten Ortstarif. Es fallen die normalen Telefongebühren an.
Ziel ist auch hier, Routinevorgänge, wie etwa Notenanfragen oder Anmeldungen, auf die Studenten auszulagern und so die Universitätsinstitute zu entlasten. Andererseits bietet Powerphone aber auch den Studenten zahlreiche Vorteile: Sie sind weder an Institutsstunden noch an Universitätsöffnungszeiten gebunden und müssen nicht extra wegen Anmeldungen an die Uni kommen. Ein Anruf genügt.
Powerphone ist über tonwahlfähige Tastentelefone (Mehrfrequenzwahl) oder Wählscheibenapparate mit zusätzlichem Codesender rund um die Uhr bedienbar. Bei Anruf meldet sich eine sympathische Frauenstimme, die um Matrikelnummer und PIN-Code bittet. Die Eingabe erfolgt über die Zifferntastatur des Telefons. Die Menüführung übernimmt ein Sprachcomputer, der die Optionen und ihre Auswahl vor jedem Schritt mittels Sprachausgabe erklärt. Auch die Informationsausgabe erfolgt durch den Sprachcomputer.
Für die Nutzung von Powerphone ergibt sich folgendes Bild: Zwischen Oktober 1994 und August 1995 verzeichnete Powerphone im Schnitt 3.163 Anrufe pro Monat. Die höchste Auslastung wies typischerweise zu Semesterbeginn der Februar 1995 mit 11.252 Anrufen auf. Die durchschnittliche Anrufdauer betrug knapp über eine Minute.

2.2.3 Nutzungsbarrieren

Im Vergleich zu den USA, England, Frankreich oder der Schweiz sind in Deutschland und in Österreich die Premium Rate- und Free Phone-Dienste noch unterentwickelt. Die Ursachen für diesen Rückstand sind einerseits der vergleichsweise späte Einstieg im Jahre 1993, andererseits Hürden technischer und rechtlicher Natur.
Vor allem die im Vergleich zu den oben erwähnten Ländern geringe Digitalisierung des Telefonnetzes macht die Audiotexanwendungen sehr unflexibel:

- Toll-free-Nummern, wie sie in den USA oder auch Deutschland von Tausenden Unternehmen zur kostenfreien Kundenkommunikation verwendet werden, sind in Österreich frühestens 1997/98 möglich.
- Es gibt keine individuelle Tarifgestaltung. Audiotexanbieter müssen sich mit von der Telekom/Post vorgegebenen Tarifstufen abfinden. Diversifizierte und vor allem höhere Gebührenstufen werden als Grundvoraussetzung dafür gesehen, daß auch zunehmend seriöse Dienste angeboten werden.
- Eine weitere Limitierung für die Anbieter ergibt sich beim Anschluß. Landesweit sind nur sieben (BRD: acht) Wählämter technisch in der Lage, Mehrwertdiensttelefone anzuschließen. Das wiederum verteuert die distanzabhängigen Leitungskosten jener Anbieter, die sich nicht in unmittelbarer Nähe zu einem der Einwahlknoten befinden.
- Eine fehlerfreie Nutzung von Mehrwertdiensten garantieren Telekom/Post nur bei Verwendung von Dual-Tone-Multi-Frequency-Telefonen (DTMF). DTMF-Telefone funktionieren aber wiederum nur in Verbindung mit einem Einzeltelefonanschluß und digitaler Vermittlungsstelle.
- Geringe Kostenkontrolle durch die Benutzer und die Tatsache, daß Audiotexnutzer nicht immer auch die Telefonzahler sind, stellen eine wesentliche Problematik der Audiotexdienste dar. Hinzu kommt, daß beispielsweise in Österreich von seiten der Post keine Möglichkeit besteht, ein Telefon für die Nutzung von Premium Rate Services (PRS) zu sperren.
- Problematisch ist auch der teilweise schlechte Ruf der Telefonmehrwertdienste als Sex-Hotlines. In der Schweiz hat man deshalb andere Vorwahlen für sogenannte seriöse Audiotexdienste eingeführt. In Österreich besteht ein De-facto-Verbot von Telefonsex (Pink-Services) und Glücksspielen via Mehrwerttelefon.

  Doch mit den postalischen Moralansprüchen ist es in Wirklichkeit nicht allzuweit her. Entsprechend dem europaweiten Trend – Pink-Services machen zwischen 30 (England) und 70 Prozent (Schweiz) des Audiotexumsatzes aus – liegt das Hauptangebot auch hier eindeutig im rosaroten Bereich. Geschätzte 40 Prozent sind im Bereich Erotik angesiedelt, gefolgt von Gewinnspielen und anderer Unterhaltung mit 25 Prozent. Der Rest entfällt auf ernsthaftere Anwendungen.

- Die Kommunikationsmöglichkeiten sind grundsätzlich wegen des Telefons als Übertragungsmedium technisch eingeschränkt, das heißt, ohne Zusatzgeräte ist nur eine Informationsübermittlung in Sprach- bzw. Tonform möglich.
- Bei den interaktiven Audiotexservices, bei denen die Benutzer mittels Telefontastencodes im Audiotexsystem navigieren müssen, ist ein gutdurchdachtes, simples Leitsystem entscheidend für die Akzeptanz.
- Es ist anzunehmen, daß die Audiotexnutzung sehr sensitiv auf wirtschaftliche Entwicklungen reagiert. Insbesondere Kürzungen in den Budgets privater Haushalte dürften sich nachteilig auswirken. Natürlich hängt die Nutzung primär auch mit der Tarifstruktur des Service zusammen.

2.2.4 Zusammenfassung und Ausblick

Audiotex hat ein wesentlich größeres Akzeptanzpotential in den privaten Haushalten als vergleichsweise interaktives Videotex. Der Grund ist einfach: Fast jeder Haushalt verfügt über ein Telefon. Zusatzgeräte sind nicht notwendig. Die einzige Einschränkung ergibt sich für nicht vollkommen digitalisierte Telefonnetze.

Entscheidend für die Verbreitung und Akzeptanz von Audiotexdiensten sind neben den Kosten (Tarifstruktur), dem Marktpotential und dem Zeitpunkt der Einführung vor allem die technischen, politischen, rechtlichen und die soziokulturellen Rahmenbedingungen.

Dabei darf aber keinesfalls die Bedeutung von Inhalt und Qualität der Audiotexservices übersehen werden. Bei einem stetig wachsenden Angebot wird zweifellos der inhaltliche Nutzen, den ein solcher Dienst zu bieten hat, den Umfang der Verwendung wesentlich mitbestimmen.

Klassische Nachrichten- und Unterhaltungsanbieter wie Presse, TV, Radio oder Videotexdienste können einerseits als Konkurrenz von Audiotex gesehen werden. Andererseits bietet der Einsatz von Audiotex diesen Medien neue Werbe- und Verkaufsmöglichkeiten – ein Aspekt der weltweiten Medienkonvergenz, durch die die Grenzen zwischen Computer-, Telekommunikations- und Medienindustrie sukzessive verschwimmen.

Audiotex hat mittlerweile einen festen Platz in der Medienwelt, und die Entwicklung zeigt sich europaweit weiter expansiv. Ob und wie sich diese Telefondienste zukünftig gegen die textorientierten, aber immer multimediafähigeren On-line-Services, beispielsweise im World Wide Web, durchsetzen werden, hängt im wesentlichen von den angebotenen Inhalten und der Preisgestaltung ab. Noch sind die Telefone und damit Audiotex gegenüber den PCs zahlenmäßig klar im Heimvorteil.

2.3 Kiosksysteme

Auf Bahn- und Flughäfen sieht man sie häufig, immer öfter auch in Kaufhäusern oder Banken. Selbstbedienungs-Computerterminals oder sogenannte Kiosksysteme erfreuen sich scheint's steigender Beliebtheit – vor allem bei den Betreibern.

Abb. 5: Kiosk (Quelle: DigiMedia)

2.3.1 Hauptmerkmale von Kiosksystemen

Allen Kiosksystemen ist gemeinsam, daß sie

- auf allgemein zugänglichen, frequentierten Plätzen stationiert sind,
- keiner vorherigen Einschulung bedürfen,
- meist stehend genutzt werden und die Nutzungsintervalle sehr kurz – das heißt nur wenige Minuten – sind,
- in der Regel von jedermann verwendet werden können, obwohl bestimmte Dienste nur mit Paßwort zugänglich sein können,
- grundsätzlich unbeaufsichtigt und unlimitiert benutzt werden können,
- eine Steuerung des Dialogverkehrs über Menüs (= Listen der angebotenen Funktionen und Daten) bieten.

In der Regel laufen auf Kiosksystemen sogenannte Intros, um potentielle Benutzer zu animieren. Im Fachjargon als Attract-sequences bezeichnet, starten sie nach einer vordefinierten Zeitspanne ohne Nutzerinteraktion automatisch.

2.3.2 Kiosktypen

Grundsätzlich lassen sich folgende Kategorien unterscheiden:

- Unterhaltungskioske, wie etwa Spielautomaten.
- Transaktionskioske (POS; engl.: point of sale), wie etwa Bankomaten oder Ticketautomaten, mit denen man Geschäftsfälle abwickeln kann. Damit wird es Firmen und Behörden möglich, Standardtätigkeiten auf Kunden auszulagern. Kunden haben dafür meist 24 Stunden die Möglichkeit zur Selbstbedienung.
- Informationskioske (POI; engl.: point of information), die nur Auskünfte ohne Bestell- oder sonstige Transaktionsfunktionen bieten. Sie entlasten damit die Verkaufskräfte von Routinefragen zugunsten der Fachberatung. Oder sie informieren den gelegentlichen Benutzer an Standorten, wo sonst aus Kostengründen keine Auskunft möglich wäre.

In der Praxis dominieren die Informationskioske. Oft handelt es sich noch um Stand-alone-Lösungen ohne bzw. mit nur seltener Verbindung zur Zentrale. Aber die On-line-Systeme nehmen zu. Sie werden von Handelsfirmen mit breiter Produktpalette ebenso eingesetzt wie von Hotels, Fremdenverkehrsverbänden, Flughäfen oder Stadtverwaltungen. Die intelligenten Terminals sollen Passagieren, Gästen und Bürgern rund um die Uhr nützliche Informationen zugänglich machen. Ein gutes Beispiel dafür ist das bekannte Kiosksystem „Heidiland" im Schweizer Kanton Graubünden. 1990 vom dortigen Fremdenverkehrsverband in Betrieb genommen, meldet das System jährlich rund 100.000 Abfragen.

In den Filialen der US-amerikanischen Tower Records können Kunden am Kiosk nicht nur feststellen, ob die gewünschte CD oder MC verfügbar ist, sondern auch, an welchem Platz sie zu finden ist. Bei einem Sortiment von über 10.000 Tonträgern eine Riesenhilfe! Ebenso können sie sich schon am Eingang der Warenhäuser von Macy's darüber informieren, wo der Wonderbra oder die Birkenstock-Sandalen („Birks") zu finden sind.

Fast auf jeder großen Messe helfen kioskbasierte Leitsysteme den Besuchern, sich zurechtzufinden. Aber auch einzelne Aussteller nutzen diese Möglichkeit. Panasonic Deutschland unterstützte auf der CeBIT '95 ihren Messeauftritt mittels Infokiosken, wo technische Daten und Händlerlisten abrufbar waren. Auch der Sportartikelerzeuger Adidas setzt bei Messen auf POI-Systeme.

Auf deutschen Bahnhöfen bietet die Bundesbahn via Kiosk ihr elektronisches Kursbuch und die Ausgabe von Standardfahrkarten. In Österreich kann man auf Hauptbahnhöfen mittels Sparbuch-Automaten sowohl Einzahlungen als auch Abhebungen bis zu 100.000 Schilling pro Tag unabhängig von den Banköffnungszeiten in Eigenregie durchführen. Auf Flughäfen lassen sich auf diesem Weg Bordkarten ziehen und Versicherungspolicen ausstellen. Und an 30 österreichischen OMV-Tankstellen können Autofahrer gleich neben der Benzin-Zapfsäule in Selbstbedienung mehrsprachige Tourismus-Informationen tanken; so zum Beispiel Auskünfte über freie Zimmer und das gastronomische Angebot der Umgebung. Tisch und Bett können über eine integrierte Telefonfunktion auch gleich reserviert werden.

Gestaltungsanforderungen

Ganz wesentlich ist der Wiedererkennungswert. Potentielle Benutzer müssen bereits aus der Ferne erkennen können, um welche Kioske es sich handelt. Die Terminalgestaltung muß die Corporate identity eines Unternehmens widerspiegeln.
Ferner sollte das Kioskdesign neugierig machen und zur Nutzung auffordern. Wesentlich ist auch die Verwendung eines Touchscreens, der die Bedienung erleichtert und zudem die Fehleranfälligkeit der Applikation deutlich herabsetzt.

2.3.3 Vorteile und Kosten von Kiosksystemen

Vorteile von Kiosksystemen sind:

- Das 24-Stunden-Angebot von Information und Service,
- die relativ geringen Entwicklungs- und Betriebskosten und damit
- die Möglichkeit zur öffentlichen Präsenz an vielen Plätzen,
- eventuelle Personalkosteneinsparungen durch Entlastung des Personals von einfachen Routinetätigkeiten,
- Erkenntnisse über Nutzerinteressen durch automatische Registrierung der Abfragen,
- Möglichkeit der Integration von Verkaufsfunktionen.

Kosten

Ab rund 35.000 Schilling ist heute ein einfaches Gerät auf CD-Basis zu haben. PC-Terminals liegen bei rund 70.000 Schilling Hardwarekosten. Der größte Kostenfaktor ist aber die Software. Rund 700.000 bis 1,5 Millionen Schilling sind hier als Bandbreite für die Entwicklung durchaus realistisch. Branchenübliche Schätzungen sehen dazu folgendermaßen aus:

Kosten je Kiosk:	Computer und Touchscreen	50.000
	Gehäuse	25.000
	Installation: Fünf Stunden	7.000
	Sonstige Gemeinkosten	2.000
	Summe	84.000
Gesamtkosten:	Geräte: Zehn Stück	840.000
	Sprechertexte	5.000
	Grafikeinbindung: Drei Personenwochen	30.000
	Interface-Programm: Zwei Personenwochen	20.000
	Wartungsprogramm: Eine Personenwoche	10.000
	Programmerstellung: Vier Personenwochen	40.000
	Aktualisierung: Vier Personenwochen	40.000
	Laufende Wartung (pauschal)	20.000
	Test und Korrekturen	100.000
	Summe	1.105.000

Abb. 6: Kostenschätzung für ein Info-Kiosksystem mit zehn Geräten (in Schilling)

Benutzer
Als Benutzer eines Kiosksystems kommen in erster Linie Kunden in Frage. Manchmal nutzen auch Firmenmitarbeiter die Kioske zur Informationsabfrage – eventuell gemeinsam mit den Kunden zur Unterstützung von Verkaufsgesprächen.

2.3.4 Anwendungsbeispiele

Zwei Praxisbeispiele sollen Chancen und etwaige Risiken von Kioskanwendungen illustrieren.

2.3.4.1 POI-Kiosksystem in den Filialen des Elektrodiskonters Köck

Die österreichische Elektrohandelsfirma Köck betreibt in ihren Filialen seit 1993 ein Kiosksystem. Es handelt sich dabei um ein reines Auskunftssystem (POI-Kioske) ohne Bestellfunktion. Der Kunde erhält Informationen über die aktuellen Produkte, über deren Verfügbarkeit und die Preise.
Die Inhalte bilden die von Herstellern zur Verfügung gestellten Informationsmaterialien. Teilweise werden Bilder der Produkte und die Kennmelodie des Erzeugers (z. B. Sony) eingespielt. Die Interaktivität zum Benutzer beschränkt sich auf die Navigation durch maximal vier Untermenüs. Nach der Auswahl einer der verschiedenen Produktgruppen (Preis, Produktart und Hersteller) wird eine Liste der entsprechenden Artikel angezeigt. Über jedes dargestellte Produkt kann der Benutzer dann eine detaillierte Information abrufen.

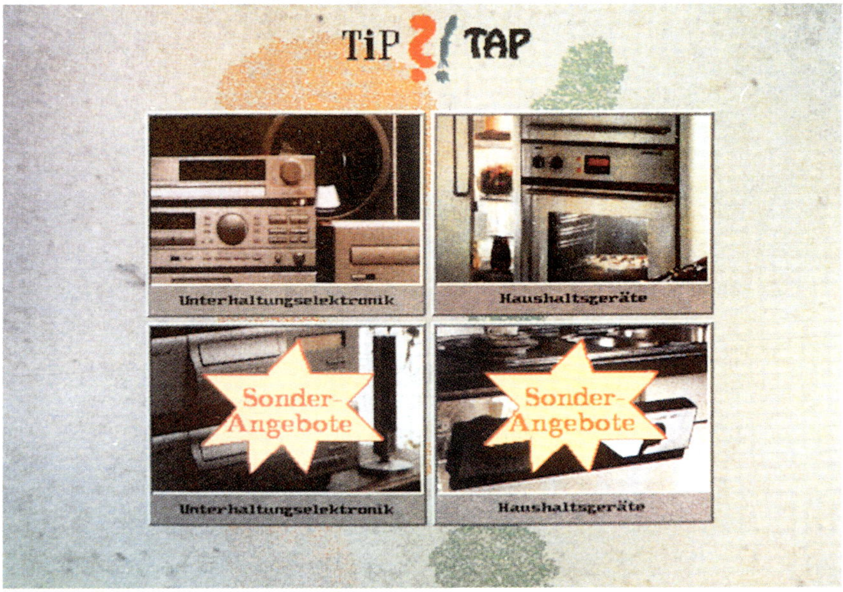

Abb. 7: Köck-Kiosk-Screen

Die durchschnittliche Navigationsdauer durch das System beträgt ca. drei Minuten (geübter Benutzer). Mindestens sind jedoch 57 Sekunden erforderlich, um vom Startscreen in die tiefste Ebene zu gelangen.
Die Entscheidung zur Einführung des Kiosksystems wurde von Geschäfts- und Marketingleitung gemeinsam getroffen. Die Verantwortung für das laufende System hat die Marketingabteilung.

Die Hauptgründe für die Einführung dieses Kundeninformationssystems waren

- eine neue Möglichkeit der Produktpräsentation sowie
- eine erhoffte Unterstützung und Entlastung des Verkaufspersonals.

Bei Köck glaubt man, daß die Kunden die Kioskinformation als „objektiv" betrachten und dadurch auch dem Personal in der Beratung mehr Vertrauen entgegenbringen.

Systementwicklung und Vorgaben

Die Systementwicklung wurde extern vergeben. Die Gründe dafür waren einerseits die knappe Kapazität der eigenen EDV-Abteilung und zum anderen der Know-how-Vorsprung, den die auf Kiosksysteme spezialisierte Entwicklerfirma einbrachte.
Die Anforderungen von Köck an die Entwickler beschränkten sich im wesentlichen auf eine

- einfache Benutzeroberflächengestaltung und
- eine möglichst geringe Systemtiefe, das heißt keine langen Datensuchwege.

Die laufende Wartung in Form von Produktänderungen (Preis, Beschreibung, Bildmaterial usw.) erfolgt firmenintern durch die Marketingabteilung am Redaktionsrechner.
Zweimal jährlich werden in einem Update durch die Kiosk-Entwicklerfirma Änderungen am System oder am Stammdatensatz durchgeführt (Anlegen oder Entfernen neuer Produktstammdaten). Die Gerätewartung und Störungsdienste erfolgen ebenfalls durch die Entwicklerfirma.

Das Köck-Kiosksystem hat folgende Konfiguration:

Anzahl der Kioske:	Zehn Stück
Anzahl abrufbarer Produkte:	ca. 2.000
Datenumfang:	40 MB, das heißt im Durchschnitt 20 kB pro Produkt
Bildschirm:	IBM 14 Zoll, VGA
Eingabesystem:	Touchscreen
Soundsystem:	16 bit mono
Rechnertyp:	IBM 486 DX 33
Festplattenkapazität:	250 MB

Abb. 8: Technische Beschreibung des Köck-Kiosksystems

Die einzelnen Kioskgeräte in den Filialen sind via Telefonleitung und Modem mit dem zentralen Köck-Redaktionsrechner in Brunn am Gebirge verbunden. Von hier werden auch die täglichen Preiskorrekturen durchgeführt. Der übrige Datenbestand wird on-line von der Wiener Firma City Info gewartet. Das Daten-Update erfolgt jeweils über Nacht.

Resümee

Das Kiosksystem soll künftig verstärkt in Verkaufsgespräche eingebunden werden. Dafür muß allerdings das Personal noch eigens geschult werden. Ferner sollen auch die Mitarbeiter neue Produktinformation direkt aus dem System erhalten.
Im Planungsstadium befinden sich Kioske, die vor den Köck-Geschäftslokalen aufgestellt und 24 Stunden abrufbereit sein sollen. Zusätzlich zur reinen Information werden die Kioske zukünftig auch Bestellungen ermöglichen.
Köck gibt die tägliche Nutzung der zehn Kioske mit durchschnittlich 15 bis 20 Benutzern pro Terminal an. Es handle sich dabei überwiegend um kaufkräftigere Kunden.
Eine Stichprobenerhebung ergab folgendes Bild für die Kiosknutzung:

Tagesdurchschnitt einer Filiale mit einem Kiosk im November 1994	
Kioskbenutzer:	Sieben
Kontaktdauer/Benutzer:	4,6 Minuten
Gesamte Kundenfrequenz:	102

Abb. 9: Durchschnittliche Kiosknutzung pro Tag im Vergleich zur Gesamtkundenfrequenz einer ausgewählten Filiale

2.3.4.2 Samsomat, das Kiosksystem des Arbeitsmarktservice Österreich

Das Arbeitsmarktservice (AMS), Österreichs staatliche Arbeits- und Stellenvermittlung, betreibt seit 1991 gemeinsam mit den Entwicklerfirmen Siemens und EDV-GesmbH, einem der größten Systemhäuser Österreichs, das Samsomat-System. Samsomat ist – mit 107 Selbstbedienungs-PC-Terminals – das bislang größte und einzige flächendeckende Kiosksystem der Alpenrepublik.
Über sämtliche Samsomat-Kioske sind verschiedene Serviceleistungen des Arbeitsmarktservice individuell abrufbar. Wartung und Eingabe der Daten erfolgen durch die jeweiligen Landesarbeitsämter.
Die Samsomaten sind vorwiegend in den Arbeitsämtern und verstärkt auch an anderen allgemein zugänglichen Plätzen – wie Großkaufhäusern oder Bahnhöfen – aufgestellt. In der Endausbaustufe (1997/98) sollen landesweit zwischen 300 und 400 Terminals installiert sein.
Die gesamten Hardwarekosten belaufen sich auf 30 bis 40 Millionen Schilling. Die Software-Entwicklungskosten werden mit 12 Personenmonaten oder rund einer Million Schilling angegeben. Die laufenden Datenübertragungs-

Abb. 10: Samsomat in einem Wiener Großkaufhaus

kosten – ein normalerweise nicht unwesentlicher Kostenfaktor – können nicht beziffert werden, da die Post dem AMS Freileitungen zur Verfügung stellt.
Die ursprüngliche Standard-Gerätekonfiguration umfaßte einen Intel-80486-Prozessor mit 25 MHz Takfrequenz, 8 MB Arbeitsspeicher und eine 150-MB-Festplatte. Die neuen Geräte haben leistungsfähigere Prozessoren. Jeder Kiosk ist zudem mit einem Laserdrucker ausgestattet.
Die On-line-Verbindungen zum zentralen Hostrechner erfolgen meist über Datex-P. Die Übertragungsrate beträgt derzeit 9.600 bit/s.
Die unter Toolbook entwickelte Software zur Systemsteuerung sowie die Erklärungstexte und Nutzdaten sind direkt auf der Festplatte am jeweiligen Terminal vor Ort gespeichert.
Bei Stellenabfragen greift der dezentrale Kioskrechner (Client) on-line auf die dBase-Datenbank des Zentralrechners (Server) zu und sucht dort nach Daten zu den eingegebenen Parametern.

Die Ziele der Applikation

Es sollen möglichst viele Leute möglichst rasch an die gewünschten Informationen gelangen können. Daher war die Geschwindigkeit, das heißt kurze Abfragezeiten, ein zentraler Faktor bei der Entwicklung.
Die Auswahl und Bedienung erfolgen über eine Menüsteuerung via Touchscreen. Die Benutzeroberfläche ist selbstführend und selbsterklärend. Der Nutzer kann keine eigenen Suchbegriffe eingeben, sondern stellt sich seine Abfrage durch Auswahl im System vordefinierter Parameter zusammen. Die Inhalte und das Oberflächendesign wurden vom Sozialministerium vorgegeben.

Jobangebote werden auf Wunsch und erst nach Abschluß der Abfrage gesammelt ausgedruckt.
Softwarewartung und Funktionstüchtigkeitskontrolle der Terminals erfolgen vom Wiener Zentralrechner aus. Sie werden von der EDV-GesmbH durchgeführt. Außerdem werden Logfiles über die Nutzung mitgeschrieben, um Interessenschwerpunkte der Benutzer analysieren zu können.
Die Benutzer des Systems gliedern sich in Arbeitssuchende und Unternehmen, die Arbeitskräfte nachfragen und ihre Angebote in das System stellen. Die Kioske werden klarerweise nur von Arbeitssuchenden benutzt.
Die Akzeptanz der Kioske ist laut Arbeitsmarktservice hoch. Ende 1995 wurden folgende Benutzerzahlen bekanntgegeben: 1,5 Millionen Transaktionen pro Monat an insgesamt 181 Kiosken in ganz Österreich. Wobei jede einzelne Abfrage als Transaktion gilt. Ein Benutzer wird also in der Regel mehrere Transaktionen nacheinander durchführen.
Die Selbstbedienung mittels Kiosk wird innerhalb des Arbeitsmarktservice weiter an Bedeutung gewinnen. Nach dem Vorbild der USA sollen auch hierzulande die Arbeitsmarktservice-Berater durch die Kioske von Routineauskünften entlastet werden. Außerdem wird daran gedacht, das System für andere Informationsanbieter (beispielsweise eine Großbank) zu öffnen und die Verbreitung durch Aufstellung weiterer Kioske in deren Niederlassungen zu steigern.
Die Vorteile der Selbstbedienungsvariante sind für das Arbeitsmarktservice vor allem Kosteneinsparungen. Den Arbeitssuchenden erlaubt das Kiosksystem individuelle, anonyme und dazu rasche Informationsabfragen.

2.3.5 Zusammenfassung und Ausblick

Die Geschichte der Multimedia-Kioske als Informationsstellen für Kunden oder Besucher kennt neben Erfolgen auch viele Mißerfolge. Das Hauptproblem ist die anonyme Ziel- und Benutzergruppe. Entsprechend breit wird dadurch oft das Informationsangebot gestaltet, aus dem sich der Benutzer dann für ihn Interessantes mühsam suchen muß.
Ein weitere Schwierigkeit ergibt sich daraus, daß Kiosksysteme oft zunächst isoliert mit proprietärer Software entwickelt werden. Die laufende Aktualisierung des Informationsangebots und die eventuell spätere Integration von Verkaufsfunktionen beziehungsweise die Verbindung mit internen Informationssystemen werden damit unnötig erschwert.
Dennoch sind Kiosksysteme am POI (point of information) und POS (point of sale) zu gefragten Instrumenten für die Kundeninformation, die Beratung und den Verkauf geworden. Nicht zuletzt deshalb, weil die Kioskkosten relativ gering sind. Eine Prognose der Firma Inteco schätzt das weltweite Marktvolumen für Kiosksysteme für 1995 auf 15 Milliarden US-Dollar. (1993: 4 Milliarden, 1994: 8,4 Milliarden). Allein in Deutschland planen beispielsweise 60 Prozent aller Banken in den nächsten drei Jahren die Anschaffung von weiteren Infoterminals.

2.4 Zentral koordinierte Videotexdienste

Am Anfang war die Post. Die europäischen Fernmeldeverwaltungen entwickelten Bildschirmtext oder Btx (engl.: interactive videotex) als Billigdienst für individuelle Textkommunikation.
Fachlich gesprochen werden dabei Nachrichten als Text und einfache Grafik über das öffentliche Kommunikationsnetz übertragen und auf einem Bildschirm des Teilnehmerendgerätes wiedergegeben. Das war ursprünglich der ans Telefon gekoppelte Fernsehapparat. Heute ist es der PC. Die Btx-Benutzer können damit sämtliche Informationen abrufen, die in den Btx-Zentralrechnern der Telekom oder auf den angeschlossenen externen Rechnern von privaten Anbietern verfügbar sind. Ferner können die Btx-Teilnehmer über das System auch Bestellungen durchführen und untereinander Mitteilungen austauschen.

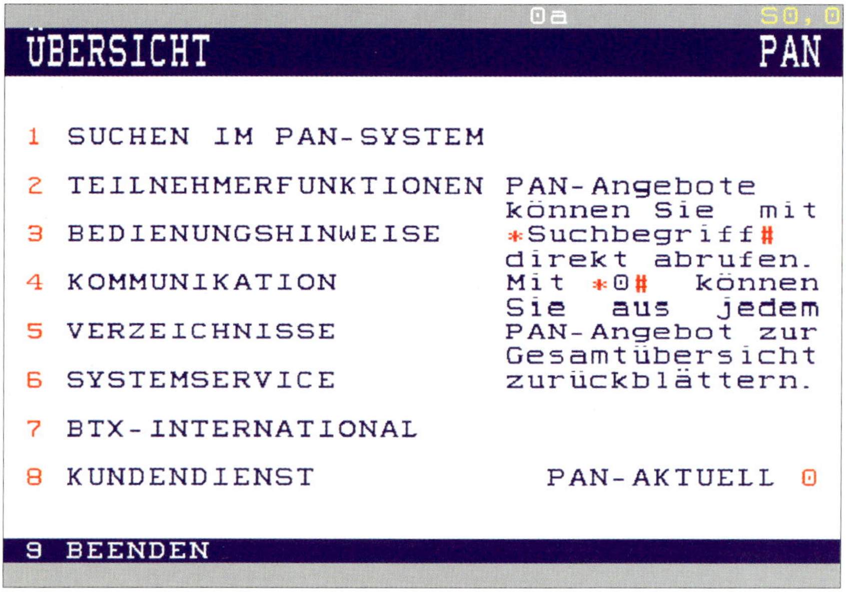

Abb. 11: Btx – die textorientierte Benutzeroberfläche (Beispiel: PAN-Hauptmenü)

Das folgende Beispiel zeigt die Lebensphasen eines großen Btx-Anwendungssystems, das heute zunehmend im Internet aufgeht.

Ein Beispiel: Das WU-Studenten-Informationssystem

An der Wirtschaftsuniversität Wien wurde Anfang der 80er Jahre das WU-Btx-System eingeführt. Es wird bis heute intensiv genutzt. Es bietet für jedermann Auskünfte über das Dienstleistungsspektrum in Forschung und

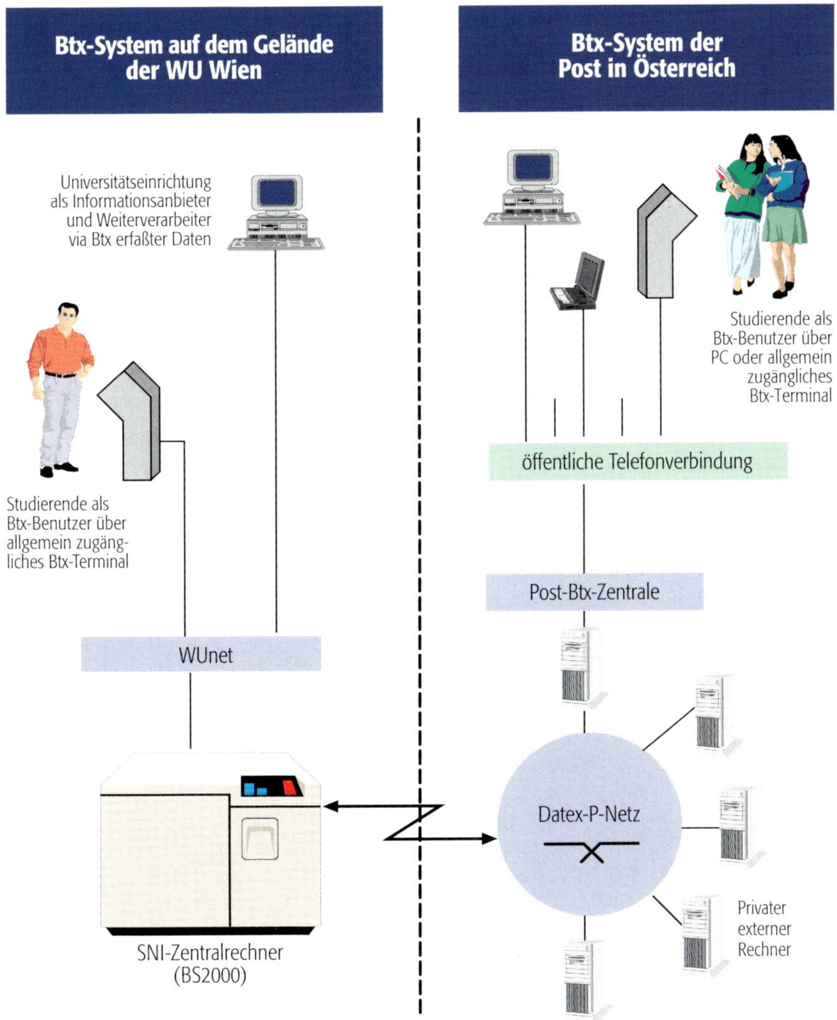

Abb. 12: Architektur des WU-Btx-Systems

Lehre. Studierenden wird nach einer Identifikationsprüfung die Lehrveranstaltungsanmeldung, die Notenabfrage und ähnliches mehr in Selbstbedienung ermöglicht. Das Verwaltungspersonal und die wissenschaftlichen Mitarbeiter werden bei der Lehrveranstaltungsadministration und -abrechnung unterstützt. Verwaltungskräfte und Universitätslehrer verwendeten hierzu in den Anfangsjahren unintelligente Bildschirmterminals, heute ihre Rechner am Arbeitsplatz. Für Studierende und Besucher war das System zunächst nur über Bildschirmtext-Standterminals (Kioske) in der Eingangshalle, auf Gängen und in Selbststudienzonen zugänglich. Nach ca. einem Jahr wurde das Inhouse-System mit dem Btx-System der österreichischen Post gekoppelt. Dadurch wurde der österreichweite Zugriff über Btx-Heimterminals und

Btx-Kioske in Postämtern und Banken ermöglicht. Im Zuge der Einrichtung von PC-Übungsräumen für Studierende (1984/85) wurde auch von dort aus der Zugriff möglich. Anfang der 90er Jahre folgte via Internet die Öffnung des Systems für PC-Benutzer auf der ganzen Welt. 1994 wurde für die am häufigsten genutzten Abfrage- und Reservierungsfunktionen der sprachgesteuerte Zugriff über Tastenwahltelefone eingerichtet. Von den ca. 55.000 Lehrveranstaltungs- und Prüfungsanmeldungen pro Semester wurden schon nach einem halben Jahr zehn Prozent auf diesem Weg abgewickelt.

2.4.1 Entwicklung in Europa

Zu Beginn der 80er Jahre galt interaktives Videotex europaweit als der kommunikationstechnologische Quantensprung. Die Diskussionen zum Thema waren von enormen Hoffnungen und Erwartungen gekennzeichnet. Die Berichterstattung war ebenso intensiv wie unkritisch. Den Diensten wurde ein immenses Potential prophezeit. Diebold und andere bekannte Marktforscher prognostizierten beispielsweise für Österreich über 100.000 Bildschirmtextteilnehmer innerhalb der ersten drei Jahre. In Deutschland sollte Mitte der 80er Jahre die Millionengrenze überschritten werden. Die Realität hielt sich leider nicht daran.

Interaktives Videotex oder Btx, egal wie es genannt wurde, entpuppte sich rundum als mehr oder minder veritabler Flop. In Österreich war der Absturz besonders kraß. Obwohl 1994 – gepuscht durch die allgemeine On-line-Euphorie – ein Aufwärtstrend eingesetzt hat, waren Mitte 1995 nur knapp über 26.000 Btx-Nutzer registriert. Die Zahl der Informationsanbieter mit eigenen Leitseiten ging bis zum selben Zeitpunkt gar von 400 (1991) auf 238 zurück.

Etwas erfolgreicher wurde Btx in der Bundesrepublik. Vor allem in den letzten Jahren ist auch hier die Teilnehmerzahl stetig im Wachsen. Anfang 1995 gab es 724.000, bis Ende 1995 stieg die Zahl auf eine Million Btx-Anschlüsse (1993: 500.000).

Die Entwicklung bei den Anbietern zeigt im Gegensatz dazu eine fallende Tendenz. Von den 1985 noch rund 4.000 Anbietern verabschiedeten sich bis heute 1.500 wieder aus dem System.

Einzig in Frankreich gelang mit dem Minitel, einem speziellen Btx-Terminal, das jeder Haushalt wahlweise statt der Telefonbücher gratis zugestellt bekam, von Anfang an der große Durchbruch am Markt. 12 Jahre nach dem Start unterstützt das Teletel genannte System der France Telecom heute 6,5 Millionen Minitels, die von 14,4 Millionen Personen benutzt werden. Spiele und Sexdienste sind von ursprünglich 22 Prozent auf 14 Prozent der gesamten Nutzungsdauer zurückgegangen. Heute benutzen die Franzosen das System hauptsächlich für praktische Dinge wie Bankgeschäfte und Nachrichtenabruf. Mehr als 10.000 Unternehmen offerieren 24.600 Anwendungsdienste.

Rückblickend erscheint der Btx-Flop in fast allen übrigen europäischen Ländern angesichts der übertriebenen Erwartungen und der tatsächlichen technischen Beschränkungen logisch:

- Erstens war der Dienst bereits bei der Einführung technologisch veraltet. Vor allem die extrem langsame Übertragungsgeschwindigkeit von anfangs 1.200/75 bit/s machte anspruchsvollere Anwendungen unmöglich.
- Zum Empfang waren zusätzlich zum Telefonanschluß ein Modem und ein eigener Btx-Decoder notwendig, der an einen Fernseher oder Monitor angeschlossen werden mußte.
- Die grafische Darstellungsmöglichkeit war und ist – wie beim TV-Videotex (Teletext) – mit 24 Zeilen à 40 Zeichen pro Seite äußerst limitiert.
- Und die angebotenen Inhalte brachten vielfach nicht den Nutzen, um die Konsumenten zur regelmäßigen Abfrage zu veranlassen.

2.4.2 Entwicklung in den USA

Zunächst nahmen die etwa zur gleichen Zeit entstandenen interaktiven Videotexdienste in Nordamerika einen ähnlichen Verlauf. Inzwischen sind sie jedoch ungleich erfolgreicher als ihre europäischen Pendants.
Zum einen waren in den Vereinigten Staaten nicht die Post- und Fernmeldeverwaltungen als Betreiber dieser sogenannten „On-line-Services" federführend. Zum anderen waren die Pioniere CompuServe und Prodigy – ebenso wie eine Reihe kleinerer, regionaler Dienste – durchwegs Privatunternehmen. So konnten sie wesentlich flexibler und offensiver agieren als die vergleichsweise schwerfälligen staatlichen Postverwaltungen.
Ein wichtiger Erfolgsfaktor war auch, daß sich die amerikanischen Betreiber um attraktive Anwendungen bemühten, während die europäischen PTTs das Prinzip der strikten Trennung von Netz und Nutzung verfolgten. Den Postverwaltungen war somit immer ihr Netz wichtiger als die Art und Qualität der dort transportierten Inhalte. Entsprechend entwickelte sich auch das Videotex-Angebot.
Und schließlich richteten sich die amerikanischen On-line-Services anders als die meisten europäischen Videotexdienste von Anfang an auf den Standard-PC und nicht auf das TV-Gerät aus.

2.4.3 Von Btx zu T-Online und PAN

Aus marketingstrategischen Überlegungen griffen die Deutsche Telekom und die Österreichische Post Anfang der 90er Jahre zum Markenwechsel. Der laut Post negativ besetzte Begriff „Btx" wurde aufgelassen. Statt dessen heißen die ehemaligen Btx-Dienste jetzt Datex-J beziehungsweise seit Herbst 1995 T-Online in Deutschland und Public Access Network, kurz PAN, in Österreich.
Durch die Namensänderung in Datex-J änderte sich für das Gros der deutschen Btx-Benutzer mit Telefonanschluß vorerst nichts.
Anders beim PAN-System. PAN wurde auch technisch erweitert. Neben den bisherigen Btx- bzw. CEPT-Anwendungen, wie beispielsweise dem Elektronischen Telefonbuch (ETB) oder diversen Telebanking-Anwendungen,

wurde zusätzlich ein ASCII-Bereich integriert, der den Zugang zu Internet oder CompuServe ermöglicht.
Seit der Umbenennung in T-Online haben nun auch die Teilnehmer dieses Dienstes der Deutschen Telekom die Möglichkeit zur Nutzung des Internet einschließlich E-Mail und World Wide Web. Mit Btx via T-Online sind nicht nur die ca. 2.500 deutschsprachigen Anbieter ereichbar, sondern auch die Telekom-Videotexdienste der ganzen Welt: von Österreich und der Schweiz bis Frankreich und Australien. Btx Plus ist ein kostenpflichtiges Zusatzangebot der für die Telekom aktiven Marketinggesellschaft 1&1. Darüber hinaus kann man über T-Online auch Faxe verschicken, Telexe senden und empfangen, Mitteilungen ins Cityrufnetz schicken oder Nachrichten ins D1-Netz übermitteln.
Als CEPT-Systeme sind Btx und PAN praktisch nicht oder nur gering grafikfähig. Im PAN ist zusätzlich Vektorgrafik zulässig, wird aber nur selten – etwa bei Firmenlogos – verwendet.
Beide Dienste sind über Telefonmodem, ISDN oder Datex-P (nur PAN) zugänglich. Auch Btx-Decoder sind heute für sämtliche DOS/Windows-PCs preiswert erhältlich. Die Deutsche Telekom verschickt die neue T-Online-Decoder-Software auf CD-ROM sogar gratis.

2.4.3.1 Angebot und Anbieter

Die Angebotsstruktur von Datex-J wird – wie bei den meisten anderen breit ausgelegten Videotexdiensten – von Dienstleistungsbetrieben dominiert.

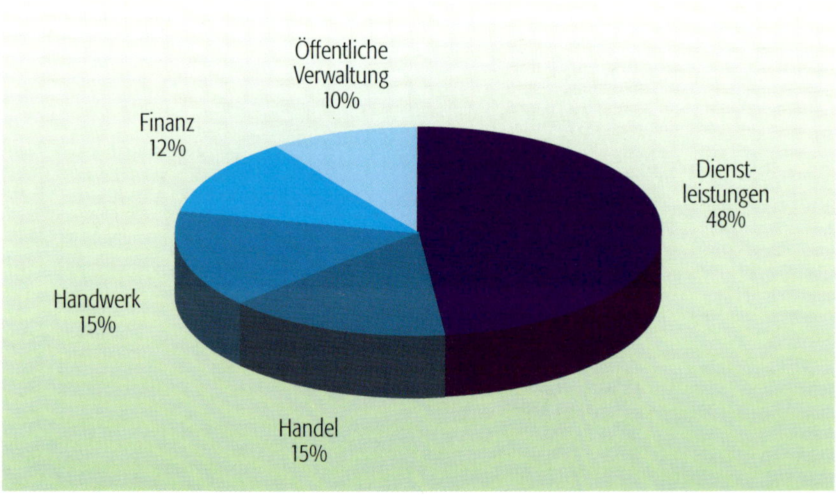

Abb. 13: Anbieter-Branchenverteilung im Datex-J-Dienst; Stand: 2/1995
(Quelle: Online KIT – Der Information Highway für Multimedia)

Auf Anbieterseite war sowohl im Datex-J- als auch im PAN-Dienst, wie bereits erwähnt, ein deutlicher Abmeldetrend festzustellen.

2.4.3.2 Benutzer und Nutzung

Dem Anbieterschwund steht erstaunlicherweise eine Steigerung der Teilnehmerzahlen gegenüber. Vor allem in den letzten Jahren sind signifikante Zuwächse ersichtlich. Sicherlich mit eine Folge des allgemeinen On-line-Booms und der Tatsache, daß Btx-Dienste seit einigen Jahren nun auch über PC verfügbar sind.

T-Online ist mittlerweile mit über einer Million Teilnehmern – mit riesigem Abstand zum französischen Teletel (rund 6,5 Millionen Teilnehmer) – in Europa der zweitgrößte Videotexdienst. Wie eine Umfrage der Deutschen Telekom 1993 ergab, gehören rund 70 Prozent aller Neukunden zur Altersgruppe zwischen 25 und 45 Jahren. Das Durchschnittsalter der Privatkunden beträgt 37 Jahre.

PAN verfügt etwa über vergleichsweise geringe 30.000 Teilnehmer. Doch auch hier ist seit eineinhalb Jahren ein deutlicher Kundenzuwachs zu erkennen. Die privaten Nutzer holen mächtig auf. Der Hauptgrund für den überraschenden Boom sind die stark forcierten Telebanking-Angebote wie etwa Quicken der Bank Austria, die über PAN laufen und die von den Banken umfangreich beworben werden.

So belief sich der Anteil der Privatnutzer Mitte 1995 bereits auf rund 50 Prozent (1993: ein Drittel). Eine Ende 1994 durchgeführte Untersuchung ergab, daß der Großteil zur Abfrage einen PC verwendet. Das Mupid-Btx-Terminal ist praktisch verschwunden.

Mit den Teilnehmern nimmt auch die Nutzung zu. Die Anzahl der monatlichen Kontakte stieg sprunghaft an. Verzeichnete Datex-J 1984 noch knapp

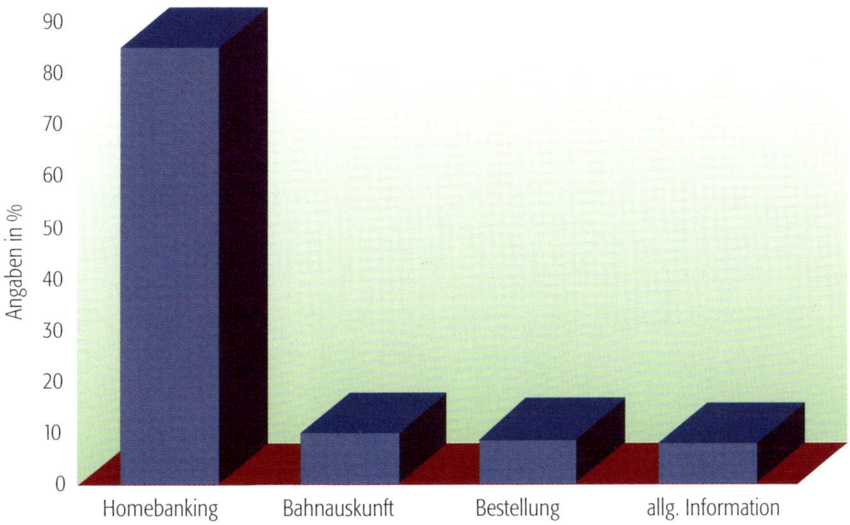

Abb. 14: Hauptnutzungsarten nach Angaben privater Datex-J-Kunden; Mehrfachnennungen waren möglich; Stand: 2/1995
(Quelle: Online KIT – Der Information Highway für Multimedia)

280.000 Anrufe pro Monat, waren es 1994 vergleichsweise 12 Millionen und im Juli 1995 bereits 13,3 Millionen (1993: 8,5 Millionen). Anders bei PAN-Btx. Seit CEPT und ASCII integriert wurden, hat sich die Nutzung des CEPT-Sektors von rund 54.000 abgefragten Seiten 1992 auf 50.000 Seiten im Jahr 1994 reduziert. Insgesamt verzeichnet der PAN-Service Mitte 1995 monatlich 520.000 Anrufe mit einer durchschnittlichen Dauer von 5 Minuten.
Bei Datex-J ist die Hauptanwendungsart der Privat- und Firmenkunden mit Abstand das Homebanking. Die Nutzungsschwerpunkte des österreichischen PAN-Service sind das elektronische Telefonbuch, die Grundstücksdatenbank, das Firmenbuch und wie in Deutschland das Telebanking. Vor allem die kommerziellen Nutzer verwenden in der Regel gezielt nur eine bestimmte Anwendung.
Bei der Veröffentlichung von Nutzungsprofilen durch die Dienstbetreiber kommen die Erotikdienste meist zu kurz. Obwohl es hier ein vergleichsweise üppiges Angebot gibt, soll nach den Angaben der PTTs auf Kundenseite wenig Appetit vorhanden sein. Ein Blick in das österreichische Btx-Journal belehrt den Leser eines Besseren: Erotik und Sex dominieren klar.

2.4.3.3 Preise

Btx ist durchwegs kostengünstig. Beim deutschen T-Online-Dienst fallen eine einmalige Bereitstellungsgebühr von 50 Mark und monatliche Grundgebühren von acht Mark an. Die variablen Nutzungskosten bestehen aus dem Citytarif unter der einheitlichen Telefonnummer 019 10 (8–18 Uhr: 6 Pfennig pro Minute, 18–8 Uhr: 2 Pfennig pro Minute) und den Preisen, die Informationsanbieter für den Seitenabruf verlangen (von 0,30 bis 9,99 Mark pro Seite). Für den Internet-Zugang werden von der Deutschen Telekom zusätzlich 10 Pfennig pro Minute verrechnet.
Die PAN-Anmeldung inklusive Zugangssoftware (Btx-Decoder) kostet einmalig 400 Schilling (mit der DOS-Zugangssoftware Decodix) oder 960 Schilling (mit der Windows-Zugangssoftware Suxxess und der Software INTERNET Mail für PAN). Das laufende Benutzerentgelt ist variabel. Es beträgt in ganz Österreich bei einer Übertragungsgeschwindigkeit von maximal 9.600 bit/s einheitlich 40 Schilling pro Stunde (= Telefonortsgebühr). Der E-Mail-Service ins Internet kostet 1,90 Schilling pro Minute. Manche Seitenabrufe werden zusätzlich vom Informationsanbieter mit extra Seitenpreisen belegt. Entsprechend mehr kosten auch schnellere Btx-Zugänge mit höheren Datenübertragungsraten, etwa 14.400 bit/s oder ISDN.
Anbieter zahlen pro PAN-Leitseite eine Monatsgebühr von 500 Schilling. Für die Belegung von Btx-Seiten werden pro Kilobyte weitere neun Schilling monatlich in Rechnung gestellt. In Deutschland wird zwischen regionalen und bundesweiten Btx-Angeboten preislich unterschieden. So kosten 100 Seiten regional monatlich 150 Mark, landesweite Verfügbarkeit treibt den Preis auf 700 Mark. Für den Anschluß externer Rechner fallen zusätzliche Kosten an.

2.4.3.4 Zukunft der Telekom-Videotexsysteme

Vor allem durch die auf den Markt drängenden US-On-line-Dienste gerät der europäische Bildschirmtext-Sektor verstärkt unter Druck.

Die Deutsche Telekom nimmt die neue Konkurrenz sehr ernst, obwohl auch die Btx-Dienste, beflügelt durch die mediale I-Way-Diskussion, geradezu einen Mitgliederboom erleben. Eine neue Oberflächensoftware mit der Bezeichnung KIT (Kernsoftware für intelligente Terminals) soll den veralteten CEPT-Standard vergessen lassen. KIT soll Btx eine benutzerfreundliche Oberfläche à la MS-Windows mit Buttons und Scroll-Leisten verpassen und vor allem die grafischen Darstellungsmöglichkeiten an heutige PC-Standards heranführen. Neben Deutschland haben sich auch Österreich, die Schweiz und Holland für KIT entschieden. Logischerweise reichen dafür die derzeitigen Übertragungsraten von maximal 2.400 bit/s nicht mehr aus, weshalb parallel auch ein flächendeckendes Tempo-Upgrade auf 9.600 bzw. 14.400 bit/s zum Ortstarif angekündigt wurde.

Die Möglichkeit, über ISDN einzusteigen, bringt erst bei erweiterten Grafikmöglichkeiten echte Nutzervorteile. Allerdings ist die Zielgruppe damit fast ausschließlich auf den kommerziellen Bereich beschränkt.

Am größten Konkurrenten America Online, der gemeinsam mit dem Partner Bertelsmann am 28. November 1995 das Europageschäft startete, möchte sich die Deutsche Telekom mit dem Erwerb von fünf Prozent der AOL-Aktien beteiligen – vorausgesetzt, die Kartellbehörden stimmen zu. Dazu kommt noch eine Kooperation mit dem US-Softwaregiganten Microsoft, der selbst mit dem Microsoft Network (MSN) im On-line-Geschäft aktiv ist.

2.4.4 Neue On-line-Dienste auf dem europäischen Markt

Interaktive Videotexdienste haben Hochkonjunktur. Sie verzeichnen nicht nur jährliche Zuwachsraten im zweistelligen Prozentbereich, sondern verdoppeln sich auch gleich selbst. Überall drängen Anbieter von neuen Online-Diensten mit ihren Services in die scheinbar heißeste Wachstumsbranche dieses Jahrzehnts.

Allein in Europa sind 1995/96 mindestens ein halbes Dutzend On-line-Projekte geplant bzw. gestartet worden. Über weitere wird spekuliert. Einige Beispiele:

- Der deutsche Medienmulti Bertelsmann gründete mit dem amerikanischen On-line-Service America Online (AOL) das erwähnte Joint-venture für die Europaexpansion. AOL, neben CompuServe und Prodigy der dritte Große im US-Bunde, verzeichnet enorme Abonnentenzuwächse. Von 1988 bis 1990 wurden etwa 10.000 Neuzugänge pro Jahr erreicht, heute kommen nach Angaben des Unternehmens täglich so viele hinzu. Anfang 1993 gab es in den USA 350.000 AOL-Abonnenten, Ende 1995 waren es über vier Millionen. Für Europa werden mit 300 Millionen Mark an Investitionen in den nächsten fünf Jahren mindestens eine Million Kunden und eine Milliarde Mark Umsatz angepeilt. Zu Beginn bietet AOL in

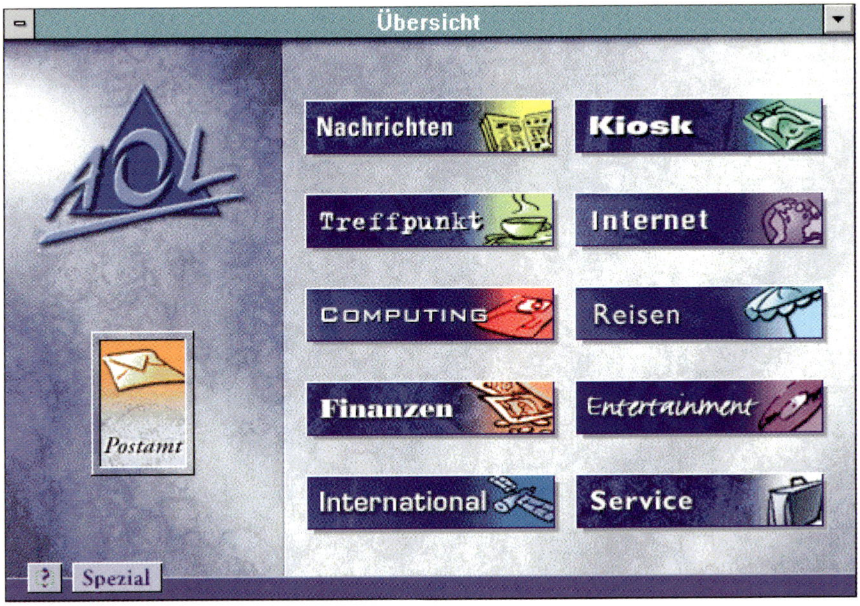

Abb. 15: AOL-Leitseite (Hauptmenü)

Deutschland eine technische Infrastruktur von mehr als 50 lokalen Einwählknoten, weitere sollen kurzfristig hinzukommen.

- Seit der Einführung von Windows 95 bietet Microsoft weltweit das Microsoft Network (MSN) an. Trotz der bisher noch eher dürftigen Inhalte verzeichnete es Ende 1995 schon über 600.000 Abonnenten.
- Burda hat im Dezember 1995 „Europe Online" als europaweiten dreisprachigen On-line-Service gestartet. Als Partner waren urspünglich der Springer Verlag, die englische Verlagsgruppe Pearson („Financial Times"), der französiche Multi Matra-Hachette und der US-Telekomriese AT&T vorgesehen, der auch die Software seines US-On-line-Service Interchange einbringen sollte. Nachdem Springer ausgestiegen ist, wurde kurzfristig aufs Internet umdisponiert und der Dienst gratis über die verbreitete Benutzeroberfläche Netscape zugänglich gemacht. Ab Mitte 1996 soll es die direkte und dann kostenpflichtige Einwahl über 750 Einwählknoten geben; über Internet sollen nur noch „Schnupperangebote" zugänglich sein.
- Apple eröffnet der europäischen Mac-Gemeinde die „e-World".
- Carlo De Benedetti will nach „Italia Online" auch nach Deutschland, Frankreich und England expandieren. „Video On Line" des sardischen Verlegers Niky Grauso ist bereits über Internet zugänglich. „Infonie" und „France en ligne" erhoffen innerhalb der kommenden 24 Monate jeweils 200.000 Teilnehmer.

Service (Sitz)/ Gründungsjahr	Eigentümer/Betreiber	Teilnehmerzahl
CompuServe (USA)/1979	H & R. Block (USA)	ca. 3,8 Mio. weltweit, davon 10% in Europa
America Online (USA)/1985	S. Case (USA), Bertelsmann (D), D. Peabody (USA), Börse (USA)	ca. 4 Mio. in den USA
Prodigy (USA)/1988	IBM (USA), Sears (USA)	ca. 1,8 Mio. in den USA
GEnie (USA)/1981	General Electric (USA)	ca. 90.000 in den USA
e-World (USA)/1994	Apple (USA)	ca. 80.000 in den USA
Delphi (USA)/1982	News Corp. (R. Murdoch, USA), MCI (USA)	ca. 300.000 in den USA
The Microsoft Network (USA)/1995	Microsoft (USA)	ca. 600.000 weltweit
Europe Online (Lux)/1995	Burda (D), Pearson (GB), Matra-Hachette (F), AT&T (USA), div. Banken (Lux)	unbekannt

Abb. 16: Nutzerzahlen großer interaktiver Videotexdienste von kommerziellen Betreibern (Stand: Ende 1995)

Europa und dabei vor allem der deutschsprachige Markt sind heiß umkämpft. Fast alle großen US-On-line-Dienste wollen in absehbarer Zeit jenseits des Atlantiks mit ihren Services präsent sein. Jene, die bereits Fuß gefaßt haben, wie CompuServe, rechnen für 1996 trotz verstärkter Konkurrenz mit einer Verdoppelung ihrer Teilnehmerzahlen. Im Falle CompuServe würde das einen Kundenzwachs von ca. 400.000 auf rund 800.000 bedeuten. Mehr als die Hälfte davon in Deutschland, Österreich und der Schweiz.

Generell sind die Angaben von On-line-Services bezüglich ihrer Teilnehmerzahlen mit Vorsicht zu genießen. Wie bei Printmedien wird aus Werbegründen möglichst hoch gegriffen. Beispielsweise rechnet AOL die Kunden während der kostenlosen Testphase und auch inaktive Benutzer hinzu. Ein anderer großer US-Dienst vermehrte seine Abonnentenzahl vor einiger Zeit schlagartig um einige hunderttausend durch die „Vereinnahmung" der Teilnehmer eines japanischen Dienstes. Unabhängige Marktforscher meinen, daß die tatsächlichen Nutzerzahlen teils nur etwa die Hälfte der angegebenen Abonnenten ausmachen.

So großzügig mit Mitgliederzahlen umgegangen wird, so kleinlich sind die Dienste, was die Nutzungsstrukturen betrifft. Weder Daten zur Demographie noch zum Nutzerverhalten werden von den Diensten gern veröffentlicht. Im Geschäftsbericht '94 von America Online (AOL) findet man darüber keinen einzigen Satz. Nur so viel war zu recherchieren: Der typische AOL-Abonnent ist 39 Jahre alt, hat mehrheitlich einen Hochschulabschluß, ist zu rund 70 Prozent männlich und verfügt über ein jährliches Haushaltseinkommen zwischen 40.000 und 50.000 US-Dollar.

2.4.5 Zusammenfassung und Ausblick

In den USA ist der Konkurrenzkampf der Dienste längst in vollem Gang. Die Folgen sind auch in Europa spürbar. Die US-Basispreise der etablierten Dienste haben sich auf ein Niveau von 9,95 US-Dollar/Monat für fünf Nutzungsstunden nivelliert (2,95 US-Dollar für jede weitere Stunde). Das neue Microsoft Network verlangt sogar noch weniger (4,95 US-Dollar pro Monat für drei Nutzungsstunden, 2,50 US-Dollar für jede weitere Stunde).
Das Einführungsangebot von AOL in Deutschland liegt bei knapp zehn Mark im Monat, hierin enthalten sind zehn Stunden freier On-line-Zugang. CompuServe verlangt in Deutschland 15 Mark bei fünf Freistunden und 4,50 Mark für jede weitere Nutzungsstunde. Beim Microsoft Network bezahlt man eine monatliche Grundgebühr von 14 Mark oder alternativ 150 Mark jährlich bei monatlich zwei Freistunden; jede weitere Nutzungsstunde wird mit 7,50 Mark in Rechnung gestellt. Europe Online ist in der Anfangsphase gratis; ab Mitte 1996 soll das Monatsabo 9,90 Mark inklusive zwei Freistunden kosten. Jede weitere Stunde kommt auf 5,90 Mark.
Dazu versuchen die Dienste ständig mit neuen Features und Inhalten ihre Kunden bei Laune zu halten. AOL beispielsweise konnte mit der Standardintegration des Internet-Zugangs 1994 noch enorm viele Neukunden gewinnen. Mittlerweile haben sämtliche Mitbewerber nachgezogen. Kürzlich hat CompuServe mit einem Angebot von mehreren Millionen US-Dollar pro Jahr der AOL-Konkurrenz das „Time Magazine" abspenstig gemacht. Bisher hatte der Verlag für die elektronische Version dieses renommierten Wochenblatts von AOL „nur" 500.000 US-Dollar jährlich erhalten.
AOL hatte mit seiner leicht zu bedienenden grafischen Benutzeroberfläche und dem Angebot höherer Modemgeschwindigkeiten enormen Erfolg. Zu-

Abb. 17: Europe Online-Leitseite (Hauptmenü)

erst CompuServe und dann Prodigy zogen nach. Wie erwähnt wollen nun auch die europäischen Telekom-Btx-Dienste mit KIT die bunten Bilder bieten – so wie auch alle anderen neu auf den Markt kommenden On-line-Services von privaten Betreibern. In puncto Oberfläche und Darstellungsmöglichkeiten sind sie damit kaum noch von den fortschrittlicheren Internet-Diensten im World Wide Web zu unterscheiden.
Eine Stärke der zentral koordinierten Videotexdienste gegenüber den Internet-Diensten ist, daß sie dem Benutzer durch eine hierarchische Ordnung bessere Orientierungsmöglichkeiten bieten. Die Betreiber können die Inhalte der Dienste frei bestimmen und haben damit direkten Einfluß auf die Qualität und die Struktur des gesamten On-line-Angebotes.
Für Informationsanbieter sind die gutentwickelten Abrechnungs- und Sicherheitsfunktionen sowie die Themenstrukturierung der kommerziellen On-line-Services ein wesentlicher Anreiz.
Den Erfolg europäischer On-line-Dienste und vor allem die Behauptung gegen die massive US-Konkurrenz sehen europäische Betreiber vor allem in den Inhalten. Die Strategie lautet: lokale Angebote (Inhalte) in globalem Rahmen. Doch auch die Amerikaner wissen längst, daß man US-Applikationen nicht 1:1 auf Europa umlegen kann. Schließlich ist CompuServe noch der europaweit erfolgreichste private On-line-Service. Und AOL hat sich deshalb mit der deutschen Bertelsmann-Mediengruppe in einem Joint-venture zusammengeschlossen, um den europäischen Markt besser in den Griff zu bekommen. AOL bringt das technische Know-how aus den USA nach Europa, und Bertelsmann liefert Inhalte und Marketing dazu.
Die Erwartungen sind allseits sehr hoch. Nach Schätzungen der Burda New Media GmbH soll die Zahl der On-line-Nutzer in Europa im Laufe der nächsten drei Jahre auf rund 40 Millionen steigen.

2.5 Internet

2.5.1 Entwicklung und Status quo

Das Internet ist heute der weltgrößte Computernetz-Verbund. Es ist vom ruhigen Universitäts- und Regierungsnetz – das es lange Jahre war – zum öffentlichen digitalen Rummelplatz geworden. Die Idee: Computer aller Länder, vereinigt euch! Der Trend: schier unfaßbares Wachstum.
Die Teilnehmer vermehrten sich im Durchschnitt der letzten acht Jahre um 125 Prozent jährlich. Rund 6,6 Millionen Computer hängen mittlerweile im Netz der Netze, so das Ergebnis des Internet Domain Survey vom Juli 1995. Im Januar waren es noch 4,8 Millionen. Zum Erscheinungszeitpunkt dieses Buches werden es wahrscheinlich schon über zehn Millionen angeschlossene Rechner sein.
Im Jahr 1990 bestand das Internet noch aus rund 3.000 lokalen Netzen mit etwa 200.000 angebundenen Computern. Im April 1992 betrug die Zahl der Rechner bereits 890.000, und sie verdoppelte sich seither zirka alle sieben Monate. Im Oktober 1993 hatte die Zahl der Computer die Millionenmarke überschritten. Mitte 1995 besteht das Internet aus über 60.000 Netzen, in

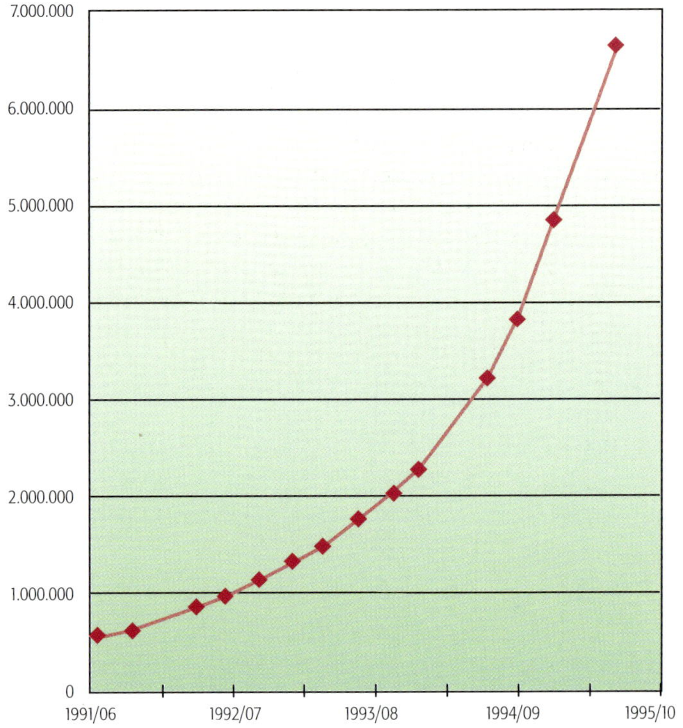

Abb. 18: Entwicklung der weltweit an das Internet angeschlossenen Rechner von Juli 1991 bis Juli 1995 in 1.000

(Quelle: Internet Domain Survey; http://www.nw.com/zone/www.top.html)

Land	**Mai 1995**	**Juni 1995**	**Veränderung in Prozent**
Dänemark	32.218	36.028	11,8
Deutschland	328.000	348.209	6,2
Finnland	103.274	108.728	5,3
Frankreich	109.035	111.019	1,8
Großbritannien	310.361	325.898	5,0
Niederlande	115.405	118.858	3,0
Österreich	37.369	39.404	5,4
Polen	14.357	15.269	6,4
Schweiz	58.459	63.081	7,9
Tschechien	14.780	14.796	0,1
Ungarn	9.276	11.339	22,2
Europa	**1.463.233**	**1.550.520**	**6,0**

Abb. 19: Anzahl der an das Internet angeschlossenen Rechner in ausgewählten europäischen Ländern (Quelle: ftp.ripe.net)

denen die erwähnten 6,6 Millionen Rechner hängen. Auch Österreich ist mit 40.000 Hosts dabei. In Deutschland sind es vergleichsweise 350.000, die kleine Schweiz bringt es immerhin auf knapp 64.000.
Neben der allgemeinen Wachstumsdynamik zeigt sich eine Verlagerung des Internet-Schwerpunktes. Der Anteil der Benutzer aus der Wirtschaft wuchs geradezu explosionsartig, und die Aussicht auf neue Kunden aus dem reichen Reservoir der „Internet-Surfer" war dabei ein entscheidendes Motiv. So hat in den Vereinigten Staaten die Zahl der kommerziell betriebenen Internet-Rechner die der akademisch genutzten Hosts bereits 1994 übertroffen. Eine Entwicklung, die mit etwas Verzögerung auch im europäischen Raum zu erwarten ist.

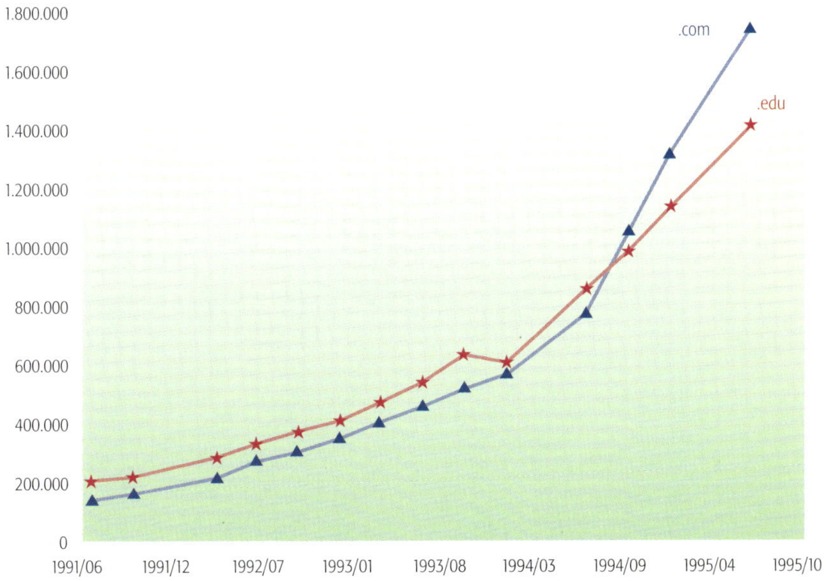

Abb. 20: Wachstum der in den USA an das Internet angeschlossenen Rechner im kommerziellen und wissenschaftlichen Bereich
(Quelle: Internet Domain Survey; http://www.nw.com/zone/www.top.html)

2.5.1.1 Wie das Internet funktioniert

Internet basiert auf der Client-Server-Technik. Server auf Rechnern überall im Netz stellen die Ressourcen (Daten, Programme, Betriebsmittel) zur Verfügung. Unter Server ist eine Software zu verstehen, die Anfragen von Clients akzeptiert und automatisch beantwortet. Clients sind Programme – wie beispielsweise Netscape Navigator oder Mosaic –, mit denen Dienstleistungen von Servern angefordert werden können. Sie senden in der „Netzsprache" – im Falle des Internet das TCP/IP-Protokoll – ihre Anfragen an den Server. Dieser liefert daraufhin, soweit vorhanden, die gesuchten Informationen.

Server-An- bzw. -Abfragen können im Internet von einem Benutzer am gleichen Rechner stammen oder von einem User am anderen Ende der Welt.

2.5.1.2 Organisation des Internet

Anders als kommerzielle On-line-Dienste wie beispielsweise CompuServe hat das Internet keine Zentrale, gehört niemandem und ist nur durch die gemeinsame Datensprache – das Übertragungsprotokoll TCP/IP – definiert. Organisationen wie etwa die amerikanische Internet Society (ISOC) oder die europäische Vereinigung der Service Provider Réseaux IP Européens (RIPE) versuchen auf freiwilliger Basis Standards zu erarbeiten und übernehmen administrative Koordinationsaufgaben zwischen den verschiedenen Netzen.

2.5.2 Die wichtigsten Internet-Dienste

Mit der wildwuchernden Entwicklung dieses Metanetzwerkes entstand auch eine Vielzahl von Netzdiensten – das heißt, unterschiedliche Endbenutzer-Software für die Navigation durch den Internet-Datendschungel.
Zu den meistverwendeten Internet-Diensten gehören die E-Mail-Funktion, das Übertragen von Datenbeständen oder Programmen und das Einloggen in andere Computer. Dafür wird jeweils eine eigene Software verwendet. Nachfolgend sind die wichtigsten Internet-Dienste und ihre Funktionen einzeln dargestellt.

Informationsaktivität	**Dienst**				
	Mail	**News**	**FTP**	**Telnet**	**WWW**
Informationsaustausch	++	++	–	––	o
Informationsabruf	––	o	+	+	++
Informationserkundung	++	++	o	––	++
Transfer von Informationsprodukten	––	––	++	––	++
Bestellung von Produkten	+	––	––	+	++

++/+ sehr hohe/hohe Eignung
– –/– sehr geringe/geringe Eignung
o mittlere Eignung

Abb. 21: Internet-Dienste und Informationsaktivitäten
(Quelle: Jaros-Sturhan, Löffler)

2.5.2.1 Electronic Mail (E-Mail)

Die Zustellung elektronischer Post – Electronic Mail oder kurz E-Mail – ist vereinfacht ausgedrückt das Übertragen einer Textdatei von einem Rechner auf einen anderen Rechner, nämlich den des Adressaten. Alle Teilnehmer am Internet haben ihre eigene E-Mail-Adresse, die sich üblicherweise aus Benutzer@Computer zusammensetzt (zum Beispiel: Hansen@dec6.wu-wien.ac.at). Diese Adresse eines Benutzers entspricht normalerweise einer Kennung auf einem Computer, der die Funktion einer „Mailbox", eines elektronischen Briefkastens, übernimmt.

Die Hauptvorteile von E-Mail sind:

- Rasche und vor allem direkte Übermittlung an einen oder mehrere Adressaten. Nur der Mailboxinhaber kommt mittels Paßwort an die Nachricht.
- Verbesserte Kommunikation durch ständige Empfangsbereitschaft.
- Geringe Kosten im Vergleich zu Telefon bzw. Briefpost.
- Direkte Antwortmöglichkeit auf eine elektronische Mitteilung.

Das Hauptproblem von E-Mail ist sicher die Vertraulichkeit. Eine unverschlüsselte E-Mail-Nachricht ist im Netz wie eine Postkarte.

2.5.2.2 Dateitransfer (FTP)

FTP ist nach dem Anwendungsprotokoll benannt, welches es verwendet: das „File Transfer Protocol". Dem Namen entsprechend, ist es Aufgabe dieses Protokolls, Dateien von einem Internet-Rechner auf einen anderen zu kopieren. FTP ermöglicht die Übertragung unterschiedlicher Informationsbestände bzw. Dateien zwischen verschiedenen Computern und Betriebssystemen. So können ganze Buchtexte in formatierter Form 1:1 als komprimierte Word- oder Excel-Datei via FTP versandt werden. Öffentlich zugängliche FTP-Archive fungieren hier als eine Art „Informationssupermarkt", in denen die Produkte (Texte, Programme, Bilder usw.) ausgestellt werden und von jedermann mit Internet-Zugang begutachtet, angesehen und abgerufen werden können.

2.5.2.3 Terminalemulation (Telnet)

Von Wien, Berlin oder Illertissen aus an einem Rechner in New York arbeiten – alles kein Problem mit Telnet.
Mittels Telnet kann man sich vom eigenen PC aus in einem anderen Internet-Rechner einloggen. Ist die Verbindung aufgebaut, hat man Zugang zu allen Ressourcen (Programme, Dateien usw.), die der entfernte Computer anbietet. So wird es zum Beispiel möglich, einem großen Nutzerkreis Zugang zu leistungsfähigen Superrechnern zu verschaffen und diese teuren Ressourcen besser auszulasten.
Am häufigsten wird Telnet aber wohl dafür verwendet, um weltweit on-line Bibliotheksverzeichnisse oder Literaturdatenbanken zu durchstöbern. Besonders beliebt ist Telnet auch bei verspielten Naturen. Schließlich kann man auch sehr gut eine weltweite Schach-, Go- oder Backgammon-Partie damit spielen.

2.5.2.4 NetNews

Network News sind die weltweit rund 10.000 Internet-Nachrichtendienste und Informationsforen zu verschiedensten Themenbereichen. Der Verkehr in Bereichen wie „alt.sex.bondage“, „rec.arts.erotica“ oder „talk.bizarre“ ist besonders rege. Aber auch Gruppen wie „misc.jobs.offered“ oder „rec.food.cooking“ kommen auf mehrere hunderttausend Leser. Es gibt nichts, zu dem Interessenten keine Gleichgesinnten finden.
Zugang zu den News-Groups bekommt man über sogenannte News-Reader, Programme, die auf News-Server zugreifen können.
News-Groups sind hierarchisch organisiert, mit der Hauptkategorie am Anfang des Namens, gefolgt von unterschiedlich vielen Subkategorien. Der Name jeder Gruppe wird von seiner Hauptgruppe und den jeweiligen Untergruppen durch einen Punkt (.) getrennt (z. B. rec.music.folk). Es bestehen sieben Hauptgruppen (comp, news, rec, sci, soc, talk und misc). Daneben existieren Gruppen, die nur für einen begrenzten Benutzerkreis (z. B. Österreich: at) von Interesse sind und daher nicht über das ganze Netz verteilt werden.
Ein typischer News-Server enthält ungefähr 2.500 bis 9.000 News-Gruppen.

2.5.3 Vom Internet zum World Wide Web

Mit der Entwicklung neuer und vor allem einfacherer sogenannter Netzdienste – zuerst Gopher, dann WAIS und zuletzt dem World Wide Web (abgekürzt: WWW oder W3) – wurde das Internet zum Massenmedium.
Von CERN, dem Genfer Kernphysiklabor, entwickelt, ist die World Wide

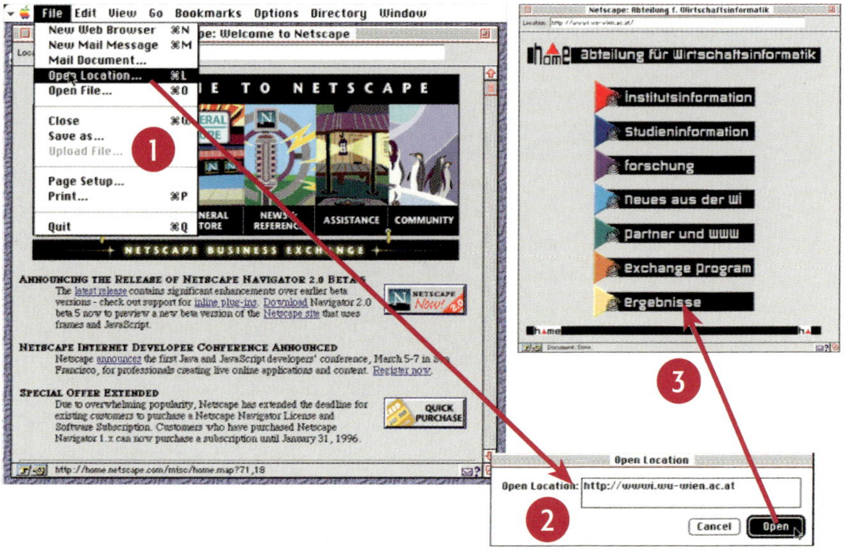

Abb. 22: Herstellung einer WWW-Verbindung

Web-Technologie die entscheidende Errungenschaft im Netz. 1990 entstand der erste Web-Prototyp, und im April 1993 war er serienreif. Neue Web-Browser – Programme zur WWW-Navigation, vor allem das vom NCSA entwickelte Mosaic und der Marktführer Netscape Navigator – brachten den endgültigen Durchbruch.
Im WWW ist eine Verbindung zum gewünschten Teilnehmer beziehungsweise Server fast so einfach herzustellen wie beim Telefonieren (siehe Abbildung 22). Beim Web-Browser Netscape wählt man z. B. zuerst den Befehl „Open Location" (Schritt 1), tippt die Internet-Adresse, den sogenannten URL, ein (Schritt 2), klickt auf „ok", und der Browser beginnt mit dem Verbindungsaufbau. Sekunden später erscheint die gesuchte Leitseite (engl.: homepage) des Adressaten auf dem Bildschirm (Schritt 3). Von dort kann man weiterblättern oder direkt durch Anklicken von Links zu anderen Stellen verzweigen.
Internet-Adressen, im Fachjargon URL für „Uniform Resource Locator" genannt, haben folgende allgemeine Struktur: „Protokoll://Server-Name:Port/Pfad". Dabei sind WWW-Adressen oder -Dokumente durch das Übertragungsprotokoll HTTP spezifiziert, Dateitransfer durch FTP und Telnet durch Telnet. Zum Beispiel ist das WWW-Angebot der Abteilung für Wirtschaftsinformatik unter folgendem URL erreichbar: http://www.wu-wien.ac.at/.
Wie erfolgreich das Web heute ist, zeigt sich nicht nur am Wachstum der WWW-Server. Auch die Börseneinführung des erfolgreichsten Browser- und Serversoftware-Entwicklers Netscape im August 1995 dokumentiert das sehr eindrucksvoll. Die Netscape-Aktie entfachte an der Wall Street ein regelrechtes Kursfeuerwerk. Bis zu 168 Prozent Gewinn konnten die Aktionäre des Softwareunternehmens mit 48 Millionen US-Dollar Jahresumsatz bereits am ersten Börsentag lukrieren. Die Internet-Aktie explodierte von 28 auf unglaubliche 75 US-Dollar.

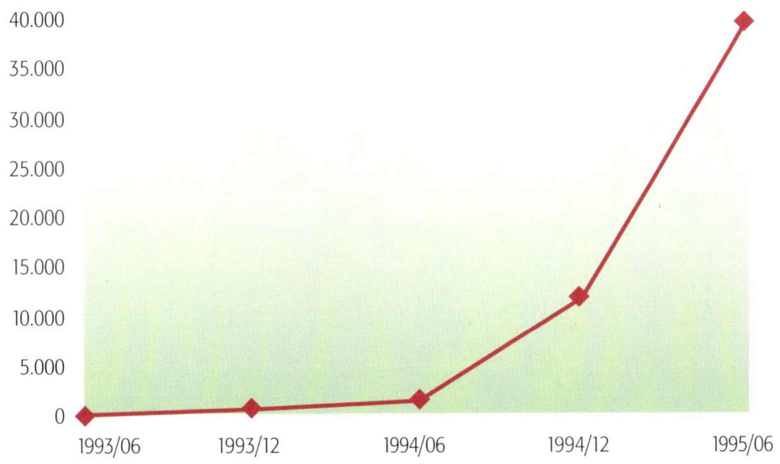

Abb. 23: Entwicklung der Anzahl von WWW-Servern seit 1993

Durch das W3 wurde aber nicht nur das Navigieren per Mausklick möglich, sondern das Internet zum Multimediadienst. Die WWW-Technologie ermöglicht nämlich die Integration von Text, Bild und Ton in eine Datei.

WWW und Hypertext

WWW-Dokumente werden mittels HTML (Hypertext Markup Language) erstellt. Signifikant für diese Dateien bzw. Dokumente sind unterstrichene und markierte Texte, die einen Link signalisieren, das heißt eine Verbindung zu einer anderen Datei. Wird nun eine solche Markierung durch Mausklick ausgewählt, erscheint automatisch das damit verbundene Dokument (Daten, Text, Bild und/oder Ton) am Bildschirm, unabhängig davon, ob dieses Dokument am selben Rechner liegt oder Tausende Kilometer weit entfernt.

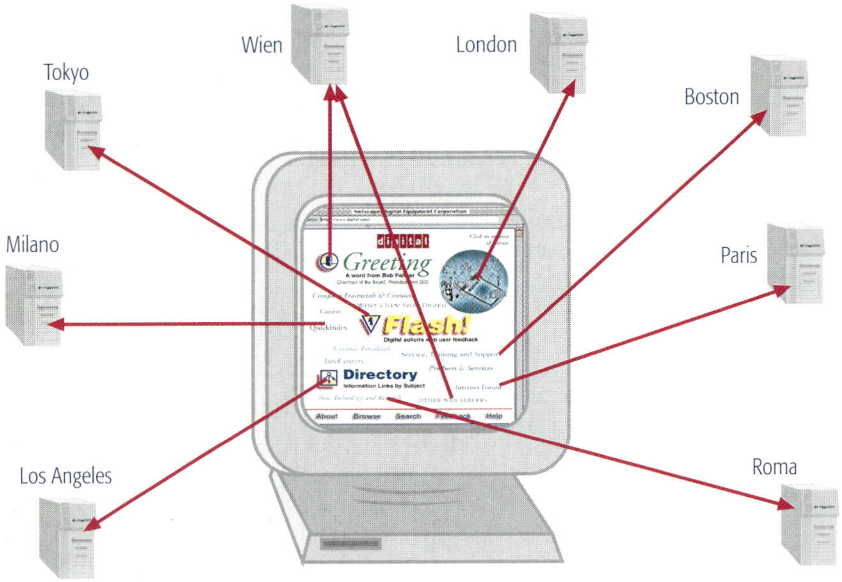

Abb. 24: Funktionsweise eines verteilten Hypertextsystems

Statt kryptischer Unix-Kommandos reicht also ein Klick auf eine markierte Textstelle oder ein Bild(symbol) – sogenannte Hyperlinks –, und die Reise durchs Netz beginnt. Man ruft automatisch das mittels Link verbundene Dokument auf.

Das Konzept ist einfach, wie ein Lexikon-Beispiel verdeutlicht: Im Brockhaus liest man einen Artikel über Afrika und findet dabei das Foto eines riesigen Elefanten. Um mehr über dieses Tier zu erfahren, müßte man den Band „E" zur Hand nehmen und dort Angaben zum Stichwort Elefant suchen.

In einem WWW-Dokument geht das dank Hyperlinks schneller. Man würde beispielsweise auf das Bild des Elefanten klicken, und die Elefanten-Information würde daraufhin erscheinen. Durch weiteres Anklicken von entsprechenden, im Text enthaltenen Marken könnte man eventuell ein Video

mit Elefanten an der Tränke einspielen und dazu den Herdenführer lebensecht brüllen lassen.
Das Web besteht aus Hypertextdokumenten, die durch Links zwischen den Seiten verbunden sind. Dafür gibt es keine Regeln. Dokumente können neben Text auch Grafiken, Ton- und Videosequenzen beinhalten.
Im Web wurde damit erstmals eine einheitliche Oberfläche für verschiedene Internet-Dienste möglich. Denn es gibt im WWW nur zwei Befehle: Folge einer Verknüpfung (Link), und führe eine Suche durch. Egal, welchen Internet-Dienst man benützt, die beiden Befehle bleiben immer gleich.
WWW-Browser wie Netscape oder Mosaic sind das „Windows fürs Internet" und machen aus einer Internet-Tour ein Web-Surfvergnügen. Heute ist Internet fast gleichbedeutend mit dem World Wide Web. Wer Web sagt, meint Internet und umgekehrt.

2.5.4 Internet-Benutzer und -Nutzung

Obwohl die Zahl der Internet-Rechner durch „Anpingen" einigermaßen sicher geschätzt werden kann, weiß man nicht, wie viele Personen nun tatsächlich auf den weitverzweigten Datenbahnen zwischen Gramatneusiedl und Timbuktu herumsurfen. Trotz aller Logik und Eindeutigkeit der Bits und Bytes gibt es hier nur grobe Schätzungen. Mindestens 30 Millionen sollen mittlerweile per E-Mail erreichbar sein. Eindeutig ist, daß Wissenschaftler und Studenten, die das Internet noch bis vor kurzer Zeit dominierten, zusehends von Benutzern aus der Wirtschaft überholt werden.

2.5.5 Internet-Zugangsanbieter und Preise

Es herrscht Goldgräberstimmung. Das Geschäft mit den Internet-Anschlüssen blüht. Die Access-Provider – so die Bezeichnung der Firmen, die den Zugang zu dem internationalen Computernetz verkaufen – schießen wie Schwammerln aus dem Datenwald. Und obwohl damit die Preise purzeln, wird ein Vergleich derselben immer schwieriger. Die unvergleichlich machende Zauberformel heißt Preis- und Leistungsdifferenzierung oder unterschiedliche Angebote mit ebenso vielfältigen Abrechnungsmodi.
Einerseits bieten die großen Videotexdienste wie AOL, CompuServe und T-Online neuerdings Brücken ins Internet an. Andererseits gibt es die „reinrassigen" Provider, deren Netze einen kostengünstigen Zugang ermöglichen. Neben zahlreichen regionalen Access-Firmen gibt es einige große Anbieter mit bundesweiten Einwahlknoten – sogenannten Points of Presence (POPs). In Deutschland heißen die Marktführer unter den kommerziellen Internet-Anbietern: Contributed Networks (Berlin), EUnet (Dortmund), IBM (Stuttgart), MAZ Mikroelektronik Anwendungszentrum (Hamburg) sowie Nacamar (Dreieich) und Xlink der Netzwerk und Telematik GmbH (Karlsruhe).
Insgesamt etwa 30 kommerzielle Internet-Zugangsanbieter – inklusive der Universitäten – bieten in Österreich Privaten und/oder Firmen Anschlüsse ans weltweite Computernetz. Aber nur wenige davon verfügen über bundes-

weite POPs. Vor 1994 boten nur die Universitäten und die EUnet GmbH dieses Access-Service an.

1. Größter Provider ist mit Abstand das österreichische Universitätsnetz ACOnet, das vom EDV-Zentrum der Universität Wien administriert wird. Hier sind nicht nur (sämtliche) Universitätsangehörige gratis angeschlossen, sondern auch zahlreiche Wiederverkäufer wie Vianet, net4You oder die Spardat – diese allerdings kostenpflichtig (es gelten die EBONE-Tarife).
2. EUnet/Ping, die ältesten privaten Internet-Anbieter, sind nach wie vor Marktführer. EUnet und Ping verfügen gemeinsam bundesweit derzeit über 15 POPs (Wien, Linz, Salzburg, Bischofshofen, Zell/See, Hallein, Innsbruck, Götzis, Retz, Wr. Neustadt, Eisenstadt, Oberwart, Graz, Völkermarkt, Klagenfurt).
3. Das Konsortium Spardat/Radio Austria/Post ist der neue große Konkurrent von EUnet/Ping. Das Potential, das sich allein aus der Partnerschaft mit der Österreichischen Post ergibt, läßt kleinere private Mitbewerber jedenfalls erschauern. Mit sämtlichen Postämtern als mögliche, aber noch nicht angebotene Einwahlknoten in ganz Österreich, hat die Spardat/RAC/Post-Gruppe zweifellos die besten Voraussetzungen zur flächendeckenden Versorgung. Die Frage ist allerdings, ob die Gruppe damit nicht wettbewerbsverzerrend wäre.
4. IBM bietet in allen Bundesländern Einwählknoten an. Über das Geschäftsvolumen aus dem Internet-Zugangsgeschäft ist nichts Näheres bekannt.

Wieviel kostet der Internet-Zugang?

Wegen der allgemeinen Leistungs- und Preisdifferenzierung ist ein Vergleich der Access-Angebote sehr schwierig. In der Regel fallen bei einem vollen Internet-Zugang folgende Gebühren an:

- Eine einmalige Einrichtungsgebühr in der Höhe von rund 30 bis 40 Mark.
- Ferner ein monatlicher Grundtarif, der je nach Art des Zugangs mindestens 15 bis 25 Mark beträgt.
- Eventuelle zeit- und datenvolumenabhängige Kosten, die nach Überschreiten der im Grundtarif enthaltenen Nutzungsdauer anfallen. Gerade diese Gebühren lohnt es, genau zu prüfen, damit man vor bösen Überraschungen bei der ersten Abrechnung sicher ist.

Zur Kostenwahrheit fehlen noch die variablen Telefongebühren, die bis zum nächsten Netzknoten (POP) anfallen und die in vielen Fällen die Kosten für das Netz-Surfen verdoppeln oder verdreifachen.

Doch die Konkurrenz auf dem Providermarkt wird sich weiter verstärken. Schon jetzt ist ein deutlicher Preisdruck sichtbar, den die größeren Anbieter durch verstärkte Preisdifferenzierung auszugleichen versuchen.

Vor allem der Markteintritt amerikanischer On-line-Dienste wie CompuServe oder The Microsoft Network, die alle im Standardpaket einen Internet-Zugang bieten, wird die Preissituation weiter nach unten nivellieren. Und der Trend bei den Zugangstarifen läuft mittelfristig auf eine Pauschale hinaus.

2.5.6 Barrieren gegen eine kommerzielle Nutzung

Generell steht die Vorteilhaftigkeit der Nutzung des Internet für Kommunikationszwecke (E-Mail, Diskussionsforen, Nachrichtendienste) völlig außer Zweifel. Bei der Nutzung als Vertriebskanal gibt es jedoch noch zahlreiche Barrieren, die eine Diffusion verzögern oder teilweise gar verhindern können. Doch viele dieser heutigen Hemmnisse werden mittelfristig nicht mehr in dieser Form existieren:

- Hohe Telekom-Gebühren
  Sie stellen derzeit die größte Hürde für eine intensivere Nutzung der Telekommunikation dar. Der Fall des Telefon- und Leitungsmonopols 1998 wird zu sinkenden Preisen und zu Marktanteilsverlusten der nationalen Telekom-Gesellschaften führen.
  Tendenz: Preisverfall.

- Mangelnde Geschwindigkeit und Bandbreite
  Heute übliche Übertragungsgeschwindigkeiten sind für fortgeschrittene Multimedia-Anwendungen bei weitem zu gering. Mit breiter Verfügbarkeit von ISDN, verbesserten Komprimierungsstandards und gleichzeitig fallenden Telekom-Preisen wird Bandbreite tendenziell ein immer geringerer Engpaß.
  Tendenz: Bandwidth on Demand.

- Mangelnde Sicherheit (Hacker, Computerviren)
  Unternehmen zögern wegen der Angst vor Einbruch und Computerviren, ihre Firmenserver nach außen zu öffnen. Konsumenten scheuen sich, on-line ihre Kreditkartennummer durchzugeben.
  Tendenz: Es wird sicherer, aber doch nicht ganz. Und: Auch im herkömmlichen Geschäft kann man Geld verlieren.

- Rechtsunsicherheit
  Die rechtliche Situation bezüglich Urheberschutz, Produkthaftung, Arbeitsrecht, Gerichtsstand und etwaiger staatlicher Regulierungen ist noch weit von einer Lösung entfernt. Hier versucht man augenblicklich in ersten Ansätzen, länderweise die Situation zu analysieren und mögliche Lösungen zu erarbeiten. Auf internationaler Ebene wird derzeit noch nicht einmal verhandelt.
  Tendenz: Bis auf weiteres ist man auf das herkömmliche Wirtschaftsrecht und Strafrecht sowie die Interpretation von relativ wenigen gerichtlichen Einzelentscheidungen im Telekommunikationsbereich angewiesen.

- Teilweise sehr schlechte Datenqualität
  Informationsfriedhöfe sind ein spezielles Problem des Internet, da alle Teilnehmer vorhandene Datenbestände sehr einfach und kostengünstig allgemein zugänglich machen können. Oft verlieren sie jedoch bald das Interesse und kümmern sich nicht mehr um ihr

„Werk". Im Gegensatz zu zentral koordinierten, kommerziellen On-line-Diensten à la AOL und CompuServe fehlt jede externe Kontrolle der Sinnhaftigkeit, Güte und Aktualität der Angebote.
Tendenz: Verbesserung durch Konsortien mit hohen Qualitätsstandards (wie zum Beispiel CommerceNet) und Qualitätsmanagement bei großen Informationsanbietern.

- Großer Wartungs- und Strukturierungsaufwand der Informationsangebote (Indizierung, Links, Retrieval usw.)
  Unter der Annahme ständig wachsender Datenmengen ist dieses Problem sehr gravierend und gewinnt zunehmend an Bedeutung. Problematisch erweisen sich vor allem rasch wachsende HTML/Hypertext-Datenbestände bei Link-Updates.
  Tendenz: Problematik steigend, trotz laufend verbesserter Softwarewerkzeuge.

Vorteile von zentral koordinierten On-line-Diensten gegenüber dem Internet:

- Bessere Daten über die Benutzer
  Anders als im Internet verfügen zentral koordinierte On-line-Dienste über registrierte Abonnenten und wissen über deren Nutzungsverhalten besser Bescheid.
- Einheitliche Standards bei den Benutzeroberflächen
  Im Gegensatz zum Internet bieten moderne kommerzielle On-line-Dienste, wie zum Beispiel America Online, CompuServe, Prodigy oder The Microsoft Network, eine einheitliche Benutzeroberfläche für alle Sektoren ihres Angebots (= gewohnte Umgebung!).
- Klare Strukturen und damit einfachere Recherche
- Integrierte Verkaufsabrechnungsfunktionen
  Bei interaktiven Videotexdiensten und TV-Shopping-Kanälen übernimmt der Dienstbetreiber in der Regel für die Informationsanbieter mit ausgefeilten Abrechnungssystemen die Fakturierung und das Inkasso. Im WWW gibt es bisher nichts dergleichen.

2.5.7 Zusammenfassung und Ausblick

Dank einfacher Bedienbarkeit bei gleichzeitig verbesserter Multimediafähigkeit wird das Internet immer mehr zum Massenmedium. Private nutzen es verstärkt zur Kommunikation, und Firmen wittern darin ein enormes Potential für Marketing und Verkauf und damit auch Profit.
Aber das Web hat nicht nur Vorteile. Die enorme, unstrukturierte Entwicklungsdynamik macht das System ebenso unübersichtlich wie groß. Zunehmend kommt es damit zu Überlastungsproblemen bzw. Kapazitätsengpässen im Netz.
Auch lassen viele Web-Sites (darunter versteht man das Informationsangebot eines Unternehmens bzw. einer Organisation im WWW), was Inhalt bzw. Nutzen betrifft, oft zu wünschen übrig. Es gibt viele nicht durchdachte An-

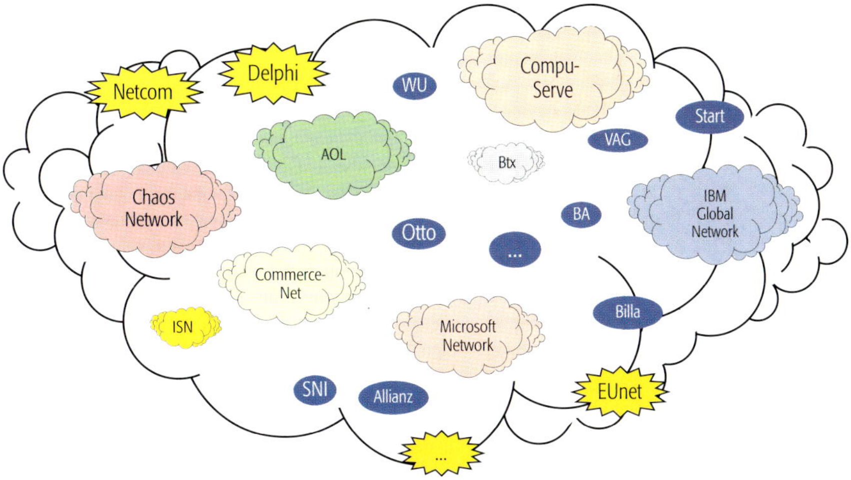

Abb. 25: Internet-2000

gebote mit dilettantischen Inhalten. Und zum professionell einsetzbaren Absatzmedium fehlt dem Internet noch mehr als die oft zitierte Bandbreite. Das Netz muß vor allem sicherer werden. Die große Angst vor dem Hackerangriff und die Furcht vor dem Klau der Kreditkartennummer schrecken noch viele von einer On-line-Buchung ab. Außerdem ist die Rechtsunsicherheit groß. Die Unübersichtlichkeit – trotz zahlreicher Suchdienste – bleibt.
Die richtige Information im Web zu finden wird immer schwieriger, da es keine zentrale Stelle gibt, die alles Wissen im Web verwaltet. „Information at your fingertips“ zeigt hier auch die Kehrseite. Es wird auf diesem Gebiet noch viel Arbeit notwendig sein, bis man nicht mehr stundenlang durch das World Wide Web surfen muß, um vielleicht das zu finden, was man eigentlich wollte oder schon mal hatte. Das sollten sich vor allem auch Anbieter gut überlegen.
Allerdings ist man auf dem besten Weg, solche Barrieren einer kommerziellen Nutzung des Internet aus dem Weg zu räumen. Initiativen gibt es von seiten der Informationsanbieter (z. B. im CommerceNet-Konsortium) ebenso wie von seiten der Netzbetreiber (ANS/AOL, MCI und Sprint als Backbone-Eigentümer und die Träger nationaler Wissenschaftsnetze). Auch die größeren Zugangs-/Serveranbieter (wie EUnet, Netcom usw.) und Softwarehersteller (wie Netscape, Sun usw.) wirken an der Konsolidierung mit.
Das Internet der Zukunft wird ein offenes, sich stark in Richtung Multimedia entwickelndes Kommunikationssystem sein, in das die unterschiedlichsten, weltweit zugänglichen Teilsysteme integriert sind. Vorhandene Btx-Dienste und die neuen On-line-Services werden ihrer kommerziellen oder familiären Klientel ganz andere Bedingungen bieten wie Sexdienste, Jazzclubs oder Vereine von Computerfreaks. Neben Benutzerringen für alle möglichen Interessengebiete wird es Anbietervereinigungen und elektronische Märkte (wie z. B. Flugreservierungssysteme, Börsen) geben. Daneben werden große Organisationen wie Versandhäuser, Banken oder Universitäten weiterhin als Einzelanbieter auftreten.

2.6 Interaktive TV-Dienste

Interaktives Fernsehen oder kurz ITV ist der Inbegriff des neuen digitalen Medienzeitalters. Es ist die Verwirklichung der totalen Infobahn.
Von 500 bis 5.000 TV-Kanälen ist dabei die Rede oder vom Lieblings-Video, das per Fernbedienung, wann immer man will, abrufbar wird. Alles wird möglich, kein Film ist mehr vor dem Eingriff der Zuseher sicher. Passive Fernsehkonsumenten (Couch potatoes) sollen durch ITV zu Regisseuren werden, die sich Abend für Abend ihr individuelles Programm als digitales Menü zusammenstellen.
ITV ist On-line-Kommunikation in ihrer Höchstform. Beispielsweise wenn TV-Konsumenten mit Programmanbietern, wann immer sie wollen, in Echtzeit interagieren können und Fernsehen keine Einbahnstraße mehr ist. Wenn broadcast sozusagen zu intercast wird.

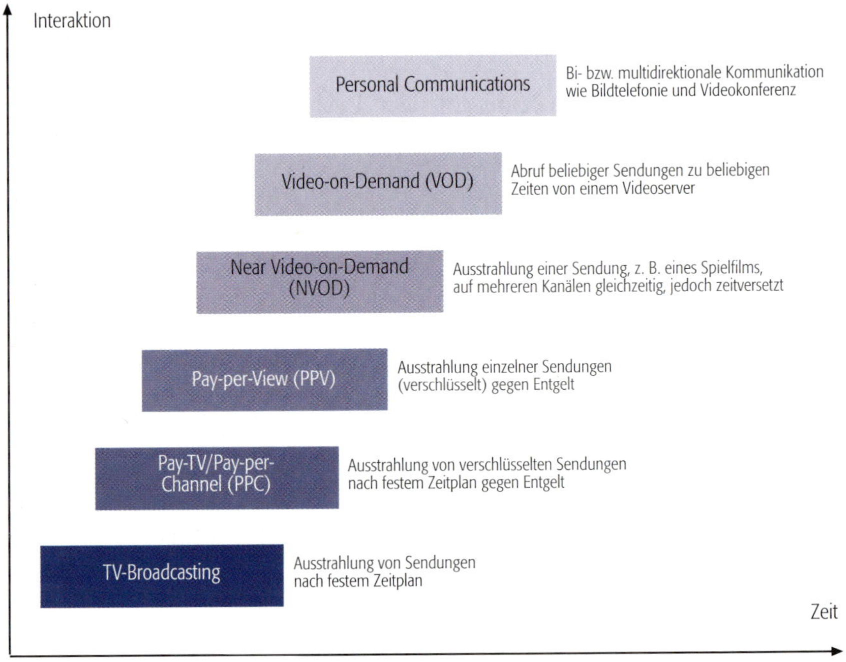

Abb. 26: Zeitliche Entwicklung von ITV-Anwendungen
(Quelle: Computerwoche, 10. März 1995)

Bei ITV muß man im wesentlichen zwischen den Anwendungen und der technischen Ausgestaltung unterscheiden.
Die ITV-Anwendungen lassen sich nach dem technischen Aufwand ihrer Realisierung untergliedern. Es geht dabei hauptsächlich um Art und Umfang der erforderlichen Interaktivität sowie der zu übermittelnden Datenmenge. Die bedeutendsten Anwendungen seien hier kurz beschrieben:

2.6.1 Teleshopping

Teleshopping, auch Homeshopping genannt, gilt als Einkaufsform der Zukunft. Dabei werden vom TV-Bildschirm im Wohnzimmer aus Waren ausgewählt und über einen Rückkanal auch gleich bestellt. Derzeit müssen die Orders noch durch einen Anruf oder eine Postkarte abgewickelt werden. In Zukunft soll die Kaufbestätigung mit einem Tastendruck der Fernbedienung direkt via Set-top-Box über die angeschlossene Telefonleitung oder den TV-Rückkanal erfolgen.

Anbieter von TV-Shopping-Kanälen

24 Stunden betriebene Homeshopping-TV-Kanäle fand man bislang nur in den USA. Die Pioniere heißen HSN (Home Shopping Network) und QVC (Quality Value Convenience).
Die beiden Stationen erreichen jeweils 50 bis 60 Millionen US-Haushalte (von 97,4 Millionen insgesamt). Acht Prozent davon kaufen gelegentlich. Der Gesamtumsatz der Networks belief sich 1994 auf 2,8 Milliarden US-Dollar. Die Zuwachsrate liegt wesentlich über jener des US-Einzelhandels. Mit MTV Networks, TV Macy's, Q2, Catalog 1 drängen jetzt verstärkt neue TV-Shopping-Kanäle auf den US-Markt. Ihr Zielpublikum sind kaufkräftigere Käuferschichten und speziellere Kundenkreise.
Der größte europäische Teleshopping-Anbieter ist Quantum International, der als Sublizenznehmer von Eurosport und NBC-Super Channel sendet. Auch der US-Gigant QVC hat bereits via Satellit den Sprung nach Europa geschafft. Er wird in Großbritannien und Irland, noch verschlüsselt, über „BSkyB" ausgestrahlt. Ebenfalls per Satellit wollen der schwedische Kinnevik-Konzern und HSN noch in diesem Jahr ein Versandhandelsangebot in deutscher Sprache ausstrahlen.
In Europa ist Teleshopping aber noch weitgehend ein Hobby für schlaflose Fernsehfans: Die Katalogbilder laufen nämlich oft erst, wenn die konventionellen TV-Programme längst vorbei sind.
Derzeit beschränken sich die Teleshopping-Angebote im deutschsprachigen Raum noch auf die Sender Eurosport und NBC-Super Channel, die mehrere Stunden täglich Teleshopping anbieten. Strenggenommen begehen die Sender damit einen Verstoß gegen die Fernsehrichtlinie der Europäischen Union. Denn die Brüsseler Kommission erlaubt bislang pro Veranstalter nur eine Stunde Teleshopping am Tag.
Dennoch ist „The Quantum Channel – Homeshopping World" in Großbritannien rechtmäßig zugelassen. Für die Briten ist Quantum nämlich kein Fernsehsender, der sein Programm mit Werbung finanziert. Der Trick: Der Sender ist hier selbst im Besitz der angebotenen Ware, für deren Werbung er selbstverständlich auch kein Geld bekommt.
Vor allem in Deutschland drängen TV-Stationen und potentielle Homeshopping-TV-Betreiber auf eine Streichung des Teleshopping-Passus in den EU-Fernsehrichtlinien. Sie fordern, Teleshopping medienrechtlich als audiovisuellen Versandhauskatalog zu behandeln und den deutschen Rundfunkstaatsvertrag entsprechend zu ändern.

Die Diskussion, ob ein Teleshopping-Kanal als eigenständiger (und damit lizenzpflichtiger) Sender einzustufen ist oder nicht, verzögerte den bundesweiten Start von HOT (Home Order Television) – des ersten deutschen TV-Shopping-Kanals von Quelle.

Der erste deutschsprachige Homeshopping-Kanal HOT

Der Privatsender Pro 7 und das Fürther Versandhaus Quelle AG haben Anfang 1995 den ersten deutschen Teleshopping-Kanal gegründet. Im Zuge ihres Börsengangs hat die Pro-7-Gruppe ihre 50-Prozent-Beteiligung an Thomas Kirch (Sohn von Leo Kirch) und Pro-7-Chef Georg Kofler abgegeben. Die restlichen 50 Prozent hält Quelle. Das Joint-venture wird mit einer Investitionssumme von 100 Millionen Mark veranschlagt.

Home Order Television (HOT) – so der volle Name des Kanals – hat zunächst nur probehalber den Betrieb in einem bayerischen Pilotprojekt, „Digital TV“, über Kabelnetz aufgenommen (im Großraum München und Nürnberg zu empfangen). Mehrere Versuche, von der Direktorenkonferenz der deutschen Landesmedienanstalten die Genehmigung einer bundesweiten Ausstrahlung als eigenständige Sendeanstalt zu erhalten, haben zunächst nicht die notwendige Zweidrittelmehrheit gefunden. Im Dezember 1995 wurde dann schließlich doch der bundesweiten Ausstrahlung via Satellit zugestimmt. Die Verbreitung soll über den Satelliten Astra 1D erfolgen.

Bis zum Jahr 2000 wollen die Betreiber mit dem erwarteten Jahresumsatz von rund 300 bis 500 Millionen Mark ein positives Jahresergebnis erzielen.

Quelle begründet das Investment in Teleshopping folgendermaßen:

- ITV entspricht den Bedürfnissen immer breiterer Konsumentengruppen. Die jüngere Generation hat ein sehr gutes Verhältnis zu neuen Technologien, die zunehmend auch in private Haushalte einziehen werden.
- Die notwendige technische Ausstattung – Fernsehgerät, Kabelanschluß, Telefon – ist in einem großen Teil der bundesdeutschen Haushalte zu finden. Die Vertrautheit breiter Bevölkerungsschichten mit dieser technischen Grundausstattung wird zu einer hohen Akzeptanz von ITV führen.

Und was sich Quelle von HOT erwartet:

- Die Präsentation des gesamten Waren- und Dienstleistungsangebots.
- Die Schaffung von zusätzlichen Kommunikationskanälen zwischen Quelle und dem Endverbraucher.
- Die Gewinnung von Neukunden, die über traditionelle Marketinginstrumente nicht erreichbar sind.
- Die Generierung detaillierter Information über das Kundenverhalten.
- Die Stärkung der Position im Technik-Markt durch den Vertrieb der notwendigen Endgeräte und das Angebot neuer Serviceleistungen.
- Die Belegung einer Quelle-Programmtaste auf jeder ausgelieferten oder betreuten Fernbedienung.

- Die Verringerung der Nachteile des Distanzkaufs (z. B. Bedienungsanleitungen, Beratungen usw.), ohne auf die Vorteile zu verzichten.

Quelle will auf jeden Fall mehr als den elektronischen Katalog auf TV. Die Unternehmensleitung des Fürther Versandhauses stellt sich einen eigenen Quelle-TV-Kanal mit umfassendem Produkt-, Dienstleistungs- und Unterhaltungsangebot vor.

Produktvoraussetzungen

Vor allem eignen sich nicht erklärungsbedürftige Standardprodukte für die Präsentation und den Verkauf über den Bildschirm. Generell sollte die Wertanmutung des Produkts im Vergleich zum Preis hoch erscheinen. Es sollte also der Eindruck einer echten Gelegenheit (Schnäppchen) entstehen, um durch die Einmaligkeit des Angebots sofort den Kauf auszulösen. Problematisch wird es, wenn der Konsument nähere Information zu einem Produkt benötigt.

Akzeptanz und Chancen von interaktivem Teleshopping

Die erste Untersuchung über die Akzeptanz von interaktivem TV-Teleshopping im deutschsprachigen Raum wurde von E. Witte am Institut für Organisation der Universität München durchgeführt. Anfang 1995 wurden 1.000 Haushalte mit Kabel-TV-Anschluß (repräsentativ für alle Haushalte mit Kabel-TV-Anschluß im Großraum München) schriftlich befragt. Die Rücklaufquote betrug 26,4 Prozent und brachte folgendes Ergebnis:

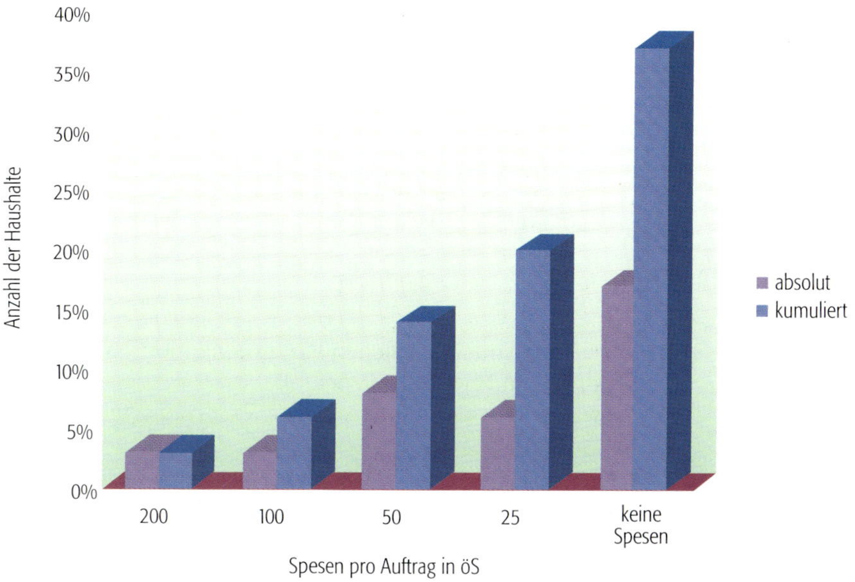

Abb. 27: Zahlungsbereitschaft österreichischer Privathaushalte für On-line-Teleshopping

Rund 14 Prozent der Antwortenden konnten als eindeutige „Akzeptierer von Teleshopping“ identifiziert werden, 46 Prozent waren unentschlossen, und 40 Prozent lehnten den Dienst rundweg ab. Eine parallel dazu durchgeführte telefonische Erhebung unter rund 30 Herstellern und Vertretern des Handels ergab große Zurückhaltung gegenüber dem neuen Vertriebsweg.
Eine von uns im zweiten Quartal 1995 durchgeführte Repräsentativerhebung kam für Österreich zu folgendem Ergebnis:[1])
37 Prozent aller Haushalte sind an interaktivem Teleshopping interessiert. Der große Rest ist abgeneigt – auch dann, wenn dieser Dienst gebührenfrei angeboten wird. Davon sind mehr Frauen (72 Prozent) und Nicht-Computerhaushalte (68 Prozent) gegen Teleshopping eingestellt als Männer (53 Prozent) und Computerhaushalte (51 Prozent).
Die interessierten Haushalte wollen fast zur Hälfte keine Spesen in Kauf nehmen. Drei Prozent aller Haushalte sind jedoch bereit, bis zu 200 Schilling pro Bestellung zu bezahlen. Weitere drei Prozent würden 100 Schilling zahlen, acht Prozent würden 50 Schilling zahlen, und sechs Prozent würden maximal 25 Schilling zahlen.
Insgesamt sind 15,4 Prozent der befragten Haushalte, die auch über die nötigen technischen Voraussetzungen für dieses Service verfügen, bereit, etwas für Teleshopping zu bezahlen. Berücksichtigt man, daß derzeit auf den Versandhandel nur 3,8 Prozent (rund 16 Milliarden Schilling) des österreichischen Einzelhandelsumsatzes entfallen, so ist dies ein gewaltiges Potential.
Ähnliche Ergebnisse für Teleshopping lieferte auch eine Umfrage des deutschen Instituts für Markt- und Sozialforschung. Aber: 72 Prozent der Zuschauer stehen Kaufangeboten im Fernsehen heute mißtrauisch gegenüber, und sogar 84 Prozent möchten nicht auf sinnliche Erfahrungen verzichten. Sie wollen das, was sie kaufen, vorher lieber anfassen.

Resümee und Ausblick

Selbst in den USA liegt Teleshopping mit jährlichen Umsätzen von rund drei Milliarden US-Dollar nach über zehnjähriger Anlaufzeit hinter den Erwartungen. Doch die Betreiber sehen die Zukunft rosig: Optimistische Prognosen sagen Umsätze von 25 Milliarden US-Dollar bis zum Ende der Dekade voraus. In ähnlichen Dimensionen schätzt man die Einkünfte in Europa.
Vor allem in Deutschland, wo der Versandhandelsumsatz pro Einwohner weltweit am höchsten ist, wird für das elektronische Ferneinkaufen ohne Ladenschluß ein großes Marktpotential gesehen. Dort hat 1993 jeder Bürger im Durchschnitt für 3.080 Schilling per Katalog eingekauft. In den USA lag dieser Wert bei 2.590 Schilling, und auch die Schweiz mit 2.450 Schilling sowie Österreich mit 1.750 Schilling pro Einwohner und Jahr liegen bei der Nutzung des Versandhandels im internationalen Spitzenfeld.

[1]) Es wurden 420 österreichische Privathaushalte per Telefoninterview über die vorhandene informationstechnische Infrastruktur, deren Nutzung und das Geschäftspotential für neue interaktive Dienste befragt. Die Stichprobenziehung erfolgte durch proportional geschichtete Zufallsauswahl.

Alles setzt dabei auf Digitalisierung und technisch stark verbesserte Übertragungstechniken. Denn erst im Zeitalter des digitalen Fernsehens soll der TV-Einkauf wirklich zum Knüller werden. Dann werden die Satelliten und Kabelnetze Platz für Hunderte von Programmen haben, und Teleshopping kann zielgruppenorientiert organisiert werden.
Und erst nach Verfügbarkeit breitbandiger Rückkanaltechnologien – siehe Abschnitt 2.6.3 – können auch beratungsintensive Produkte zu telegenen Hot-Sellern werden. Denn Kunden haben dann nicht nur jederzeit interaktiven Zugriff auf weiterführende Produktinformation, sondern sie können ihre individuellen Produktanforderungen direkt an die Anbieter/Erzeuger übermitteln.

2.6.2 Interaktiver Teletext

Diese Anwendungsform ist eine Mischform aus Audiotex- und Teletext-System (TV-Videotex). Die Eingabe erfolgt mittels Telefon, die Ausgabe über Teletext am heimischen TV.
Über das TV-Teletext-Menü gelangt der Benutzer zu den jeweils verfügbaren Diensten. Durch Wahl der im Teletext angegebenen Mehrwertdienst-Telefonnummer (in Deutschland 190er-, in Österreich 045er-Nummer) erfolgt die Verbindung zu einem Sprach-Computer beim Anbieter, der jedem Benutzer (s)eine eigene Teletext-Seite zuteilt und die weiteren Schritte erklärt. Der Anrufer steuert seine Auswahl mittels Nummerneingabe auf der Telefontastatur von zu Hause aus. Voraussetzung sind dazu grundsätzlich ein DTMF-Telefon (digitales Tonwahl-Tastentelefon) und ein teletextfähiger Fernseher.

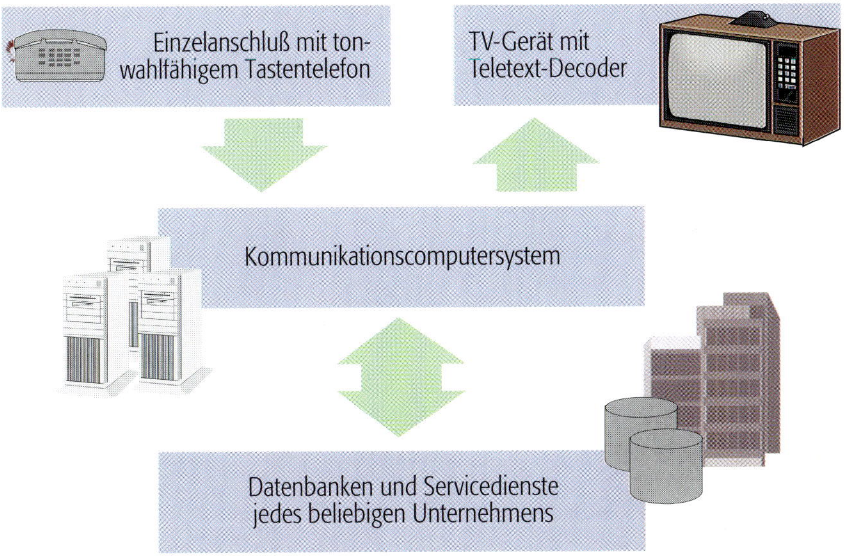

Abb. 28: Funktionsweise von interaktivem Teletext

Interaktive Teletext-Services am Beispiel von Teleworld und Telekabel

In den Niederlanden und Belgien wird dieser Dienst bereits seit 1993 von RTL gemeinsam mit Teleworld angeboten. Vor allem Banken und Versicherungen, aber auch Autofirmen nutzen den interaktiven Teletext als zusätzlichen Vertriebskanal. Eine Akzeptanzstudie betreffend Informationsanbieter und -nachfrager gibt es nicht.

Seit Mitte 1995 bietet Teleworld auch gemeinsam mit Österreichs größter Kabel-TV-Gesellschaft, der Telekabel GmbH, Services auf Basis des interaktiven Teletext. Telekabel ist Netzbetreiber und stellt die Kabel-TV-Infrastruktur als Übertragungsweg zur Verfügung. Teleworld ist ein Mehrwertdienst, die Schnittstelle zwischen Benutzer und Telekabel. Die Gesellschaft verfügt über die Systemtechnologie und die Software für diesen interaktiven Dienst. In der ersten Probephase werden interaktive Spiele offeriert. In weiterer Folge sollen nach holländischem Vorbild Drittanbieter (Informationsanbieter) – wie Banken, Versicherungen oder Handelsfirmen usw. – gewonnen werden, die ihre Produkte über interaktiven Teletext vermarkten wollen.

Mitte 1995 betrug das Benutzerpotential in der gesamten Telekabel-Gruppe 411.569 Teilnehmer – davon 359.128 in Wien.

Die Voraussetzungen sind laut einiger Untersuchungen jedenfalls gut. Qualitative Studien haben wiederholt die hohe Akzeptanz und stabile Nutzung von Rundfunk-Teletext festgestellt. Der ORF-Teletext wird von 22 Prozent der TV-Benutzer mit Teletext-Empfangsmöglichkeit (fast) täglich verwendet, von weiteren 28 Prozent mehrmals pro Woche und von 24 Prozent ein paar Mal im Monat (Integral-Erhebung 1994). Am häufigsten aufgerufen werden: Sport (25 Prozent), Nachrichten/Politik/Aktueller Dienst (21 Prozent), Wetter/Schneeberichte (18 Prozent), TV-Programm (zehn Prozent), Schlagzeilen (sechs Prozent), Wirtschaft (fünf Prozent) und Lotto/Toto (zwei Prozent). Kultur, Ausland, Humor/Unterhaltung sind hingegen kaum gefragt. Die Hälfte der Befragten beschränkt sich bei der Teletext-Nutzung auf die ORF-Sender.

Eine ZDF-Analyse von 1992 ergab, daß der von diesem Kanal als Videotext bezeichnete Rundfunkdienst täglich bundesweit 4,85 Millionen Zuseher ab sechs Jahren erreicht. Die Sehdauer der Nutzer beträgt im Schnitt 6,5 Minuten.

Betreffend Abfragenutzung zeigt die bisherige Telekabel-Erfahrung mit interaktivem Teletext ein ähnliches Bild. Eine Teletext-Applikation wird durchschnittlich rund fünf Minuten pro Abfrager genutzt. Das sind durchschnittlich zwölf Anrufer pro Seite in einer Stunde. Für den interaktiven Teletext bedeutet das, daß bei 60 verfügbaren Leitungen pro Stunde maximal 720 Abfragen möglich sind.

Ende Juni 1995 wurde die Nutzung des neuen interaktiven Teletext-Dienstes mit 1.000 bis 2.000 Anrufern pro Woche bzw. 5.500 User-Minuten beziffert.

Benutzerkosten (Abfragekosten):

- Telekabel-Anschluß (ca. 180 Schilling monatlich)
- Telefonkosten

Das Service ist über die Mehrwertdienstnummer 045- (8,67 Schilling/Minute von 8–18 Uhr, ansonsten 6,67 Schilling/Minute) abrufbar. Davon erhalten Teleworld/Telekabel zusammen 3,33 Schilling (inkl. 20 Prozent Umsatzsteuer). Der Rest verbleibt der österreichischen Post.

Kosten für Informationsanbieter:

- Entwicklungskosten für die Applikation: rund 250.000 bis 1.000.000 Schilling,
- laufende Betriebskosten rund drei Schilling/Nutzungsminute (inkl. Telekabelkosten), bei Verwendung der 0660-Nummer (Ortstarif) zusätzlich acht Schilling/Minute.

Das gesamte Projekt hat für die Betreiber einen überwiegend strategischen Aspekt. Es dient vor allem dazu, bei einer neuen Entwicklung ohne hohen finanziellen Aufwand mit dabeizusein.

Ziele von Telekabel:

- Erste Probe für Interaktives Fernsehen,
- Kunden an die neue Technologie heranführen,
- dabei das Nutzerverhalten kennenlernen,
- neue Informationsanbieter/Inserenten gewinnen,
- neue Dienste anbieten,
- ohne hohes finanzielles Risiko.

Ziele von Teleworld:

- Referenz und Know-how für Folgeprojekte,
- Kompetenzbeweis,
- Marktanteil in einem neuen, wachsenden Markt.

Zukunft und Grenzen des interaktiven Teletext

In punkto Reichweite ist interaktiver Teletext das derzeit wohl optimale interaktive Medium. Über die Hälfte aller österreichischen Haushalte besitzen einen Farbfernseher/Videorecorder mit entsprechendem Decoder. Etwas schlechter sieht es mit dem telefonischen Rückkanal aus. Von den insgesamt rund 3,7 Millionen Telefonanschlüssen sind nur 1,9 Millionen DTMF-Telefone.
Als Ausgabemedium ist Teletext allerdings sehr beschränkt. Es wird mit dem Fernsehbild im Huckepackverfahren in der sogenannten Kanalaustastlücke übermittelt. Da bleibt wenig Platz. Teletext ist daher rein textorientiert und kaum grafikfähig. Dazu können pro Teletextseite maximal nur 24 Zeilen mit jeweils 40 Zeichen dargestellt werden.
Im Teletext Level 1 stehen pro Kanal insgesamt nur 999 Seiten für den Rundfunk-Teletext und den interaktiven Teletext zur Verfügung. Dadurch werden dem System langfristig keine weitreichenden Entwicklungschancen eingeräumt. Nur die relativ geringen Kosten und die Tatsache, daß interaktive Multimediasysteme erst in einigen Jahren flächendeckend einsatzfähig sind, könnten dem interaktiven Teletext einen Boom bescheren. Fraglich ist, ob Teletext Level 2, der wesentlich verbesserte Grafikmöglichkeiten bietet, die Konkurrenzfähigkeit erhöhen kann.

2.6.3 Video-on-Demand (VOD)

Der wahre Cyberspace beginnt bei Video-on-Demand. Aufgrund der enormen Datenmengen und der direkten Interaktion der Benutzer mit den Diensteanbietern sind technisch aufwendigere Systeme mit entsprechenden Übertragungs- und Rückkanalkapazitäten notwendig.

Außer den zahlreich angekündigten ITV-Pilotprojekten gibt es kaum praktische Erfahrungen mit Video-on-Demand. Dennoch oder vielleicht gerade deshalb beflügelt Video-on-Demand die Phantasie ganz besonders.

Video-on-Demand soll den gewünschten Film auf Knopfdruck, wann immer die Konsumenten wollen, ins Wohnzimmer holen. Es ist ein multimedial gesteuertes Videobestellsystem. Im Gegensatz zum herkömmlichen Videoverleihdienst kann der Kunde seine Bestellung on-line via Bildschirm tätigen. Die Gebühren sind filmbezogen und die Startzeit kann frei gewählt werden.

Im Detail könnte das wie folgt aussehen: Ein Teilnehmer wählt sich mittels Fernbedienung einen Film, ein Spiel oder die gewünschte Information von einem Videoserver on-line über seinen Telekommunikationsanschluß (Telefonleitung, Kabel-TV-Anschluß usw.) aus.

Dazu bedarf es eines separaten Rückkanals vom Zuschauer zum Anbieter, über den der Teilnehmer mit dem System kommunizieren und die Auswahl steuern kann. Auf dem TV-Schirm erscheint, ähnlich dem PC, ein Befehlsmenü, aus dem ausgewählt wird. Das Abspielen des Films ist wie bei einem Videogerät steuerbar. Unterbrechungen, Vor- und Rückspulen sind beliebig möglich.

Den gesamten Bestellvorgang erledigt der Kunde von zu Hause aus. Es fallen keine Weg- oder Wartezeiten an der Kasse an, und man kann zudem auch sicher sein, daß der gewünschte Filmtitel tatsächlich vorhanden ist.

Technische Voraussetzungen für Video-on-Demand

Video-on-Demand stellt höchste technische Anforderungen. Für die interaktive Nutzung sind eigens entwickelte Applikationen notwendig.

Ein Video-on-Demand-System besteht aus:

- Videoserver (Hardware und Software beim Dienstanbieter),
- Übertragungsnetz,
- Fernsehgerät samt Set-top-Box.

Der Videoserver ist die Zentrale des Systems. Er muß das gesamte Videomaterial verwalten, den Benutzern die richtige Filmauswahl in Sekundenbruchteilen ermöglichen und die Übertragung steuern. Dazu kommt noch die Abrechnungsfunktion.

Pro Film/Benutzer ist mindestens eine Speicherkapazität bzw. Datenübertragungsrate von 1,5 Mbit/s erforderlich (bei MPEG-1 bzw. VHS-Qualität). Das Kunststück dabei ist, zum Beispiel 100 verschiedene Filme an 100 verschiedene Haushalte zu 100 verschiedenen Zeitpunkten oder gar zum gleichen Zeitpunkt zu übermitteln. Da Video-on-Demand zum Massenmedium werden soll, muß dasselbe auch mit 1.000, 10.000 oder 100.000 Haushalten

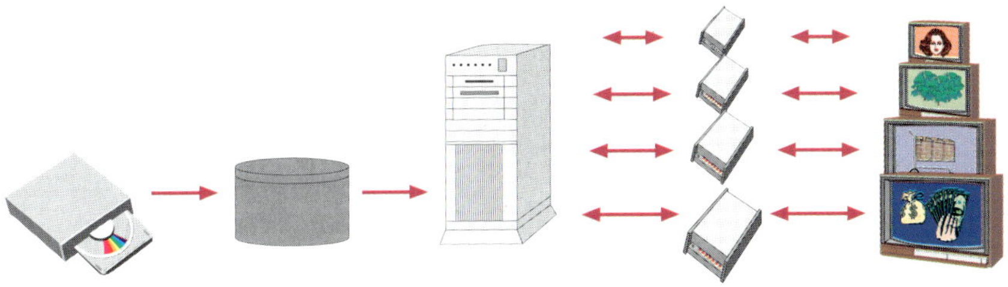

Abb. 29: Technische Komponenten eines Video-on-Demand-Systems

möglich sein. Das System darf die Kunden nicht warten lassen, selbst wenn 1.000 gleichzeitig denselben Film abrufen.
Die neuesten Servermodelle können bis zu 25.000 Kunden parallel bedienen. Dementsprechend sind die Leistungs- und Speicheranforderungen an solche Rechner sehr hoch. Die bekanntesten Produzenten von Videoservern sind Hewlett-Packard, IBM, nCUBE, Digital Equipment, AT&T und Silicon Graphics. Auf der Softwareseite konnten sich Oracle und Microsoft am entstehenden Markt etablieren.
Bislang schienen aufgrund der enormen Datenmenge nur Breitbandnetze aus Glasfaser- oder Koaxialkabeln geeignet, die Verbindung zwischen Nutzer und Videoserver des Programmanbieters herzustellen. Mit Hilfe neuer Datenkompressionstechnologien hofft man, künftig auch mit normalen Kupfer-Telefonleitungen auszukommen.
Die Set-top-Box ist ein Vorschaltgerät, das den Fernseher (mit analogem Empfangsteil) für das digitale interaktive Fernsehen tauglich macht. Über sie läuft die Datenkommunikation mit dem (Server des) Programmanbieter(s). Der TV-Zuschauer kann über die mit der Set-top-Box verbundene Fernbedienung ähnlich wie bei einem Videorecorder Programme auswählen und steuern. Zusätzlich können Auswahlentscheidungen und Bestellungen in unmittelbarer Reaktion auf das aktuelle Programm durchgeführt werden.
Technisch gesehen ist die Set-top-Box ein spezialisierter Rechner:

- mit einem RISC-Prozessor zur Steuerung der Box,
- Signalprozessoren zur Dekomprimierung und Umwandlung digitaler in analoge Video- und Audiodaten in Realzeit sowie
- einer Grafikkomponente zur schnellen Darstellung von Animationen und Manipulation von Rasterbildelementen.

Über Standardschnittstellen sind Peripheriegeräte wie ein CD-ROM-Laufwerk, weitere Massenspeicher, Drucker oder eine Steuerkonsole für Videospiele anschließbar.
Die langwierigen Verhandlungen der großen europäischen TV-Programmanbieter über eine einheitliche Set-top-Box wurden kürzlich erfolgreich abgeschlossen. Zunächst haben sich im August 1995 die deutschen öffentlich-rechtlichen Sender ARD und ZDF, der Medienkonzern Bertelsmann, RTL, das französische Pay-TV Canal plus, der luxemburgische TV-Konzern CLT

sowie die Deutsche Telekom auf einen gemeinsamen Standard geeinigt. Auch der Österreichische Rundfunk (ORF) plant, diese sogenannte Media-Box zu übernehmen. Mit dem Münchner Kirch-Konzern (SAT 1, Pro 7) wird derzeit noch verhandelt.
Es wird verschiedene Varianten von Set-top-Boxen geben: für den bloßen Empfang digitalen Fernsehens, für die zusätzliche schmalbandige Rückkopplung über Telefon und für die breitbandige Zwei-Weg-Kommunikation.

Wirtschaftliche Aspekte von Video-on-Demand

Neben der Tatsache, daß die Technologie noch nicht reif für einen funktionierenden Masseneinsatz ist, ist auch die Wirtschaftlichkeit von Video-on-Demand mit vielen Fragezeichen versehen. Betriebswirtschaftlich besonders brisant bei der Planung eines auf Interaktivität beruhenden Fernsehsystems ist die Frage nach dem Verhältnis zwischen Investitionsvolumen, Betriebskosten, Umsatzprognosen und Break-even-Punkt.
Die Anfangsinvestition für Informationsanbieter ist sehr hoch. Maßgeblich hierfür sind die enormen Entwicklungskosten und die hohen Preise, die für die Videoserver anfallen. Der Preis eines Videoservers ist in erster Linie von der Leistung, gemessen in Videostreams, abhängig. Ein Videostream spiegelt dabei die Versorgung eines Kunden wider. Preisschätzungen für einen Videostream liegen zwischen 280 und 320 US-Dollar. Ein Videoserver mit einer Kapazität von 25.000 Videostreams würde bei einem angenommenen Preis von 280 US-Dollar/Stream auf etwa 70 Millionen Schilling kommen.
Auch für die Netzbetreiber ergeben sich gewaltige Investitionskosten. In den USA schätzt man, daß es durchschnittlich 1.000 US-Dollar kostet, einen zusätzlichen Haushalt über Koaxial- oder Glasfaserkabel anzuschließen.
Die Preise für Set-top-Boxen liegen im derzeitigen Testbetrieb zwischen 500 und 1.500 US-Dollar, im späteren Regelbetrieb wird mit einem Stückpreis von 50 bis 200 US-Dollar gerechnet. Bislang haben die Hersteller nur Prototypen vorgeführt. Serienreife Geräte sollen in Kürze präsentiert werden. Weltweit einheitliche Gerätestandards und international verbindliche Normen sind nicht in Sicht.
Die bisher vorliegenden Absatzschätzungen sind mehr als vage. In den USA hofft man, auf diesem Wege einen Großteil des jährlichen 12-Milliarden-Dollar-Umsatzes der Videofilmverleiher zu akquirieren. Für Videospiele werden dort weitere sechs Milliarden US-Dollar pro Jahr ausgegeben. ORF-Generalintendant Zeiler geht davon aus, daß der Österreichische Rundfunk bis zum Jahr 2005 ein Viertel seiner Erlöse mit neuen interaktiven Diensten realisieren wird. Dazu gehören natürlich nicht nur Filme auf Abruf, sondern das gesamte Spektrum möglicher Leistungen auf der Transport- und der Anwendungsebene.
Eine von uns im zweiten Quartal 1995 durchgeführte Befragung ergab für Video-on-Demand folgende Ergebnisse:
62 Prozent der österreichischen Haushalte würden mit ihrer TV-Fernbedienung gerne Wunschfilme abrufen. Davon wären drei Viertel bereit, dafür zusätzlich zwischen zehn und 100 Schilling pro Film zu bezahlen. Zwölf Prozent aller befragten Haushalte würden 30 Schilling pro Film bezahlen,

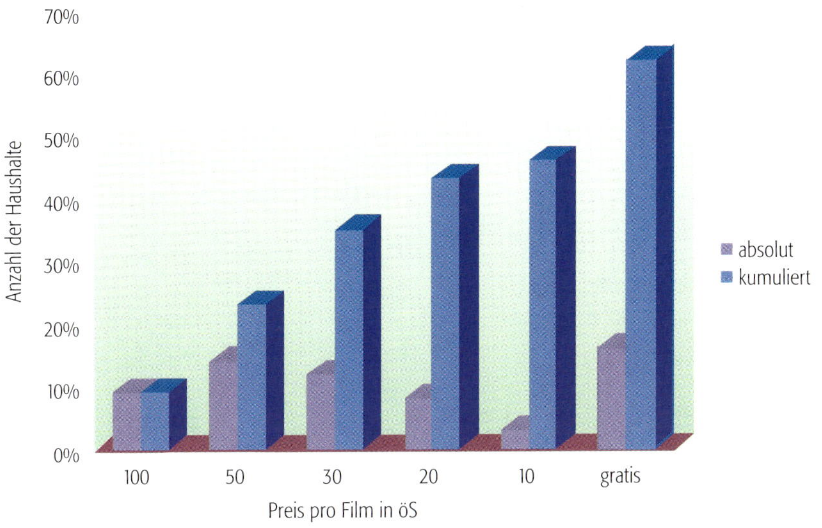

Abb. 30: Zahlungsbereitschaft österreichischer Privathaushalte für den Abruf von Wunschfilmen

14 Prozent würden 50 Schilling bezahlen und neun Prozent würden sogar 100 Schilling zahlen; 16 Prozent lehnen eine Bezahlung ab.
Insgesamt liegt das Marktpotential für zahlende Haushalte mit den technischen Voraussetzungen für Video-on-Demand bei 20 Prozent. Dieses Service würde 40 Prozent der Haushalte zu vermehrtem Filmkonsum anregen.
Die Zielgruppe für dieses Produkt ist gleichmäßig verteilt von A- bis C2-Schicht, wobei die B-Schicht (33 Prozent), Haushalte mit einem Einkommen zwischen 20.000 Schilling und 30.000 Schilling (35 Prozent), sowie die 16- bis 29jährigen (31 Prozent) das größte Interesse zeigen.

2.6.4 Feldversuche und Ausblick

Interaktives Fernsehen in der „Schmalspurversion" erlaubt – wie bisher – die Sendung von Live-Programmen und Filmen nur in Richtung Haushalt. Der telefonische Rückkanal ist, wie ausgeführt, wegen seiner geringen Transferrate im Dialogbetrieb nur für die Übertragung von formatierten Daten, Text, Ton in Fernsprechqualität und einfache Bildsequenzen minderer Güte geeignet.
Echtes Interaktives Fernsehen bietet zum Beispiel Videokonferenzen, hochwertige Bildtelefonie in Farbe, virtuelle Klassenzimmer, Videospiele mit entfernten Mitspielern und eine Vielzahl weiterer Anwendungen mit multimedialer Zwei-Weg-Kommunikation zwischen den Teilnehmern. Dies bedingt breitbandige Rückkanäle, die kurzfristig nur durch Umgestaltung des in Koaxialkabel- oder Glasfaserkabeltechnik ausgeführten Kabel-TV-Netzes realisierbar sind. TV-Rundfunk- und TV-Satellitenempfänger können daran also nicht partizipieren.

Mehr als 60 ITV- und/oder Video-on-Demand-Pilotprojekte (38 in den USA, 18 in Europa, davon sechs in Deutschland und zwei in Österreich) sind weltweit geplant bzw. im Gang. Neben der technischen Erprobung und ersten Erfahrungen mit den interaktiven Diensten geht es dabei vor allem um die Untersuchung der Akzeptanz beim Konsumenten. Das erste deutsche Pilotprojekt läuft in Berlin (50 Teilnehmer). Weitere Feldversuche, bei denen unterschiedliche Techniken erprobt werden, sollten 1995 in Hamburg (1.000), Köln/Bonn (100), Leipzig (100), Nürnberg/München (4.000) und Stuttgart (4.000) beginnen. Bei den meisten dieser Vorhaben ist es jedoch zu Verzögerungen gekommen.

Auch in den USA verlaufen die Feldversuche nicht nach Wunsch. Zum Beispiel sollte das international stark beachtete Orlando-Projekt von Time Warner und Silicon Graphics ursprünglich im Frühjahr 1994 mit 4.000 Haushalten beginnen. Tatsächlich mußte der Start dann auf Dezember 1994 verschoben werden – mit nur fünf echten Kunden. Bis Oktober 1995 schaffte man gerade tausend Testhaushalte, obwohl die Set-top-Box kostenlos zur Verfügung gestellt wird.

Feldversuch der British Telecom in Colchester und Ipswich

In Europa scheint der Feldversuch der British Telecom mit 2.500 ITV-Kunden in Colchester und Ipswich am weitesten fortgeschritten. Über 100 Informationsanbieter offerieren Fernsehprogramme, Filme, Spiele und Musikvideos auf Abruf. Spezielles Kinderfernsehen, lokale Nachrichten, der Einkauf von Waren aller Art, Lernprogramme sowie Homebanking stehen ebenfalls am interaktiven TV-Menü.

Fast alle internationalen Firmen von Columbia/Tristar über MGM/UA, Twentieth Century Fox, Walt Disney bis hin zu Warner Brothers sind dabei. Nintendo liefert die Spiele. 50 örtliche Organisationen bieten über das Netz ihre Dienste an. In der Rubrik für interaktive Anzeigen sind mehr als 20 führende Werbetreibende vertreten.

Der Abruf und die Steuerung des Dialogverkehrs erfolgen mittels der normalen TV-Fernbedienung. Die Mehrheit der Kunden wird über gewöhnliche Telefonleitungen mittels der ADSL-Technik (Näheres folgt) versorgt, der Rest ist über Glasfaserkabel angebunden. Für die technischen Voraussetzungen sorgt die British Telecom (für den Kunden kostenlos). Die Set-top-Box basiert auf einem Apple Macintosh – dem LC475 – mit MAC-OS-Betriebssystem, das zur Unterstützung von MPEG und einer 2-Mbit/s-Netzschnittstelle modifiziert wurde. Beim Start werden die Anwendung und die Laufzeitversion von Oracle Media Objects heruntergeladen; mit letzterem Softwarewerkzeug wurden die Dienstprogramme geschrieben. Das Serversystem besteht aus einem massiv-parallelen Rechner von nCUBE, der durch einen Sequent-Unix-Rechner gesteuert wird. Auf beiden Rechnern läuft die Media Server Software von Oracle. Bis zu 1.200 Kunden können gleichzeitig bedient werden.

Der Teilnehmer muß für den Basisdienst eine monatliche Grundgebühr von 4,99 Pfund bezahlen. Das entspricht etwa 11,50 Mark oder 80 Schilling. Für die anderen Dienste hat er zwei Zahlungsmöglichkeiten:

- Pay as you go:
  Der Kunde bezahlt jeweils nur bei Benutzung. Er wählt zum Beispiel einen Filmtitel und bestätigt, daß er den Film zum angezeigten Preis abspielen möchte. Innerhalb von 24 Stunden kann er den Titel dann so oft er will ansehen.
- Monatlicher Subskriptionspreis:
  Alternativ können Kunden die Dienste zu einem monatlichen Festpreis abonnieren, der eine unbeschränkte Benutzung erlaubt.

Die nachstehende Tabelle gibt einen Preisüberblick:

	Pay and play (Stückpreis in Pfund)	**Monatliches Abonnement (in Pfund)**
Filme	1,50 bis 3,99	nicht verfügbar
Musik	0,99 bis 3,99	5,99
Lernprogramme	frei bis 1,50	4,99
Kinderfernsehen	0,25	2,99
Spiele	0,99 bis 3,99	6,99

Abb. 31: Preise bei dem Feldversuch der British Telecom in Colchester und Ipswich (Stand: Juni 1995)

ITV-Feldversuche der Deutschen Telekom

Demgegenüber liegt die Deutsche Telekom um einiges zurück. Bei dem ersten, seit 1994 laufenden Test in Berlin können 50 ausgewählte Haushalte nur sehr beschränkt die TV-Zukunft üben. Es kommt immer wieder zu Ausfällen, das Angebot ist dürftig. Mitte 1995 konnten erst drei Spielfilme per Video-on-Demand abgerufen werden. Außerdem konnten nur jeweils vier Teilnehmer gleichzeitig ein und denselben Film ansehen. Auch das angebotene Teleshopping-Programm stellte jeder gedruckte Katalog locker in den Schatten. Beim Otto-Versand gab es gerade drei Kleider und vier Küchengeräte zur Auswahl. Drei-Zeilen-Meldungen zu nicht einmal zehn Berliner Sehenswürdigkeiten waren ebenfalls eher enttäuschend.

Auch die anderen deutschen ITV-Feldversuche haben erhebliche Startschwierigkeiten, wie das Nachrichtenmagazin Focus in Ausgabe 24 (Juni 1995) berichtete. Focus O-Ton: „Die Versuchsprojekte für Interaktives TV stecken im Planungschaos. Die Zuschauer ziehen kaum mit, technische Probleme verzögern den Start. Beispielsweise bei dem 80 Millionen Mark teuren baden-württembergischen ITV-Pilotprojekt. Statt der geplanten 4.000 Haushalte sind gerade 25 ans interaktive Netz angeschlossen."

In Hamburg kämpft die Projektgesellschaft Digitales Interaktives Fernsehen (DITV) noch in der Konzeptionsphase mit technischen Problemen. Kabelnetz und Decodiersystem arbeiten nicht einwandfrei. Der Start des Projekts ist erst für 1996 zu erwarten.

Das bayerische Vorhaben in München und Nürnberg kommt ebenfalls nicht so schnell vom Fleck, wie es die Staatsregierung gern hätte. Der Startzeitpunkt wurde mittlerweile ebenfalls auf 1996 verschoben, da weder die endgültige technische Plattform noch die teilnehmenden Haushalte feststehen. Auch der bisherige Call for Content konnte noch nicht überzeugen. Zudem bringt die Zweiteilung des Projekts erhöhten Abstimmungsbedarf mit sich.

ITV-Projekte in Österreich

Auch das ITV-Projekt der österreichischen Telekabel-Gruppe konnte nicht wie angekündigt im Herbst 1995 vom Stapel laufen. Es mangelte an ernsthaften Informationsanbietern, die die hohen Projektkosten mittragen wollten. Nun hofft man, 1996 den Pilotversuch in einem Wiener Testgebiet starten zu können.

Über ein vielversprechendes ITV-Vorhaben des BML-Konzerns wurde Ende 1995 in der WirtschaftsWoche berichtet (Nr. 52 vom 21.12.1995). Dieser von dem Handelspionier Karl Wlaschek gegründete Konzern umfaßt die Lebensmittelfilialunternehmen Billa, Merkur, Mondo und Emma, die Drogeriekette Bipa und die Buch- und Schallplattenhandelsgesellschaft Libro. Mit einem eigenen interaktiven Fernsehkanal soll den Kunden Video-on-Demand, Homeshopping und Homebanking ermöglicht werden. 50 Wiener Testhaushalte sollen bereits Mitte 1996 an den „BML-ITV-Kanal" angeschlossen werden. Das Netz wird von Alcatel in Zusammenarbeit mit der Post aufgebaut. Die Anlaufinvestitionen für 50 bis 100 angeschlossene Test-Seher werden von der Post auf 20 bis 50 Millionen Schilling geschätzt. Die Technik ähnelt dem oben beschriebenen Feldversuch der British Telecom (ADSL über herkömmliche Telefonleitungen). Server, Datenbank- und Videoverwaltungssoftware werden von Oracle geliefert. Die Set-top-Box kommt von Apple. Mit Großbanken und weiteren Informationsanbietern anderer Branchen werden Gespräche über eine mögliche Mitwirkung geführt.

Technische Problematik

Die Problematik bei den bisherigen ITV-Feldversuchen ist in erster Linie technischer Natur. Sie liegt vor allem in der Größenordnung der Anwendung. Auch wenn es bei drei Teilnehmern funktioniert, sieht alles bei tausend, zehntausend oder mehr Benutzern völlig anders aus. Die Kosten und die Schwierigkeiten explodieren. Ein einfaches Rechenbeispiel führt dabei die Theorie schnell an die praktischen Grenzen. So benötigt die Video-on-Demand-Versorgung einer mittleren europäischen Großstadt (500.000 TV-Geräte, zehn Prozent gleichzeitige Nutzung) mit dem Angebot einer durchschnittlichen Videothek (2.000 Filmtitel) trotz Einsatz des derzeit besten Komprimierungsverfahrens (MPEG-2) Übertragungskapazitäten von zusammengenommen 200 Gbit/s und einen Videoserver mit einer Speicherkapazität von rund 5.000 Gigabyte.

Abgesehen von den technischen Schwierigkeiten, bestehen vor allem im Bereich der Filmsenderechte und der Lizenzgebühren sowie des Urheberrechts noch erhebliche Unklarheiten. Die digitalisierten Filme werden nicht nur ein- oder zweimal gesendet, wie bisher im Fernsehen, sondern stehen als digitale Dateien via Kabel den Kunden jederzeit auf Abruf – on demand – zur Verfügung.

Durch die digitale On-line-Verfügbarkeit ergibt sich auch eine neue Herausforderung an das Urheberrecht, denn digitale Daten können schnell und ohne Qualitätsverlust kopiert und weltweit on-line oder auf CD-ROM verteilt werden. Der mögliche Schaden für Filmfirmen und andere Softwareproduzenten wäre immens – wahrscheinlich sogar größer als das Verdienstpotential durch interaktive Angebote.

3 Gestaltung von Massen-informationssystemen

3.1 Ziele von Masseninformationssystemen

Nachdem die wichtigsten On-line-Dienste mit Beispielen dargestellt wurden, erfolgt nun eine ausführliche Analyse ihrer Anwendungsmöglichkeiten und der Gestaltung von Masseninformationssystemen.
Dabei stellt sich vorweg die grundsätzliche Frage nach den Zielen. Was wollen Unternehmen, Behörden und sonstige Organisationen mit dem Einsatz von Masseninformationssystemen erreichen? Und was erwarten sich potentielle Nutzer oder Konsumenten von den neuen Diensten?

3.1.1 Ziele der Betreiber

Unternehmen planen oder realisieren Masseninformationssysteme vor allem in der Hoffnung, damit mehr Kunden noch besser zu erreichen und so ihre Erträge zu verbessern. Aber es gibt noch weitere Gründe für den Einsatz von On-line-Diensten:

- Gewinne durch neue Absatzkanäle bzw. zusätzliche Kunden,
- direkte Kommunikation mit einzelnen Kunden und die daraus resultierenden Möglichkeiten zu gezielten, individuellen Marketingmaßnahmen,
- flexible Anpassung von Produkten an individuelle Kundenwünsche durch direktes Feedback,
- Verkürzung von Absatzwegen bzw. Distributionsketten durch Direktverkauf,
- Zeit- und Kosteneinsparungen bei Auftragserlangung und -erledigung (durch Kundenselbstbedienung),
- zusätzlicher Service rund um die Uhr landesweit oder weltweit,
- Public-Relations-Nutzeffekte.

In der Vergangenheit wurden diese Ziele oft nicht erreicht. Im Gegensatz zu innerbetrieblichen EDV-Anwendungen erfolgt die Benutzung von Masseninformationssystemen nämlich auf rein freiwilliger Basis.
Die Erhebung der Systemanforderungen ist schwierig, da die Benutzer meist kein Interesse an einer Mitwirkung haben. Wie bei der Markteinführung von Konsumgütern ist die Rate gescheiterter Projekte dementsprechend hoch. Trotz der schlechten Erfahrungen, die viele Anbieter in den 80er Jahren mit Bildschirmtext oder Homebanking gemacht haben, herrscht eine enorme Euphorie, mit der die kommerziellen Nutzungsmöglichkeiten des Internet oder des Interaktiven Fernsehens propagiert werden.

3.1.2 Ziele der Benutzer

Bei der Entwicklung eines Masseninformationssystems sollten die Bedürfnisse der Zielgruppe im Mittelpunkt stehen. Es sollte zuallererst einmal überlegt werden, wozu interaktive Dienste eigentlich von Privaten verwendet werden.
Welche Ziele haben die Benutzer von On-line-Diensten? Offensichtlich wollen sie vor allem komfortabel und rasch mit anderen Teilnehmern kommunizieren und bei einfachen geschäftlichen Transaktionen Zeit und Geld sparen. Weitere mögliche Nutzungsgründe sind, daß

- bestimmte Produkte oder Dienste nur auf diesem Wege erhältlich sind,
- On-line-Dienste eine Nutzung zu der vom Konsumenten bestimmten Zeit – also rund um die Uhr – ermöglichen,
- dieser Beschaffungsweg am einfachsten ist,
- damit bequem die Freizeit gestaltet, gelernt und Wartezeiten überbrückt werden können,
- dadurch die persönliche Isolation durchbrochen werden kann.

Sehr deutlich wird dies am *Beispiel Teleshopping*. Vergleicht man das ITV-Teleshopping mit dem herkömmlichen Versandhandel, so lassen sich aus Haushaltssicht folgende Vorteile des interaktiven Teleshopping anführen:

- Die komplette Bestellung erfolgt „vom Lehnstuhl aus“ und kann viel schneller erledigt werden. Der Bestellschein muß nicht extra

zum Briefkasten getragen werden. Die körperliche Übermittlung durch die gelbe „Schneckenpost“ entfällt. Die Bestätigung der Lieferung erfolgt sofort.
- Stets aktuelle elektronische Produktkataloge, eventuell in multimedialer Form.
- Variable Präsentationsformen je nach Produkt oder Dienstleistungsart.
- Sonderwünsche können einfacher artikuliert und rascher beantwortet werden.
- Preis- bzw. Angebotsvergleiche sind einfacher, der Preiswettbewerb führt tendenziell zu günstigeren Einkaufsbedingungen.

Zusätzliche Vorteile gegenüber dem Einkauf in lokalen Geschäften sind:
- Die Waren sind ständig verfügbar.
- Kaufen rund um die Uhr (keine Ladenschlußzeiten).
- Kein Gedränge und Warten an den Kassen.
- Kein Stau und keine Parkplatzprobleme.

Sind die Waren immaterieller Natur, wie zum Beispiel Nachrichten, Computersoftware, Musikaufnahmen oder Finanzdienstleistungen, so kann auch die Auslieferung elektronisch erfolgen. Bei Problemen kann der Lieferant mit Ferndiagnose und -wartung helfen, Programme und Datenbestände im Haushalt können auf diesem Wege up to date gehalten werden.
Die Nachteile des Teleshopping entsprechen aus Konsumentensicht weitgehend jenen des traditionellen Versandhandels:
- Die Produkte können nicht real betrachtet und eventuell angefaßt werden.
- Der Einkaufsspaß geht verloren; es gibt weniger soziale Kontakte.
- Es werden Impulskäufe provoziert.
- Wirksame Schutzmaßnahmen fehlen, um Irreführung und Mißbrauch zu verhindern.
- Produkthaftungs- und Rücktrittsrechte sind nicht immer klar spezifiziert.

Das Absatzpotential hängt maßgeblich davon ab, ob die Konsumenten in bestimmten Teilmärkten überhaupt die technischen Voraussetzungen für Online-Teleshopping besitzen und wie sie persönlich die genannten Vor- und Nachteile dieses interaktiven Dienstes gewichten.

3.2 Grundsatzentscheidungen beim Aufbau von Masseninformationssystemen

Abbildung 32 zeigt unser marketingorientiertes Konzept für den Aufbau von Masseninformationssystemen. Ausgangspunkt (= Kern) sind die jeweiligen Ziele des Betreibers und seiner (potentiellen) Kunden.

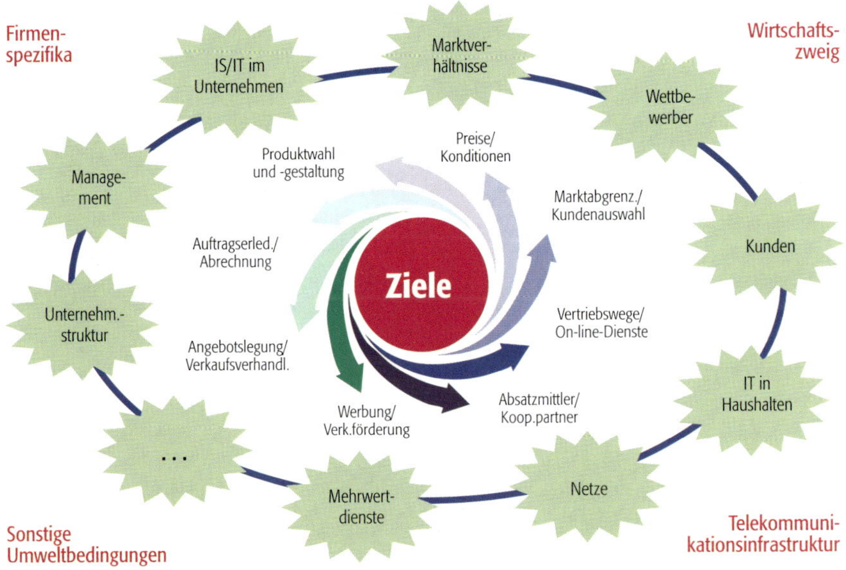

Abb. 32: Rahmenkonzept für den Aufbau von Masseninformationssystemen

3.2.1 Entscheidungsgegenstände

Die Grundsatzentscheidungen über die Systemgestaltung (= innerer Ring in Abb. 32) betreffen

- das Produkt- und Leistungsangebot – das heißt, was wird angeboten und in welchem Umfang,
- die Preis- und Konditionenpolitik,
- die Marktabgrenzung und Kundenauswahl,
- die Vertriebswege, das heißt, welche On-line-Dienste sollen als Träger fungieren,
- die eventuellen Absatzmittler und Kooperationspartner,
- die Werbung und Verkaufsförderung,
- die Angebotslegung und Verkaufsverhandlungen,
- die Auftragserledigung und Verkaufsabrechnung.

Diese Grundsatzentscheidungen sind als kommunizierendes System zu sehen. Die einzelnen Entscheidungen stehen zueinander in Beziehung und haben damit entsprechende Auswirkungen aufeinander.

Ein Beispiel zum Verhältnis zwischen Produktpolitik, Kommunikationspolitik und Vertriebswege-Entscheidung macht dies deutlich: Normalerweise wollen die Kunden die Waren vor dem Kauf sehen. Wer via On-line-Dienst erklärungsbedürftige, nicht standardisierte Produkte vertreiben will, sollte einen multimediafähigen Dienst als Absatzkanal wählen, um sein Angebot zumindest am Bildschirm zeigen zu können. Dies schränkt in der Praxis die Verwendungsmöglichkeiten von Videotex- und Audiotexdiensten erheblich ein.

3.2.2 Ablauf von On-line-Geschäfts-transaktionen

Bei Systemen mit vielen Informationsanbietern, wie etwa den interaktiven Videotexdiensten oder dem World Wide Web, muß der Benutzer aktiv nach möglichen Lieferquellen suchen – falls er die Adresse nicht von früheren Kontakten oder aus der Werbung kennt.
Ist die Verbindung zum gewünschten Anbieter hergestellt, kann im Katalog geblättert oder über Menüs und Stichworte recherchiert werden. Produkte, die gefallen, können durch Drücken einer Bestelltaste, das Anklicken eines Orderbuttons am Bildschirm oder ein elektronisches Bestellformular angefordert werden.
Bestätigung, Rechnungsstellung und Bezahlung können unmittelbar darauf durch Angabe der Kreditkartennummer oder eine Kontoabbuchung erfolgen. Immaterielle Güter – beispielsweise Software oder Nachrichten – können sofort elektronisch ausgeliefert werden. Materielle Produkte werden per Boten oder Versand zugestellt. Im Idealfall dauert eine solche Transaktion nur wenige Minuten.
Die nachfolgende Abbildung zeigt den prinzipiellen Ablauf einer Geschäftstransaktion beim Einsatz von On-line-Diensten.

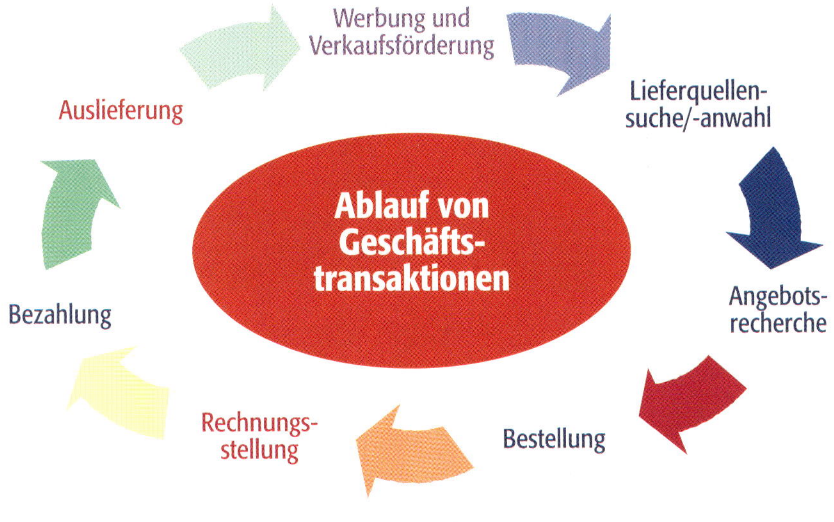

Abb. 33: Ablauf von On-line-Geschäftstransaktionen

In der Realität sieht es meist anders aus. Da erinnert eine On-line-Bestellung manchmal an das Einkaufen in einer fremden Stadt. Man findet nicht oder nur schwer, was man will. Oft ist es purer Zufall. Und ist man schließlich fündig geworden, wartet schon das nächste Problem an der Kassa – wenn genau die Kreditkarte, mit der man zahlen möchte, leider nicht akzeptiert wird.

Ähnlich zermürbend kann sich die Lieferquellensuche beispielsweise im Internet gestalten, weil eine zentrale Koordination und zielgenaue Suchhilfen weitgehend fehlen. Dazu kommt, daß gewählte Verbindungen oft nur mit lähmender Langsamkeit oder manchmal überhaupt nicht funktionieren. Die Gründe dafür sind vielfältig: multimedial überfrachtete Informationsangebote, die zu hohe Übertragungskapazitäten benötigen, überlastete Leitungen und Server oder ganz einfach Adreßänderungen.
Es liegt im wesentlichen an der optischen, inhaltlichen und natürlich technischen Ausgestaltung eines Masseninformationssystems, wie die Kunden die Benutzung, das heißt eine Geschäftstransaktion, erleben.

3.2.3 Einzelsystem versus Gemeinschaftssystem

Soll ein Masseninformationssystem allein oder zusammen mit den Angeboten von Partnern über einen Gemeinschaftsdienst angeboten werden?
Für die eigenständige Lösung sprechen vor allem die damit erzielbaren Wettbewerbsvorteile: Ein eigener elektronischer Absatzkanal erlaubt die laufende Sammlung und Auswertung von Kundendaten und ermöglicht damit eine individuellere Betreuung und Festigung der Kundenbeziehungen. Das eröffnet neue Marketingperspektiven und bringt einen gewichtigen Wettbewerbsvorteil gegenüber Mitbewerbern. Ein firmenspezifisches System kann also insgesamt besser auf die Anforderungen der Zielgruppe abgestimmt werden. Das gilt auch für die Funktionalität, die Oberfläche, die Übertragungsgeschwindigkeiten und die Endgeräte. Die Preisgestaltung des Dienstes kann flexibel gehandhabt werden, und die Notwendigkeit von oft mühsamen, langwierigen Verhandlungen über die technische (Weiter-)Entwicklung und die Koordination von Angeboten mit Partnern entfällt.
Speziell bei neuen Telekommunikationsdiensten, bei denen mit einer langsamen Diffusion und hohen Entwicklungs-, Betriebs- sowie Marketingkosten zu rechnen ist, wie etwa bei einem interaktiven Fernsehkanal, sind Alleingänge kaum möglich und sinnvoll. Das bestätigt auch die internationale Entwicklung.
Der Vorteil von Gemeinschaftssystemen sollte aber nicht allein in der Kostenteilung oder -ersparnis liegen. Es geht ganz wesentlich auch darum, eine ideale Ergänzung im Know-how und in der Angebotsstruktur zu erzielen – so wie bei einem Einkaufszentrum oder einer Shopping-Mall, deren Kunden-Attraktivität neben der Erreichbarkeit und den Parkmöglichkeiten im wesentlichen von einer gelungenen Angebotsmelange abhängt. Beispiele für diese Strategie sind das Joint-venture von Bertelsmann und America Online oder Europe Online, an dem diverse europäische Medienhäuser die Mehrheitsanteile halten.

3.3 Bedingungslage für Masseninformationssysteme

Dabei handelt es sich um jene Faktoren, die vom Betreiber eines Masseninformationssystems in der Regel nicht oder nur langfristig beeinflußt werden können, wie Branchen- und Telekommunikationsinfrastruktur sowie firmenspezifische Bestimmungsfaktoren. Sie determinieren die Entscheidung, ob überhaupt und wenn ja, wie Masseninformationssysteme aufgebaut werden.

3.3.1 Branche

Branchenspezifische Bestimmungsfaktoren resultieren aus den Marktverhältnissen im allgemeinen sowie aus den Konkurrenten und den Kunden im speziellen.

3.3.1.1 Marktverhältnisse

Derzeit läuft der Produktvertrieb noch überwiegend in klassischen Bahnen – das heißt vom Produzenten über den Handel zu den Verbrauchern. Die Distributionsstufe Handel verdient gut daran. On-line-Dienste könnten diese eingefahrenen Absatzstrukturen aber in absehbarer Zeit gravierend verändern. Produzenten bekämen dadurch die kostengünstige Möglichkeit eines Direktvertriebes und könnten durch Wegfall der Handelsspanne auch noch preisgünstiger anbieten.

Abgesehen von der zwangsläufigen Veränderung hin zum Direktvertrieb definieren On-line-Dienste auch die Größe des potentiellen Marktes neu. So ermöglicht das Internet auch kleinen und mittelständischen Betrieben, ohne großen finanziellen Aufwand in größere Märkte vorzudringen und unter Umständen sogar weltweit potentielle Interessenten anzusprechen. Es ermöglicht Anbietern und Konsumenten, regionale und nationale Marktbeschränkungen zu umgehen. Dazu ein Beispiel aus der Musikbranche:

Beispiel IUMA

Ende 1993 gründeten die beiden kalifornischen Studenten Rob Lord und Jeff Patterson das Internet Underground Music Archive (IUMA). Ihr erklärtes Ziel formulierten sie gegenüber dem Internet Magazine so: „We want to kill the recording companies!"

Innerhalb weniger Monate wurden Musikstücke von über 300 weitgehend unbekannten Bands digitalisiert, mit Fotos und Bibliographien angereichert und auf einen World Wide Web-Server geladen. Interessenten können sich so über das Internet Kostproben der Werke auf ihren PC holen und via E-Mail direkt bei den Künstlern die CDs und Bänder ordern. Inzwischen sind Soundclips von über 500 Bands am Server abrufbar. Und die Nachfrage ist gewaltig. IUMA verzeichnet täglich über 100.000 Zugriffe (http://www.iuma.com). Der Plattenindustrie wurde rasch klar, daß sie, falls

Abb. 34: IUMA-Informationsangebot

diese Idee weitere Nachahmer findet, bald aus dem Geschäft sein könnte. Denn wozu sollten die Interpreten dann noch ihren teuren Vertriebsapparat zahlen. Rasch wurde deshalb eine Änderung des Urheberrechts beantragt. Die Wiedergabe alter Songs – so die Forderung – soll zukünftig nicht nur den Autoren und Verlagen gemeldet werden, sondern auch den Plattenfirmen. Inzwischen ist bereits der erste große Hersteller zu IUMA übergelaufen. Warner Records bietet am IUMA-Server ein eigenes Informationsangebot für die einschlägige Klientel an. Ein Signal, das durchaus für sich spricht.

Flugbuchungen, Aktien- und Warenterminhandel oder landwirtschaftliche Auktionen und der Devisenhandel erfolgen im kommerziellen Bereich längst elektronisch. Allerdings haben Konsumenten meist noch keinen direkten Zugang zu diesen elektronischen Märkten.

Doch eine Öffnung für private Nutzer ist nur eine Frage der Zeit. Ein Vorreiter ist hier das von American Airlines (AA) betriebene SABRE-Reservierungssystem, in dem fast alle international bedeutenden Fluggesellschaften, Leihwagenfirmen und Hotelketten ihre Dienste anbieten. Zusammen mit dem Apollo-System der United Airlines dominiert SABRE den nordamerikanischen Reisebüromarkt. Das System ist leicht vereinfacht unter der Bezeichnung EAASY SABRE über verschiedene On-line-Dienste auch direkt von Privatkunden nutzbar.

Die im deutschsprachigen Raum führenden Reservierungssysteme AMADEUS, START und TRAVI-AUSTRIA werden früher oder später einen ähnlichen Weg gehen müssen. Für Reisebüros ein wenig erfreulicher Ausblick. Entsprechend groß wird der zu erwartende Widerstand dieser Branche gegenüber Airlines, Hotels und Reiseveranstaltern sein, die versuchen direkt on-line anzubieten.

Viele Unternehmen zögern aus Angst vor den Repressalien der Absatzmittler noch mit der Einführung des elektronischen Direktvertriebs. Denn der daraus resultierende Schaden könnte vor allem in der Anfangsphase ein Vielfaches des zusätzlichen Nutzens eines Masseninformationssystems ausmachen.

Der Trend geht jedoch schon allein aus Kostengründen international zum Direktvertrieb, wie ein anderes Beispiel aus der US-Luftfahrt zeigt. In den großen Reservierungssystemen waren bis vor kurzem auch Regionalfluglinien aufgelistet. Einzelne weigerten sich allerdings standhaft, Buchungsgebühren (Vermittlungsprovisionen) zu bezahlen. An den überaus erfolgreichen Southwest Airlines wurde schließlich ein Exempel statuiert: Sie flogen 1994 aus dem Buchungssystem. Anstatt einer reumütigen Rückkehr startete die Airline voll durch. Sie erledigt seither die Buchungen nicht nur selbst, sondern billiger und einfacher. Flugtickets gibt es bei Southwest keine mehr. Die Kunden können via Toll-free-Nummer mit der Angabe ihrer Kreditkartennummer bestellen. Als Bestätigung gilt die Reservierungsnummer, die man beim Einchecken am Flughafen ganz einfach angibt.

In Branchen mit gut ausgebauten Distributionskanälen zählt weniger der durch Masseninformationssysteme zusätzlich erzielbare Umsatz als das mögliche Kosteneinsparungspotential.

Ein gutes Beispiel dafür ist der Finanzsektor. Bei den Banken werden interaktive Dienste im kommenden Jahrzehnt zu einer erheblichen Reduzierung der Filialen führen. Vor allem die bedrohlich wachsenden Personalkosten und -rückstellungen sind wie in vielen anderen Sektoren die entscheidende Triebfeder zur Automatisierung. Eine nicht unwesentliche Bedeutung hat auch die zunehmende Verkehrsproblematik, die Verkaufsstellen immer schwieriger erreichbar macht (Verkehrsstau, Parkplatz etc.). Auch für geographische Regionen mit einer schlechten Verkehrsinfrastruktur, die bisher hauptsächlich über Versandkataloge bedient wurden, sind Masseninformationssysteme eine attraktive Alternative.

Nicht zuletzt dürften der technische Entwicklungsstand, die Innovationsrate und Traditionen einer Branche den Einsatz neuer elektronischer Geschäftsformen maßgeblich bestimmen. Weitere wesentliche Determinanten sind Gesetze, Normen und Interventionen, mit denen staatliche Organe regulierend und/oder fördernd eingreifen.
Daß die Versicherungsbranche bei der Verwendung neuer interaktiver Dienste gegenüber den Banken stark hinterherhinkt, ist hauptsächlich auf diese Faktoren zurückzuführen.

3.3.1.2 Konkurrenz und Kooperationspartner

Nischenanbieter können – wie die vorigen Beispiele gezeigt haben – mittels On-line-Service übermächtiger Konkurrenz mit leistungsfähigen Vertriebsapparaten ausweichen. Auch für große Anbieter eröffnen sich beachtliche Rationalisierungspotentiale, Informationsnutzen und strategische Vorteile.
Setzen Branchenführer Masseninformationssysteme ein oder bereiten sie die Verwendung vor, bewirkt dies in der Regel eine Sogwirkung. Auch Mitbewerber müssen dann die Nutzungsmöglichkeiten solcher Dienste zumindest evaluieren („Bandwagon-Effekt"), das heißt ihre Vor- und Nachteile für den Einsatz im eigenen Unternehmen prüfen.
Werden solche Systemanwendungen in einer Branche zum Standard, kommt es oft zu kostengünstigen Branchenlösungen. Beispiele hierfür sind Geldausgabeautomaten und POS-Systeme wie Bankomatkassen oder die jüngste Entwicklung einer Multibank-Schnittstelle für das Telebanking in Österreich.

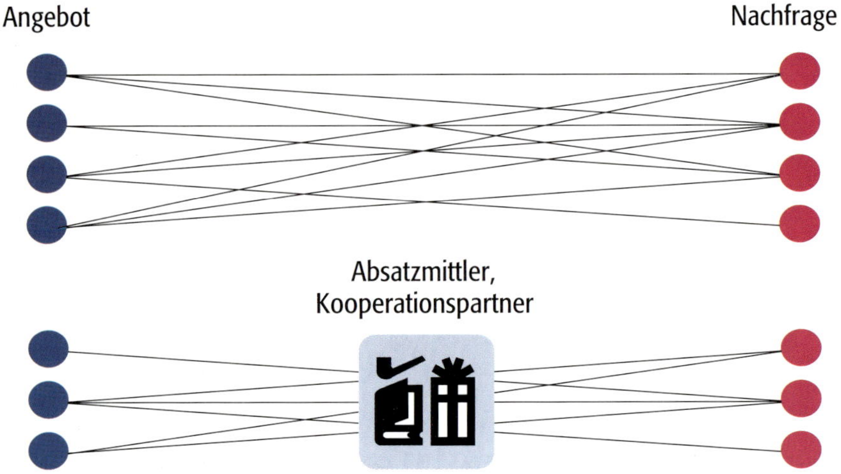

Abb. 35: Marktstruktur bei Telekommunikationsgeschäften

Aus Konsumentensicht ist eine Kooperation der Informationsanbieter mit entsprechend einheitlicher Benutzerschnittstelle und kategorisierten (standardisierten) Angeboten höchst wünschenswert. Beispiele sind etwa die zentral koordinierten On-line-Dienste wie AOL, Prodigy oder das Microsoft Network, wo den Benutzern unter einer einheitlichen Bedieneroberfläche ein klar strukturiertes Angebot präsentiert wird. Dagegen wirkt die gigantische Informationsfülle im Internet vergleichsweise verwirrend. Zusammen mit den jeweils auch noch verschieden gestalteten Inhalten wird eine Internet-Recherche oft zum uferlosen Netsurferlebnis ohne konkrete Ergebnisse.

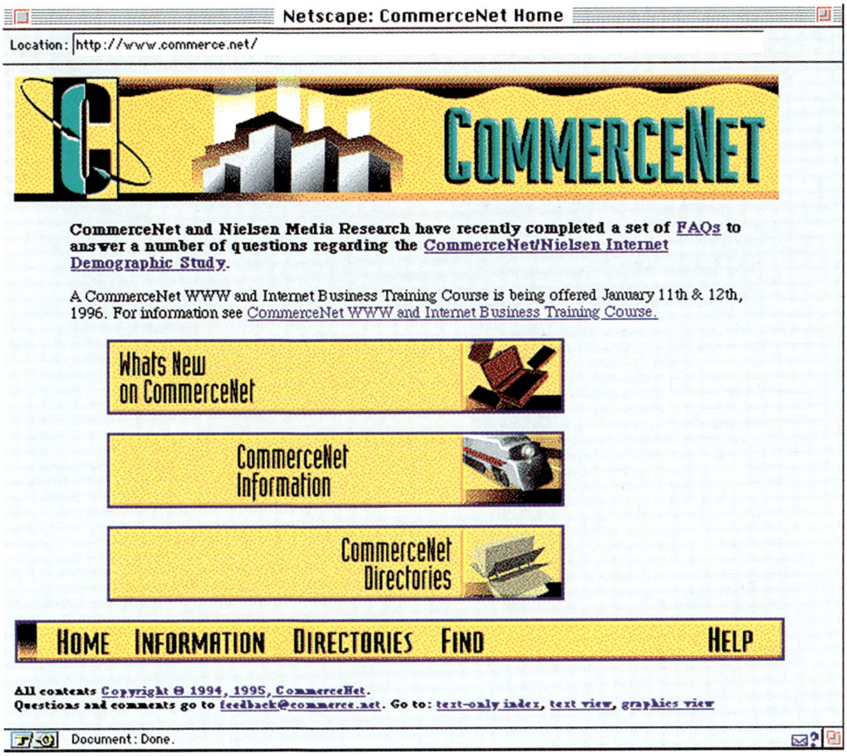

Abb. 36: Angebotsstruktur des CommerceNet – Hauptmenü im World Wide Web (http://www.commerce.net/)

Aus diesen Gründen entstanden verschiedene Initiativen, die für Teilbereiche des Internet (= Subnetze) die notwendige Standardisierung, Koordination sowie Zahlungs- und Abrechnungsfunktionen bieten wollen. Das bekannteste Beispiel ist das CommerceNet-Konsortium im kalifornischen Silicon Valley. CommerceNet ist ein Zusammenschluß von EDV-Herstellern, Banken, Kreditkartenorganisationen und zahlreichen Anwenderunternehmen aus den USA, die damit bessere Voraussetzungen zur kommerziellen Nutzung des Internet schaffen wollen. Seit dem vergangenen Jahr nimmt dieses Konsortium auch Mitglieder aus anderen Ländern auf.
Für Kooperationen bei Telekommunikationsgeschäften sind vor allem Kosteneinsparungen durch die gemeinsame Nutzung von technischen Ressourcen ein zentraler Faktor.

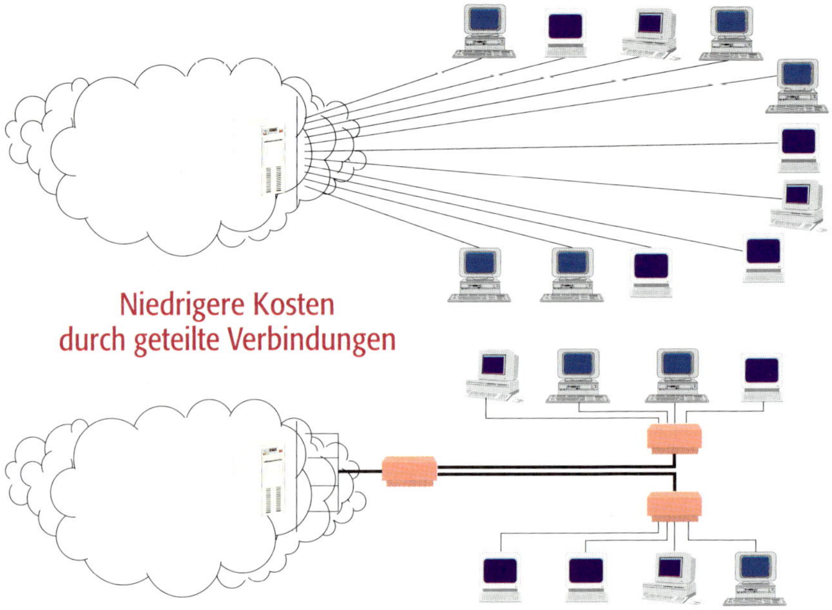

Abb. 37: Rolle der Netzzugangsanbieter

Die Inanspruchnahme eines Internet-Zugangsanbieters (engl.: access provider) erfolgt primär aus diesem Grund. Der Access-Provider kauft bei der Telekom/Post eine große Netzbandbreite und teilt sie per Multiplexbetrieb auf seine Kunden auf. Durch die Übertragungskostendegression – das heißt, je mehr Bandbreite, umso billiger wird es – kann er seinen Kunden günstigere Preise bieten, als diese für ihre geringen Übertragungsvolumina bei der Post bekämen, und dabei noch ganz gut verdienen.
Ähnlich verhält es sich mit der notwendigen Serverkapazität bei kleineren Informationsangeboten. In der Anfangsphase ist die Serverplatzmiete – man bezahlt hier für die benötigte Speicherkapazität – bei einem Netzzugangsanbieter in der Regel günstiger als der Eigenbetrieb. Vor allem weil man sich nicht um die technische Wartung kümmern muß. Noch größere Kostenvorteile beinhaltet die gemeinsame Nutzung von Datenbanken und Anwendungen, beispielsweise durch Hochschulbibliotheken und bei Reservierungssystemen.
Gemeinsame Funktionsverrichtungen werden einerseits aus Kostengründen und andererseits wegen der angestrebten Konzentration auf das Kerngeschäft angestrebt.
Erfolgt die Zusammenarbeit über verschiedene Stufen entlang der Distributionskette, so sind in der Regel Wünsche nach Verringerung der Ungewißheit und zum Ausgleich zeitlicher, räumlicher, quantitativer, qualitativer und finanzieller Spannungen zwischen Herstellung und Konsum maßgebend. Das heißt: So wie in der realen Welt können beim elektronischen Vertrieb eingeschaltete Partner Lagerhaltungs- und Transportaufgaben übernehmen. Oder

jede sonstige Marketingfunktion – von der Marktforschung und Werbung bis hin zur Absatzfinanzierung.

Gemeinsame Nutzung von IT-Ressourcen	Server	Netze	Datenbanken	Anwendungen
Gemeinsame Funktionsverrichtungen	Bürogemeinschaften (Mailbox ...)	Outsourcing	Marketing-/Verkaufsgemeinschaften	Joint-ventures, virtuelle Unternehmen
Vertikale Integration entlang der Distributionskette	EDI	DB-Recherche bei Partnern zur Bedarfsanalyse	Agenten für Infosuche u. Vermittlung	Betriebsverbindungen Hersteller/Handel
Agglomeration/Sortimentskomplettierung	Partner mit Substitutionsprodukten	Partner mit „neutralen" Produkten	Partner mit verwandten Produkten	Partner mit komplementären Produkten
Standardisierung, Koordination und „Hygienedienste"	Benutzerschnittstellen	Strukturierung der Informationsangebote	Datenschutz u. Sicherheitsfunktionen	Zahlungs- u. Abrechnungsfunktionen

Abb. 38: Kooperationsformen bei Telekommunikationsgeschäften

Durch die Agglomeration von Angeboten soll vor allem die Marktattraktivität verbessert werden. Eine virtuelle Shopping-Mall, in der zigtausend Produkte einiger hundert Anbieter beworben werden, zieht nun einmal mehr Kunden an als ein im Cyberspace verlorenes Spezialgeschäft. Die Vereinheitlichung von elektronischen Produktkatalogen, Schnittstellen usw. beschleunigt den Suchprozeß der Benutzer. Außerdem erleichtern Standards die Daten- und Anwendungsintegration. Last but not least wird in vielen Branchen der Durchbruch des On-line-Verkaufs erst dann auf breiter Ebene gelingen, wenn es für Geschäftstransaktionen normierte und allgemein akzeptierte Datenschutz- und Sicherheitsvorkehrungen gibt.

3.3.1.3 Die Kunden

Über die potentiellen Kunden und Interessenten von Masseninformationssystemen ist nur sehr wenig bekannt. Beim globalen Internet zum Beispiel kennt man nicht einmal die ungefähre Gesamtzahl der Benutzer. Zunehmend gibt es jedoch wenigstens Teilerhebungen, die für bestimmte Bereiche demographische Daten liefern. Ein wesentliches Problem ist dabei die Zeit. Die Studien sind Momentaufnahmen, die angesichts der Dynamik der Entwicklung rasch veralten. Beispielsweise liegen die jährlichen Abonnentenzuwächse der erfolgreichsten interaktiven Videotexdienste derzeit zwischen 40 und 100 Prozent. Ebenso verdoppelt sich die Zahl der ans Internet angeschlossenen Rechner Jahr für Jahr. Damit verändert sich zugleich die demographische und soziale Struktur sowie das Verhalten der Benutzer. Computerfreaks bilden schon heute bei vielen On-line-Diensten nur noch eine kleine

Minderheit. Näheres über die Benutzerstatistiken des Internet folgt im Abschnitt 4.3.1.
Die Zahl der Teilnehmer eines großen On-line-Dienstes geht in die Hunderttausende oder Millionen. Wie viele davon tatsächlich für bestimmte Anwendungen in Betracht kommen, ist meist völlig offen.
Vielfach wenden sich Anbieter von Masseninformationssystemen deshalb zunächst einmal an ihre angestammte Klientel, die durch gezielte Werbung auf den alternativen elektronischen Vertriebsweg aufmerksam gemacht wird. Erst im Laufe der Zeit wird dann sukzessiv versucht, Neukunden zu gewinnen.

3.3.2 Telekommunikationsinfrastruktur

Die entscheidende Telekommunikationsinfrastruktur besteht aus der in den Haushalten des Zielgebiets installierten Hardware und Software, den vorhandenen Übertragungswegen und den verfügbaren Mehrwertdiensten, die als Träger für Masseninformationssysteme in Betracht kommen.

3.3.2.1 Stand der Informationstechnik in Privathaushalten

Das Spektrum der Terminals, über die Private erreicht werden können, ist heute schon sehr breit. Der Betreiber eines Masseninformationssystems sollte deshalb von vornherein an die sich ergänzenden alternativen Gerätetypen denken und diese in sein Gesamtkonzept einbeziehen. Auch wenn bestimm-

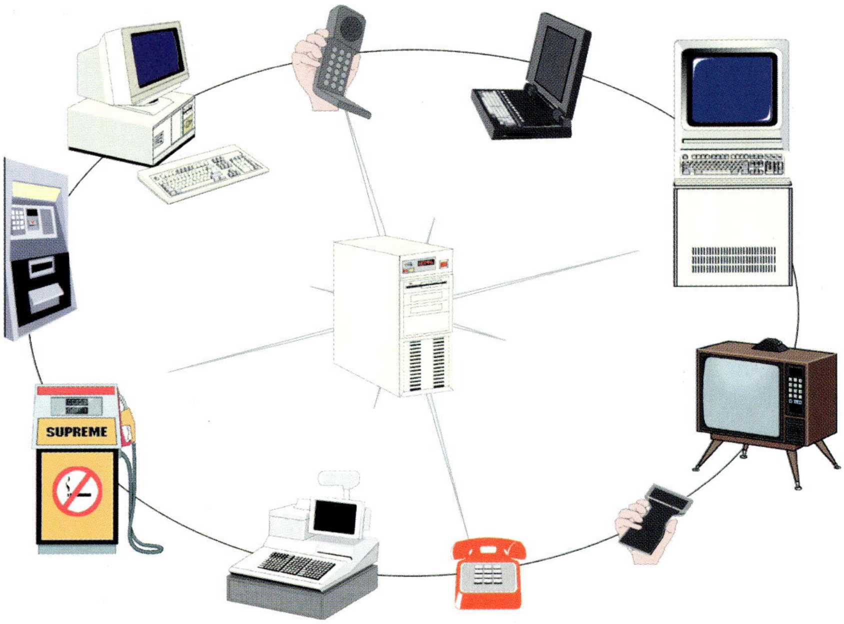

Abb. 39: Terminals für Masseninformationssysteme

te Zugangsmöglichkeiten erst in einer späteren Phase geöffnet werden, erleichtert diese integrative Sicht unter Verwendung einheitlicher Standards den Betrieb, die Wartung und die Benutzung eines Masseninformationssystems ganz wesentlich.
Das Telefon ist das mit Abstand verbreitetste Telekommunikationsterminal. Weltweit werden derzeit etwa eine Milliarde Fernsprechgeräte benutzt. Die Digitalisierung der öffentlichen Telefonnetze ist in den meisten Industriestaaten schon weit fortgeschritten.
Digitalisierung und Tastentelefon sind Voraussetzungen, um interaktive Audiotexdienste zu benutzen. So können via Telefon Datenbestände abgefragt und einfache Geschäftsvorgänge in Selbstbedienung erledigt werden.
Als Haushaltsterminals für anspruchsvollere text- und multimediaorientierte Masseninformationssysteme kommen derzeit nur Personalcomputer in Betracht. Für interaktive Dienste, die sich an Langstrecken-Reisende in Flugzeugen, Intercity-Zügen oder Bussen wenden, sind in Sitz- oder Armlehnen eingebaute, vernetzte Notebook-PCs mit LCD-Bildschirm erste Wahl. Auch ein Kiosk, mit dem Wartende auf Flughäfen, Passanten auf belebten Plätzen oder Besucher einer Verkaufsstätte informiert werden sollen, ist eigentlich nichts anderes als ein PC im vandalensicheren Gehäuse. In weiterer Zukunft werden wohl auch mobile Kleinst-PCs, die sogenannten PDAs (Abkürzung für persönlicher digitaler Assistent), allmählich an Boden gewinnen. Masseninformationssysteme werden damit von überall via Mobilkommunikation zugänglich. Bisher blieb der Absatz solcher in die Handfläche passender Geräte, das Paradebeispiel ist der Newton von Apple, allerdings erheblich hinter den Erwartungen zurück.
Über POS-Terminals wie Geldausgabeautomaten oder Bankomatkassen,

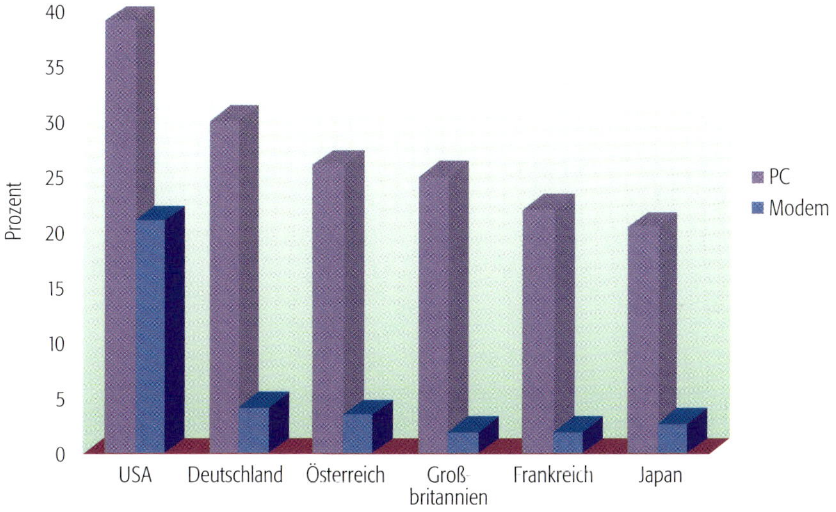

Abb. 40: Anteil der Privathaushalte mit PC und Modem in verschiedenen Ländern
(Quelle: Deutsche Telekom/„Computer Zeitung" 35/1995)

beispielsweise an Tankstellen, wird der Kunde am Verkaufsort erreicht. Die Funktionalität solcher dedizierter Terminals ist meist auf einen speziellen Anwendungszweck beschränkt. Das wird jedoch in Zukunft keineswegs so bleiben; der Übergang zum universellen, multimedialen Kiosk ist fließend.
So bietet zum Beispiel die Citibank, New York, über ihre Geldausgabeautomaten schon weitaus mehr Transaktionsmöglichkeiten an, als dies hierzulande geschieht. Der Betreiber des österreichischen Bankomat-Systems, die Europay Austria, bezweifelt jedoch, ob dies wirklich der bessere Weg ist: Es entstünden dadurch längere Wartezeiten, mehr Geräte würden auch mehr kosten. Der zusätzliche Nutzen für die Konsumenten sei daher zumindest fraglich, weshalb Österreichs Bankomaten auch weiterhin reine Geldzapfstellen bleiben sollen.
Weltweit betrachtet weist die Computerausstattung der Privathaushalte nicht nur das übliche West-Ost- und Nord-Süd-Gefälle auf. Auch zwischen den führenden Industriestaaten und dort zwischen Stadt und Land gibt es große Unterschiede. Die USA sind ganz klar der Technologieführer. Zwischen New York und Nebraska ist bald in jedem zweiten Haushalt ein PC zu finden. Macht in Summe rund 50 Millionen Heimcomputer. Über die Hälfte davon hängen via Modem am Netz.
Dagegen ist Europa um zwei bis vier Jahre hintennach. Mit ein Grund dafür sind sicherlich die deutlich höheren Hardwarepreise und Telefongebühren. In Deutschland ist zwar schon fast ein Drittel der Haushalte mit PCs bestückt, doch nur 14 Prozent davon mit Modems. In Großbritannien hat jeder vierte Haushalt einen PC, vernetzt ist auch hier nur ein geringer Teil.
Dafür sind die Franzosen enorm auf Draht. Fast ein Drittel der Haushalte ist per Minitel an den interaktiven Videotexdienst Teletel angeschlossen. In Summe gibt es rund 6,5 Millionen Teletel-Teilnehmer – eine Zahl, die sonst noch nirgendwo auf der Welt von einem einzelnen On-line-Service erreicht wird. Deshalb ist der Verbreitungsgrad universeller PCs in Frankreich geringer als in den anderen westeuropäischen EU-Staaten.
In den osteuropäischen Ländern lagen 1994 die PC-Diffusionsraten in Privathaushalten noch durchwegs unter zehn Prozent. Tendenz: stark steigend.

Österreicher und Computer – kein Scherz

Europaweit betrachtet liegt die Alpenrepublik informationstechnologisch im guten Mittelfeld. So vermitteln es zumindest die Statistiken.
Bis 1992 stieg die PC-Rate nur langsam. Seitdem erlebt sie einen bemerkenswerten Aufschwung. Laut Radiotest (siehe Abbildung 41) besaß Mitte 1995 schon jeder sechste über zehn Jahre alte Österreicher einen PC/Heimcomputer. Dieser Wert deckt sich mit einer von uns im zweiten Quartal 1995 durchgeführten Haushaltsumfrage: Danach hatte jeder vierte österreichische Haushalt einen PC. Zum Erscheinungstermin dieses Buches ist es wahrscheinlich schon jeder dritte.
Grund für unsere Erhebung war, daß sich das derzeitige Wissen über die informationstechnische Infrastruktur von Haushalten in Österreich – wie fast überall – auf die rudimentären Installationszahlen beschränkt. Schon über die Leistungsspezifika der vorhandenen Hardware gibt es kaum noch Daten.

	1986	1987	1988	1989	1990	1991	1992	1993	1994	2. Q. 95
TV-Geräte insgesamt	94	97	97	97	97	97	97	96	96	95,2
Farb-TV*)	82	84	88	91	92	93	95	98	98	98,8
Videorecorder*)	13	18	25	30	36	42	49	58	62	64,5
Farb-TV/VCR mit Teletext*)	6	8	11	14	20	26	33	43	50	54,4
PC/Heimcomputer**)	3	4	6	5	7	8	9	20	14	17,4
Autoradio	50	54	57	57	57	54	61	71	72	73
Hi-Fi-Stereoanlage	39	43	46	51	45	52	54	63	65	67,5
CD-Player	3	4	7	12	17	17	17	45	52	59,5
Satellitenempfangs-anlage, eigene*)	–	–	–	–	–	–	10	15	19	22,5
Satellitenempfangs-anlage, gemeinsame*)	–	–	–	–	–	–	4	6	7	7,8
Satellitenempfangs-anlage gesamt*)	–	–	1	1	2	6	14	21	27	30,3
Empfang über Kabel*)	13	15	17	19	22	25	28	34	35	36,3
Kabel und/ oder Satellit*)	13	15	18	20	24	31	42	55	61	66,6

Quelle: 1988–1991: Optima Jänner–Dezember, n = je 12.000; 1992: Optima Jänner–Dezember, n = 18.000; 1993: Radiotest Jänner–Dezember 1993, n = 24.000; 1994: Radiotest Jänner–Dezember 1994, n = 24.000; 1995: Sonderauswertung, Radiotest Jänner–März, April–Juni, n = 6.000

*) Bis 1992: Besitz prozentuiert auf alle Haushalte; ab 1993: prozentuiert auf TV-Haushalte.

**) Bis 1992: persönl. Besitz ab 14 J.; 1993: Besitz im Haushalt; ab 1994: persönl. Besitz ab 10 J. – in allen Jahren auf Personen prozentuiert.

Abb. 41: Entwicklung der Heimelektronik in Österreich; in Prozent der Haushalte (Quelle: ORF)

Ebensowenig kennt man die heutige Nutzung, geschweige denn die künftigen Verwendungsabsichten von Geräten und Diensten.
Auszüge unserer Umfrageergebnisse betreffend Computerausstattung und -nutzung sind nachfolgend dargestellt. Es ist dies europaweit eine der ersten Analysen der IT-Infrastruktur in Verbindung mit dem Nutzungs- und Geschäftspotential interaktiver Dienste. Aufgrund sehr ähnlicher Verhältnisse in Deutschland und der Schweiz dürfte die Studie auch für diese Länder in gewissem Grad repräsentativ sein.
Weit mehr österreichische Privathaushalte als erwartet, nämlich 26 Prozent, verfügten zum Erhebungszeitpunkt über einen Computer. Bis dato war man von einem PC-Haushaltsbestand von 15 bis 17 Prozent ausgegangen (laut IDC und Fessel + GfK). Der PC entwickelt sich zum Konsumartikel wie Hi-Fi-Anlagen oder TV-Geräte. Zehn Prozent der Nicht-Computerhaushalte äußerten eine konkrete Kaufabsicht, und weitere zehn Prozent wollen „vielleicht" im nächsten Jahr einen Rechner kaufen.
Tendenziell gilt: Je höher die soziale Schicht, das Ausbildungsniveau und das Haushaltseinkommen, desto höher ist die PC-Dichte. Jeder zweite Haushalt

der A-Schicht bzw. mit abgeschlossener Universitätsausbildung des Haushaltsvorstandes verfügt heute über einen PC. Bei Haushalten mit einem monatlichen Nettoeinkommen von mehr als 50.000 Schilling sind es sogar schon zwei Drittel.
Durch die sich abzeichnende Sättigung in Wirtschaft und Verwaltung haben sich die PC-Hersteller und PC-Händler in letzter Zeit zunehmend auf den privaten „Hoffnungsmarkt" konzentriert. Dazu kommen die von den Medien stark forcierte „Information Highway"-Diskussion und die zunehmende EDV-Erfahrung aus Schule, Hochschule und Beruf. Und der Preisverfall macht PCs immer erschwinglicher.
Der typische Haushalts-PC ist jünger als zwei Jahre (57 Prozent), hat einen Arbeitsspeicher von vier bis acht MB, eine Festplatte mit 200 bis 500 MB und einen 14-Zoll-Bildschirm. 85 Prozent sind IBM-kompatible PCs, gefolgt von Apple Macintosh (sechs Prozent).
Im Inneren haust zumeist ein recht flinkes Hirn. Es dominiert eindeutig der Intel 486-Prozessor mit 47 Prozent, an zweiter Stelle liegt mit 24 Prozent noch immer der 386er-Chip. Pentium-Prozessoren (586er) spielen bisher erst eine geringe Rolle (sechs Prozent). Bei der Taktfrequenz liegt das Schwergewicht bei 66 Megahertz. Fast ein Drittel der Computerbesitzer verfügt über ein CD-ROM-Laufwerk und dazu über durchschnittlich sieben CD-ROMs. 30 Prozent haben eine Soundkarte und 90 Prozent einen Drucker.

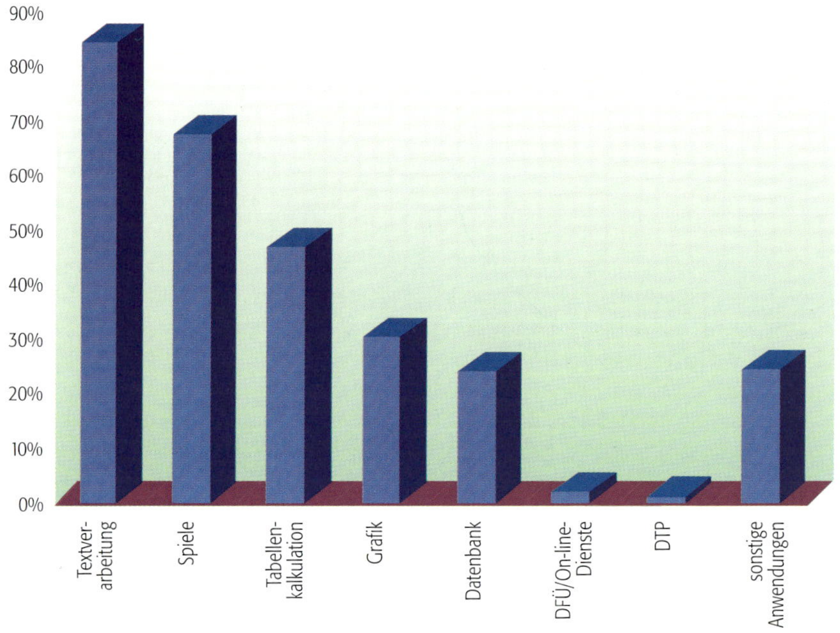

Abb. 42: In österreichischen Privathaushalten verwendete Software

Der PC wird durchschnittlich neun Stunden pro Woche von zwei Personen im Haushalt hauptsächlich für Textverarbeitung und Computerspiele ver-

wendet. Tabellenkalkulation, Datenbankverwaltung, Grafikanwendungen und Desktop Publishing (DTP) werden nur von einer Minderheit genutzt.
Auch die Nutzung von Masseninformationssystemen vom Wohnzimmer aus spielt noch eine untergeordnete Rolle. Zwar haben 15 Prozent oder knapp 125.000 der Computerbesitzer ein Modem, aber nur 14 Prozent davon verwenden es täglich, um entweder mit kommerziellen Informationsdiensten (36 Prozent), der Arbeitsstelle (27 Prozent) oder sonstigen Stellen (37 Prozent) on-line in Kontakt zu treten.
Bei den Telekommunikationsanwendungen dominieren Fax und Dateitransfer vor E-Mail, Bildschirmtext, Telebanking, Diskussionslisten und Surfen im World Wide Web. Prozentuale Häufigkeitsangaben sind auf Grund des kleinen Samples nicht angebracht.
89 Prozent der Computerbesitzer sind berufstätig. Von den Berufstätigen erledigt fast ein Drittel mehr als 20 Prozent seiner beruflichen Arbeit mit Hilfe des Rechners zu Hause.

Fazit

Es ist zu empfehlen, daß sich die Betreiber von Masseninformationssystemen konsequent an dem vorhandenen Installationsbestand und – wegen des starken Wachstums – dabei in erster Linie an den aktuellen PC-Neukäufen orientieren. Fast alle Versuche von Mehrwertdiensten bzw. der Betreiber von Masseninformationssystemen, spezielle Terminals anzubieten, sind gescheitert.
Die einzige nennenswerte Ausnahme ist das oben erwähnte französische Teletel-System, für das die Telecom France seit Anfang der 80er Jahre millionenfach primitive Gratisterminals (Minitels) mit Zugriff zu einem umfassenden elektronischen Telefonbuch verteilt hat (anstelle der gedruckten Telefonbücher). Auch heute noch entfällt ein Drittel aller Transaktionen dieses weltweit größten Videotexsystems (6,5 Millionen Teilnehmer) auf diese eine Anwendung.
Trotz aller Fehlschläge kommt es auch heute noch zum Angebot von dienstspezifischen Terminals. So hat zum Beispiel 1994 die Citibank, New York, ein spezielles Bildschirmtelefon für das Homebanking (Philips Videophone) eingeführt. Die Bank Austria offeriert neuerdings ihren Kunden dasselbe Gerät.

Endgeräte für das Interaktive Fernsehen

Neben dem PC gilt der Fernseher als das Massenterminal einer interaktiven multimedialen Zukunft. Weltweit sind 300 bis 400 Millionen TV-Geräte im Einsatz. In 96,4 Prozent der deutschen Haushalte steht mindestens ein Farbfernseher, fast jeder zweite Haushalt verfügt sogar über zwei TV-Geräte. In Österreich gibt es eine ähnlich hohe Marktsättigung (siehe Abbildung 41).
Kein Wunder, daß sich viele Wirtschaftszweige von der bevorstehenden Digitalisierung und der interaktiven Betriebsart eine rosige Zukunft versprechen:

- Betreiber von Satelliten und Kabel-TV-Netzen rechnen mit der erhöhten Nachfrage nach Spartenkanälen aufgrund der Vervielfachung ihres Kanalangebots.

- Computerhersteller wollen Millionen von Set-top-Boxen und kostspielige Videoserver verkaufen.
- Konsumelektronikhersteller bieten mehrfunktionale Geräte an, die sowohl als Heimcomputer als auch zum herkömmlichen Fernsehen dienen. Ein massenhafter Ersatzbedarf wird erwartet, wenn es in einigen Jahren erschwingliche digitale TV-Geräte mit integriertem Decoder und flachem Großbildschirm für das interaktive, hochauflösende Farbfernsehen gibt.
- Anbieter von Inhalten (engl.: content provider), wie die Unterhaltungsindustrie, der Handel usw., erhoffen sich zusätzliche Umsatzimpulse. Die folgende Abbildung zeigt nochmals im Überblick die wichtigsten Anwendungsdienste:

❶ Programmführer / Verzeichnisse
❷ Laufende und frühere TV-Sendungen
❸ Filme und Musikvideos auf Abruf
❹ Spiele auf Abruf
❺ Lokale Neuigkeiten
❻ Einkaufen
❼ Finanzdienstleistungen
❽ Ausbildung
❾ Branchenadreßbuch / Anzeigen
❿ Videotelefonie / Internet-Zugang

Abb. 43: Interaktive TV-Dienste

3.3.2.2 Übertragungswege für Privathaushalte

Für die Anbieter eines Masseninformationssystems ist entscheidend, auf welchen Wegen und zu welchen Kosten sie den Großteil ihrer Zielgruppen erreichen können.
Die Abbildung 44 zeigt im Überblick nochmals die wichtigsten Alternativen, die im zweiten Kapitel erläutert worden sind. Einerseits ist ein direkter Zugang über Telefon- oder ISDN-Verbindungen möglich. Aus Kostengründen kommt dieser Weg in der Regel nur im lokalen Bereich bzw. dann in Frage, wenn der Anbieter im Kundenmarkt über ein eigenes flächendeckendes Netz mit lokalen Einwählknoten verfügt. Andererseits können die Dienste von Internet-Zugangsanbietern und Betreibern von interaktiven Videotex- und ITV-Systemen in Anspruch genommen werden.
In den USA verfügt nahezu jeder Haushalt über mindestens einen Telefonanschluß, mehr als 60 Prozent der Haushalte sind an Kabel-TV-Systeme angeschlossen. In den mitteleuropäischen Staaten beträgt die Telefonanschluß-

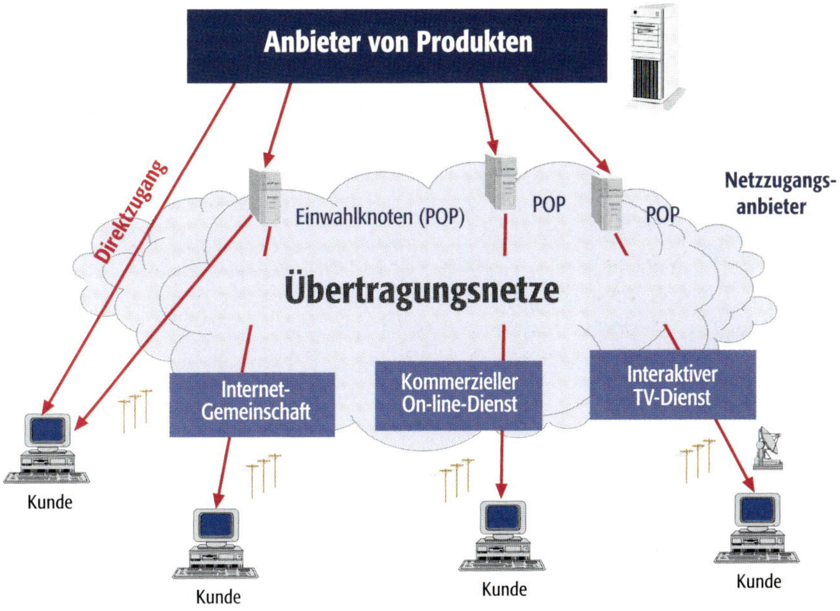

Abb. 44: Direkte und indirekte Wege zur Kommunikation mit Privatkunden

dichte der Haushalte um die 90 Prozent, die Lage bezüglich der TV-Verkabelung ist jedoch sehr unterschiedlich. Während etwa in den Beneluxstaaten und Monaco zwischen 95 und 100 Prozent aller TV-Haushalte verkabelt sind, betragen die Werte in Frankreich, Italien, Griechenland, Großbritannien, Portugal und Spanien zwischen 0 und 10 Prozent. Deutschland (41 Prozent), die Schweiz (77 Prozent) und Österreich (37 Prozent) liegen dazwischen.

	Telefongesellschaft/PTT	**Kabel-TV-Betreiber**	**Internet**
Reichweite	Global (Unternehmen und Haushalte)	Regional (hauptsächlich Haushalte)	Global (Unis, Unternehmen, Haushalte)
Netz-Management	Zentral koordiniert, hoheitlich kontrolliert	Zentral/privat koordiniert	Dezentral, unkoordiniert
Abrechnung von Diensten	Umfassend, umfangreiche Erfahrung	Beschränkt	Keine, Feldversuche
Übertragungskapazität	Meist Schmalband; analog und digital	Breitband (500 MHz); analog (künftig digital)	Heute meist Schmalband; künftig Breitband
Betriebssicherheit	Hoch	Uneinheitlich	Gering
Kapitalkraft	Hoch	Uneinheitlich z. T. überschuldet	Staatlich subventioniert

Abb. 45: Wesentliche Merkmale der Netzbetreiber

Weitere wichtige Kriterien sind die von den Netzbetreibern angebotenen Übertragungsgeschwindigkeiten, die Übertragungssicherheit sowie die Anschluß- und Nutzungsbedingungen – immer in Relation zu den Preisen.

Das Problem Bandbreite

Der Engpaß heißt Bandbreite. Die Übertragungsgeschwindigkeit limitiert die Informationstypen, die über ein On-line-Service kommuniziert werden können.
Über schmalbandige Kanäle, etwa Telefonleitungen, können im Dialogbetrieb nur numerische Daten, Texte, Ton in herkömmlicher Fernsprechqualität und – eingeschränkt – Standbilder übertragen werden. Die Sendung einer Farbgrafik im Format eines gängigen 14-Zoll-Bildschirms benötigt über eine 64-kbit/s-Verbindung (ISDN) schon länger als eine halbe Minute und ist damit in der Regel für den Benutzer unzumutbar.
Gerade die Betreiber moderner On-line-Dienste betonen immer wieder ihre Multimediafähigkeit. Das bedeutet nichts anderes als ein mit Text, Bild und Grafik ansprechend aufbereitetes Informationsangebot, das auch an die Übertragung höhere Anforderungen stellt. Es gilt: je schöner, bunter und bewegter, umso langsamer in der Leitung.
Hier muß bei der Systementwicklung ein möglichst optimaler Kompromiß zwischen ansprechender optischer/grafischer Gestaltung des Angebots und noch erträglichen Übertragungszeiten gefunden werden.
Man behilft sich bei schmalbandigen Systemen, indem man Fotos in der Größe reduziert oder durch Symbole ersetzt, die vom Benutzer bei Interesse durch Anklicken bis zur Bildschirmgröße gezoomt werden können. Ebenso können Video- und Audioclips gestartet werden. Allerdings sollte der Benutzer darauf aufmerksam gemacht werden, wie umfangreich die jeweilige Datei ist, damit er ermessen kann, wie lange das Herunterladen dauert. Ferner sollte bei multimedialen Anwendungen stets wahlweise der wesentlich schnellere Nur-Text-Modus offeriert werden.
Höher entwickelte Multimediasysteme erfordern grundsätzlich breitbandige Übertragungswege. Von Breitbandübertragung spricht man ab Transferraten von 2 Mbit/s aufwärts. Für eine nicht komprimierte Videosequenz in der

Dateityp	**Speicherbedarf**	**Schmalband 64 kbit/s**	**Breitband 10 Mbit/s**
Volle A4-Textseite	2 KB	0,3 s	≈ 0 s
Telefonieren – 1 s	8 KB	1 s	≈ 0 s
Grafik (640 x 480 Punkte, 256 Farben)	300 KB	37,5 s	0,2 s
Audio-CD – 1 s	150 KB	18,8 s	0,1 s
TV unkomprimiert – 1 s	12 MB	25,6 min	9,6 s
MPEG-2 für digitales Fernsehen – 1 s	0,5–2 MB	1,1–4,3 min	0,4–1,6 s

Abb. 46: Das Problem Bandbreite

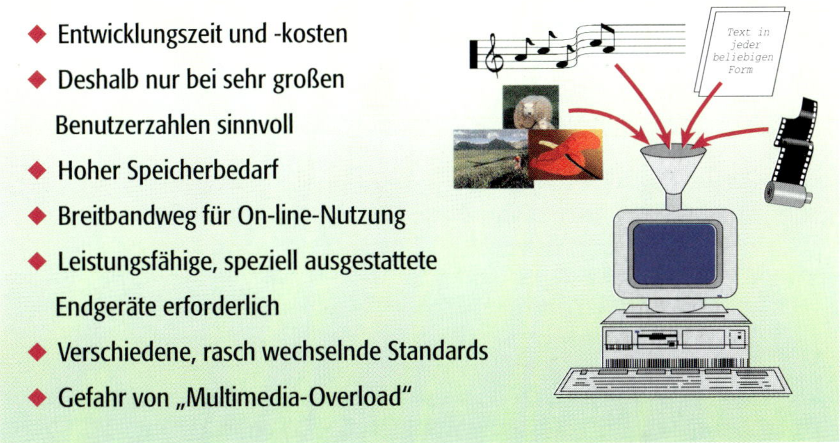

Abb. 47: Probleme mit Multimedia-Anwendungen

Qualität des heutigen Fernsehens (ganzer Bildschirm, 25 bis 30 Bilder pro Sekunde) sind zum Beispiel pro Sekunde etwa 12 MB Übertragungs- bzw. Speicherkapazität nötig. Zur Datenreduktion gibt es diverse Techniken. Für die Bewegtbilddarstellung auf PCs werden die Firmenstandards Quicktime (Apple) und Video for Windows (Microsoft) verwendet. Als herstellerneutrale Kompressionsstandards setzen sich zunehmend MPEG-1 und MPEG-2 durch.

MPEG-1 dient zur Codierung bewegter Bilder und von zugehörigem Ton für digitale Speichermedien mit bis zu 1,5 Mbit/s Transferrate. Damit werden vor allem Videodateien verschlüsselt, die auf CD-ROMs vertrieben werden. Die Qualität entspricht in etwa VHS (viel besser als Quicktime oder Video for Windows). MPEG-2 ist wesentlich komplexer als MPEG-1, aber zu diesem (abwärts) kompatibel. Es gilt als der Standard für das künftige digitale Fernsehen mit höheren Datentransferraten von 2 bis 16 Mbit/s. Für die traditionelle Fernsehqualität sind 4 bis 6 Mbit/s nötig. Ausgezeichnete TV-Darstellungsqualität wird bei 9 Mbit/s geboten. Damit können mit der Kapazität eines bisherigen analogen TV-Kanals zehn digitale Fernsehprogramme übertragen werden. MPEG-2 enthält auch ein Protokoll für die Steuerung digitaler Medien, zum Beispiel für die Kommunikation zwischen TV-Set-top-Box und Videoserver.

Kabel-TV-Netze sind weltweit meist mit Koaxialkabeln realisiert. Je nach Kabeltyp können beim digitalen Fernsehen 300 bis 800 Programme in ausgezeichneter Qualität übermittelt werden. Seit einigen Jahren werden auch zunehmend Glasfaserkabel verwendet, bei denen die Kapazität nochmals um mindestens eine Zehnerpotenz höher ist.

Da man nach wie vor über Telefon weitaus die meisten Haushalte erreicht und ein flächendeckender Glasfaserausbau noch Jahre, wenn nicht Jahrzehnte dauern wird, versucht man die vorhandenen Telefonleitungen für höhere Übertragungsraten und damit für Multimedia-Anwendungen nutzbar zu machen. Das ADSL-Verfahren (engl.: asymmetrical digital subscriber loop) ermöglicht schon heute in Feldversuchen über die gewöhnliche verdrillte Kupferleitung Übertragungsraten bis zwei Mbit/s in eine Richtung, 9.600 bit/s über einen bidirektionalen Steuerkanal und dazu den gewöhnlichen analogen Fernsprechdienst. Auf kurzen Strecken sind im Laborbetrieb sogar schon wesentlich höhere Übertragungsgeschwindigkeiten erreicht worden.

Telekom-Situation in Österreich

Die Österreichische Post (ÖPTV) hat ein bundesweites Fernmeldemonopol. Das heißt, nur sie allein darf an Festnetze gebundene Sprach- und Datenübertragung anbieten. Der erste private Mobiltelefondienst Ö Call (GSM) wurde erst kürzlich zugelassen.

Doch die bevorstehende EU-Liberalisierung, die spätestens ab 1998 sämtliche Telekommunikationsdienste für die private Konkurrenz öffnet, wirft bereits ihre Schatten voraus. Die Zeiten, da On-line-Dienst-Betreiber und -Kunden gleichermaßen den teuren Postweg nutzen mußten, sind vorbei. Seit 1996 ist in der EU auch Kabel-TV-Gesellschaften die Datenübertragung erlaubt. Damit eröffnen sich für die rund eine Million österreichischen Kabel-TV-Haushalte alternative Zugangs- und damit neue Nutzungsperspektiven in der Computerkommunikation. Nur die Sprachdienste bleiben bis 1998 exklusiv bei der ÖPTV.

Das Telefonnetz wird noch auf absehbare Zeit der wichtigste Zutrittskanal bei der Inanspruchnahme interaktiver Dienste sein. Zum einen, weil in nahezu jedem österreichischen Privathaushalt (87 Prozent lt. Fessel + GfK-Zensus) einer von insgesamt 3,73 Millionen Telefon-Hauptanschlüssen besteht, zum anderen, weil schnellere Postleitungen aus Kostengründen für Private nicht in Frage kommen, ausgenommen ISDN. Doch da mangelt es noch an der entsprechenden Flächendeckung.

Heute übliche Telefonverbindungsgeschwindigkeiten reichen von 9.600 bit/s und 14.400 bit/s bis zu 28.800 bit/s bei guter Leitungsqualität. Hochleistungsmodems, die Transferraten von 57.600 bit/s oder gar 115.200 bit/s erreichen, spielen bislang kaum eine Rolle. 14.400-bit/s-Modems sind ab 2.000 Schilling erhältlich, 28.800-bit/s-Modems kosten ca. 3.000 Schilling.

Die hohen Telekom-Gebühren stellen in Österreich sicherlich derzeit die größte Hürde für eine intensivere Nutzung der Telekommunikation dar. Während in den USA Ortsgespräche oft in den Grundgebühren enthalten sind oder – unabhängig von der Verbindungsdauer – nur einige Cents kosten, liegt in Österreich der günstigste Monatstarif für eine Stunde täglich bei 1.200 Schilling. Kaum geht es über die Ortsgrenze hinaus, nehmen die Tarife überhaupt bedrohliche Ausmaße an.

Passionierten On-line-Benutzern, die über 25 km vom nächsten Einwählknoten entfernt wohnen (Zone I) und täglich vier Stunden via Telefon ins Internet surfen, erhalten von der Post am Monatsende eine saftige Rechnung von zumindest 16.800 Schilling.

In Anbetracht der kommenden Deregulierung senkte die Post Anfang 1996 die Mietleitungspreise um 30 bis 50 Prozent. Für die Telefonkunden soll es künftig mehrere, billigere Tarifmodelle geben. Die dadurch erhoffte stärkere Nutzung soll den Gebührenentgang pro Einzelverbindung überkompensie-

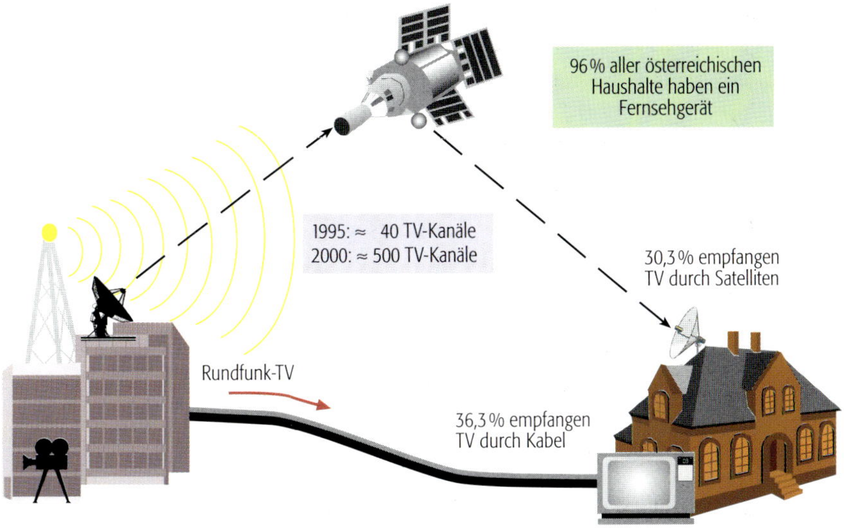

Abb. 48: TV-Bedingungslage in Österreich

ren – so wie in angloamerikanischen Ländern, wo die Teilnehmer-Anschlußleitungen viermal soviel verwendet werden wie hierzulande. Warum es erst jetzt billiger geht, erklärt Post-Generaldirektor Sindelka so: „Früher gab es keinen Druck, etwas zu ändern, jetzt haben wir die Pflicht, uns um die Kunden zu kümmern" („Der Standard", 29.12.1995, S. 9).

Neue Mitbewerber sind neben den Kabel-TV-Gesellschaften vor allem die Energieversorgungsunternehmen und die Österreichischen Bundesbahnen, die ihre vorhandenen, bisher nur für den Eigenbedarf genutzten Netze anbieten werden. Dazu kommen mit hoher Wahrscheinlichkeit noch ausländische Telekom-Gesellschaften und eventuell auch der Österreichische Rundfunk (ORF), der im Gegensatz zu den meisten anderen TV-Sendeanstalten über ein eigenes, flächendeckendes Funknetz verfügt.

Dabei dürfte es zur Zusammenarbeit zwischen den Betreibern von Nah- und Fernverkehrsnetzen sowie zu strategischen Allianzen zwischen Netzbetreibern sowie Anbietern von Mehrwertdiensten und Masseninformationssystemen kommen.

Auch die Post macht dabei mit. Seit Frühjahr 1995 bietet die ÖPTV mit der Radio Austria AG (RAC) in enger Kooperation mit Spardat, einem EDV-Dienstleistungsunternehmen der Sparkassen (Bank Austria), einen Internet-Zugang an. Weiters wurde mit dem ebenfalls staatlichen Österreichischen Rundfunk eine weitreichende Kooperation im Multimediabereich vereinbart. Die breitbandige Zwei-Weg-Kommunikation und damit fortgeschrittene Multimedia-Anwendungen werden in Österreich zuerst für Privathaushalte mit Kabel-TV-Anschluß möglich sein. Die Rechtsgrundlage dafür ist seit Anfang 1996 in Kraft. Und technisch ist die Umstellung der vorhandenen Kabel-TV-Infrastruktur auf interaktiven Betrieb (im wesentlichen durch Austausch der Verstärker) auch kein Problem mehr. Wegen der noch offenen

Rechts- und Finanzierungsfragen sowie der fraglichen Akzeptanz neuer interaktiver Dienste haben die heimischen Betreiber bisher mit der Umstellung gezögert. Mitte 1995 hat jedoch das größte österreichische Kabel-TV-Unternehmen, die Telekabel Wien, bekanntgegeben, daß sie bis Ende 1997 „ein vollständig interaktives Netz zu jedem einzelnen Kabel-Kunden haben werde". Telekabel-Geschäftsführer Cap schätzt, daß dies für die rund 380.000 Anschlüsse etwa 600 Millionen Schilling kosten wird.
Ein großes Problem ist dabei noch die stark zersplitterte österreichische TV-Netz-Infrastruktur. Es gibt bundesweit 271 voneinander unabhängige Kabelbetreiber, die für ein flächendeckendes Informationsangebot aus einer Quelle nicht nur rechtlich, sondern technisch miteinander verbunden werden müßten.

Telekom-Situation in Deutschland

In Deutschland gab es bis 1992 ebenfalls ein fast vollständiges Telekommunikationsmonopol der Deutschen Bundespost/Telekom. Seitdem wurde der Sektor jedoch zunehmend liberalisiert. Das vorerst weiterbestehende Leitungsmonopol der Telekom wurde vom Bundesministerium für Post und Telekommunikation (BMPT) durch diverse Tarifvorgaben und die sogenannten Corporate-Network-Richtlinien vorzeitig aufgeweicht. Danach dürfen seit Anfang 1993 private Betreiber über bei der Telekom zu Pauschalpreisen gemietete Leitungen für Firmenkunden Daten übertragen. Ab Mitte 1996 dürfen sie hierzu auch ihre eigenen Netze verwenden. Eineinhalb Jahre später fällt dann mit dem Sprachdienstmonopol bei Festnetzen das letzte Bollwerk, das Privatfirmen bisher noch die Vermittlung von Telefonverbindun-

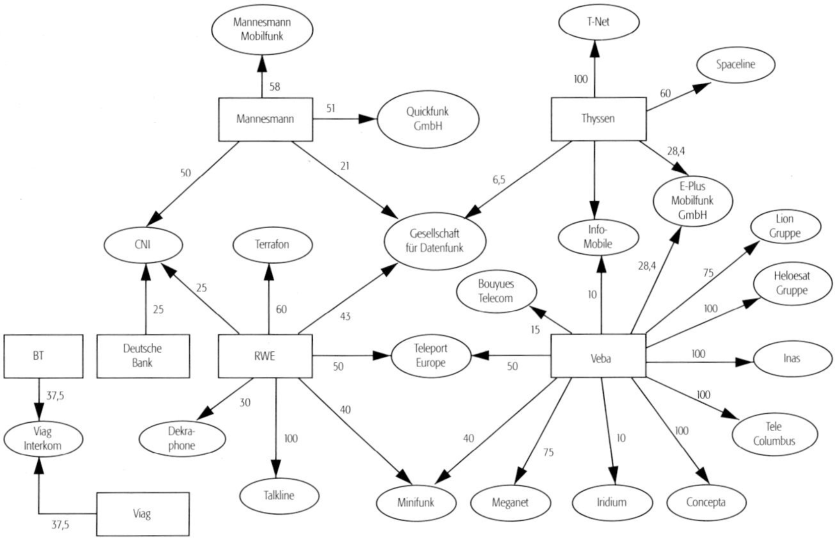

Abb. 49: Mitbewerber der Deutschen Telekom
(Quelle: Bayerische Vereinsbank Research/Computerwoche)

gen bei Privatkunden verbietet. Dann wird Deutschland der freieste Telekommunikationsmarkt der Welt sein.
Die größten heimischen Konkurrenten der Anfang 1995 in eine Aktiengesellschaft umgewandelten Deutschen Telekom kommen aus der Stahlbranche – Mannesmann und Thyssen – und aus dem Energiebereich – Veba, RWE und Viag. Ihre Telekom-Töchter stellen teils eigene Netzinfrastrukturen zur Verfügung – zum Beispiel die Vebacom das Meganet –, teils wollen sie sich ausschließlich auf das Angebot neuer Mehrwertdienste konzentrieren, wie etwa Thyssen Telecom. Durch Zusammenarbeit mit der Deutschen Bundesbahn kann beispielsweise Veba ein Kommunikationsnetz von 44.000 km Länge anbieten. RWE und Viag verfügen jeweils über ein Glasfasernetz von über 4.000 km Länge.
Auch die ausländischen Mitbewerber formieren sich bereits. So verlegen zum Beispiel derzeit in Frankfurt/Main die US-Firmen MSF und Colt hochwertige Glasfasernetze bis hin zum Arbeitsplatz, die staatliche Telekom kontert mit einem eigenen Citynetz. Im Kampf um die Großkunden der Bankenmetropole sind die Preise weitgehend Verhandlungssache. Lizenzen für ähnliche Stadtnetze hat Colt schon für München, Hamburg, Berlin und Köln beim Postminister beantragt.
Zwischen den großen nationalen und internationalen Telekom-Anbietern gibt es eine Vielzahl von Kooperationen. Daneben treten Hunderte von kleinen Firmen als Wiederverkäufer von Übertragungsleistungen und als Mehrwertdienstleister auf.
Man schätzt, daß im Jahr 2000 private Mitbewerber der Deutschen Telekom einen gemeinsamen Marktanteil von maximal 30 Prozent an dem dann über 100 Milliarden Mark großen deutschen Telekommunikationsmarkt erreichen werden.
Die Deutsche Telekom bietet das für europäische Post- und Telegraphenverwaltungen (abgekürzt: PTT) typische umfassende Sortiment von Netzen und Diensten an. Über 80 Prozent des Umsatzes werden mit dem Telefondienst getätigt (1994: 50,2 Milliarden Mark bei 38 Millionen Anschlüssen). Auf Text- und Datendienste entfallen hingegen erst 5,4 Prozent der Einnahmen (1994: 3,3 Milliarden Mark). Die wachstumsstärksten Geschäftsbereiche sind:

- ISDN (1994: + 79 Prozent Umsatzwachstum),
- Anwenderdatennetze (Corporate Networks) (+ 43 Prozent),
- Btx/Datex-J (+ 24 Prozent),
- Informations- und Vermittlungsdienste (+ 23 Prozent),
- Bildkommunikation (+ 22 Prozent),
- Standard-Festverbindungen (+ 21 Prozent) und
- Kabelanschlüsse (+ 17 Prozent).

Für Privathaushalte sind der Telefondienst und das ISDN am wichtigsten, für die Anfang 1996 eine neue, wesentlich differenziertere Tarifstruktur in Kraft getreten ist.

Tarifzonen	0,12 Mark pro Zeiteinheit in Sekunden			
	Spitzenlast-tarif Mo–Fr von 9–12 Uhr	Standard-tarif Mo–Fr von 12–18 Uhr	Freizeittarif Mo–Fr von 5–9 Uhr und 18–21 Uhr, Sa/So/Feiertage von 5–21 Uhr	Abendtarif Mo–Fr von 21–5 Uhr, Sa/So/Feier-tage von 21–5 Uhr
Orts- und Nahverbindungen	90 s	90 s	150 s	240 s
Regionalverbindung (bis 50 km)	26 s	30 s	45 s	60 s
Interregionalverbindung (50–200 km)	12/13 s	13,5/14 s	21,5/22,5 s	30/36 s
Distanzverbindung (ab 200 km)	11,5/12 s	12,5/13,5 s	20/21,5 s	25/30 s

Abb. 50: Die neue Tarifstruktur der Deutschen Telekom für den Telefondienst und das ISDN

Vor allem für die Teilnahme an Masseninformationssystemen über örtliche und regionale Einwählpunkte kann es dadurch bei längerer Verbindungsdauer zu beträchtlichen Preissteigerungen kommen.

Beispielsweise kostet seit Jahresbeginn eine tägliche Stunde Internet-Surfen über eine Orts- und Nahverbindung pro Monat (30 Tage) zum nächtlichen „Mondscheintarif" 54 Mark, zum abendlichen Freizeittarif 86,40 Mark und zum Standardtarif sogar 127,68 Mark. Für Regionalverbindungen muß der Teilnehmer je nach Nutzungszeit sogar zwischen 216 und 439 Mark pro Monat bezahlen.

Großkunden können mengenabhängige Rabatte erhalten. Von den 1995 vollzogenen Preissenkungen für Datendirektverbindungen und Standard-Festverbindungen (Mietleitungen) sowie der neuen Tarifstruktur für den Hochgeschwindigkeitsdienst Datex-M profitieren ebenfalls nur Unternehmen, Behörden und sonstige große Organisationen. Datex-M bietet derzeit Übertragungsgeschwindigkeiten von 64 kbit/s, 128 kbit/s, 2 Mbit/s und 34 Mbit/s und ist damit vorwiegend für die LAN-zu-LAN-Kopplung und Multimedia-Anwendungen konzipiert. Anbietern von Masseninformationssystemen und Internet-Zugangsanbietern, die höhere Bandbreiten benötigen, kommt die durch mehr Wettbewerb erzwungene Reduktion der Kommunikationskosten natürlich ebenfalls zugute.

Für Privathaushalte heißt es dagegen auf 1998 warten, bis die derzeitige Monopolpreispolitik der Deutschen Telekom auch im letzten noch geschützten Bereich des Telefon-Festnetzes unter Konkurrenzdruck gerät.

Als Übertragungswege für multimediale Masseninformationssysteme kommen in Deutschland – wie anderswo – in erster Linie die vorhandenen Kabel-TV-Systeme in Betracht. Im Gegensatz zu den meisten anderen Ländern hat auch diesbezüglich die Deutsche Telekom ein Quasimonopol. Mit 14,5 Millionen angeschlossenen Haushalten betreibt sie Europas größtes Kabelnetz.

3.3.3 Firmenspezifika

Nicht jedes Unternehmen kann von Masseninformationssystemen profitieren. Firmenspezifische Bestimmungsfaktoren der Grundsatzentscheidung, ob und welche On-line-Dienste für kommerzielle Zwecke zum Einsatz kommen sollen, resultieren aus der Unternehmensstruktur, der Unternehmensführung und der informationstechnischen Infrastruktur. Dabei handelt es sich im wesentlichen um Kriterien, die ganz generell die Erfolgsträchtigkeit von Informationssystem-Entwicklungen beeinflussen – unabhängig davon, ob es sich um innerbetriebliche oder extern orientierte Systeme handelt.

3.3.3.1 Unternehmensstruktur

Strukturelle Merkmale einer Unternehmung sind die Betriebsgröße, Finanzkraft, Beschäftigung und Marktanteile sowie die voraussichtliche Entwicklung dieser Daten. Sie bestimmen vor allem den Aktionsraum bei kapitalintensiven, großen Entwicklungen, bei denen unter Umständen eine längere „Durststrecke" zu überwinden ist. Die Gestaltung von eigenen Verkaufsprogrammen oder gar die Einrichtung eigener Verkaufskanäle für das Interaktive Fernsehen fallen etwa in diese Kategorie. Dementsprechend experimentieren derzeit weltweit in erster Linie kapitalkräftige Medienkonzerne, Großversandhäuser und große Filialbetriebe des Einzelhandels mit interaktivem TV.

Hingegen ist die Nutzung von Audiotex-, Videotex- und Internet-Diensten sowie von Kiosksystemen vergleichsweise kostengünstig. Hier können auch Klein- und Mittelbetriebe einsteigen. Allerdings erfordern umfassende, gut aufbereitete und gewartete Angebote auch im Internet und in großen universellen Videotexdiensten einen beträchtlichen Aufwand.

Bei einer von uns im Wintersemester 1995/96 durchgeführten schriftlichen Befragung österreichischer Unternehmen zum Thema Internet[2]) wurden die Gesamtkosten für die Erstellung von zehn WWW-Seiten (inklusive der Arbeitszeit der mitwirkenden Fachabteilungsmitarbeiter) von 46 Prozent der Internet-Unerfahrenen (n = 189) auf unter 10.000 Schilling geschätzt. 32 Prozent gaben bis 20.000 Schilling an, 15 Prozent bis 50.000 Schilling, und sieben Prozent setzten einen noch höheren Wert an.

Von den im WWW vertretenen Unternehmen (n = 29) gab ein knappes Drittel an, daß die Kosten sämtlicher derzeit angebotener Internet-Seiten unter

[2]) In die schriftliche Fragebogenerhebung wurden Banken, Versicherungen, Reisebüros, Computer- und Büromaschineneinzelhandelsbetriebe in Österreich einbezogen. Die Auswahlgesamtheit betrug 4.589 Unternehmen; von diesen wurden 556 kontaktiert. Die ausgewertete Stichprobe umfaßt 218 Unternehmen. Bei den im WWW präsenten Unternehmen der genannten Branchen wurde eine Vollerhebung durchgeführt. Die nicht im WWW vertretenen Unternehmen wurden per Zufallsauswahl auf Basis von Listen ausgewählt.

10.000 Schilling liegen. Bei 38 Prozent lagen die Gesamtkosten hingegen über 50.000 Schilling.
Die laufenden Kosten pro Monat für Betrieb und Wartung von zehn WWW-Seiten wurden von 82 Prozent der Internet-Unerfahrenen auf höchstens 5.000 Schilling geschätzt. Zehn Prozent gehen von 5.000 bis 10.000 Schilling aus, bei neun Prozent liegt der Schätzwert darüber. Diese Schätzwerte entsprechen ziemlich genau den tatsächlichen Mitteln, die im WWW präsente Unternehmen für ihr gesamtes Internet-Angebot ausgeben.
Fast ein Viertel aller befragten Unternehmen nennt den hohen Wartungsaufwand der Informationsangebote als Hürde, die ihren Internet-Aktivitäten entgegensteht. Die hohen Postgebühren für den Netzzugang werden ebenso oft als Hindernis genannt. Dabei gibt es nur geringe Unterschiede zwischen interneterfahrenen und -unerfahrenen Unternehmen.
Von den WWW-präsenten Unternehmen aktualisiert nur etwa ein Drittel seine Angebote täglich oder wöchentlich. Ein weiteres Drittel wartet monatlich und das dritte Drittel noch seltener. Die Wartung wird meist von den Fachabteilungen übernommen. Nur in fünf Prozent der Fälle ist hierfür die EDV-Abteilung zuständig.
Weitere strukturelle Kriterien sind die Personalkosten (insbesondere im Branchenvergleich) und die Aufbauorganisation (insbesondere der Dezentralisierungsgrad und die Standorte der Verkaufsstellen). Masseninformationssysteme bieten dort die größten Rationalisierungspotentiale, wo Personaleinsparungen im Verkauf und bei der Kundenbetreuung angestrebt werden. Beispielsweise bei Banken, die weltweit ihre kostspieligen Filialnetze ausdünnen wollen. Eine Routinetransaktion via Homebanking kostet nur etwa ein Fünftel des bedienten Betriebs am Schalter. Ebenso erlauben Masseninformationssysteme die Erschließung neuer Kundengruppen in Gebieten, die bisher nicht durch Verkaufsstätten oder Außenverkäufer vor Ort betreut werden konnten.
Ob es möglich ist und sich lohnt, Vertriebsprozesse zu automatisieren, hängt maßgeblich von der Art, dem Umfang und der Programmierbarkeit der kundenbezogenen Aufgaben ab. Ein hoher Aufwand für die Routineadministration von Massenvorgängen, geringe persönliche Beratungsnotwendigkeiten und Zeitdruck bei der Verkaufsabwicklung sind gute Ausgangsvoraussetzungen. Weitreichende Datenschutz- und Sicherheitserfordernisse im Kundenverkehr sprechen derzeit noch oft gegen die vorhandenen Telekommunikationssysteme.
Auf den Fit kommt es also an: Die in Frage kommenden On-line-Dienste müssen den strukturellen Gegebenheiten und spezifischen Anforderungen des jeweiligen Unternehmens möglichst weitgehend entsprechen.
Bei der von uns im Wintersemester 1995/96 durchgeführten schriftlichen Befragung österreichischer Unternehmen zum Thema Internet wurden als größte Barrieren einer kommerziellen Nutzung des Internet genannt:

Barrieren	Nicht im Internet präsente Unternehmen (n = 189)	Im Internet präsente Unternehmen (n = 29)	Gesamtheit der antwortenden Unternehmen (n = 218)
Fehlendes Know-how	47%	17%	43%
Fehlende Daten über Benutzer	31%	34%	32%
Mangelnde Sicherheit	31%	38%	32%
Hohe Postgebühren für den Netzzugang	32%	28%	32%
Rechtsunsicherheit	24%	34%	25%
Keine zentrale Koordination und Strukturierung der Informationsangebote	23%	17%	22%
Hoher Wartungsaufwand der Informationsangebote	22%	24%	22%
Ungewißheit über zukünftige Preisgestaltung der Basisdienste	19%	24%	19%
Fehlende Standards auf Anwendungsebene	17%	17%	17%
Schmalbandige Teilnehmeranschlüsse erlauben keine fortschrittlichen Multimedia-Anwendungen	13%	28%	15%
Keine Verkaufsabrechnungsfunktionen	12%	31%	14%

Abb. 51: Barrieren einer Nutzung des Internet aus der Sicht österreichischer Unternehmen

Hingegen werden die teilweise unzureichende Stabilität des Netzes und die gelegentlich wirtschaftsfeindliche Kultur im Internet kaum als Hindernis gesehen (nur 7,1 und 5,7 Prozent der Nennungen).
Für nicht im Internet präsente Unternehmen ist mangelndes Know-how das größte Problem. WWW-erfahrene Unternehmen leiden am meisten darunter, daß es bei der Sicherheit hapert und daß aussagekräftige Benutzerstatistiken fehlen. Im krassen Gegensatz zu den nicht im Internet präsenten Unternehmen beklagen sie auch, daß es keine Verkaufsabrechnungsfunktionen gibt und daß die schmalbandigen Teilnehmeranschlüsse keine fortschrittlichen Multimedia-Anwendungen erlauben.

3.3.3.2 Unternehmensführung

Der Unternehmensführung kommt bei der Frage „Masseninformationssystem – ja oder nein?“ die größte Bedeutung zu.
Bei unserer oben zitierten Erhebung stammte in fast der Hälfte der Fälle die Idee, das Unternehmen im Internet zu präsentieren, von der Geschäftsführung. Die Entscheidung über den tatsächlichen Einstieg in den Cyber-

space obliegt ihr fast immer. Nur bei einem guten Viertel der WWW-präsenten Unternehmen kam der Impuls aus dem Bereich Marketing/Werbung/PR. Die EDV-Abteilung ergriff sogar nur in acht Prozent der Fälle die Initiative.
Die Rückendeckung der Unternehmensführung ist eine in der Literatur immer wieder stark betonte Voraussetzung für den Erfolg innovativer Informationssystem-Entwicklungen.
Maßgeblich sind die Ziele und Erwartungen, die die Unternehmensführung mit Masseninformationssystemen verbindet. Im Abschnitt 3.1.1 sind wir bereits in allgemeiner Form auf diese Thematik eingegangen. Die nachfolgende Abbildung zeigt, welche Vorteile die befragten österreichischen Unternehmen in einer Präsenz im Internet sehen.

Vorteile	Nicht im Internet präsente Unternehmen (n = 189)	Im Internet präsente Unternehmen (n = 29)	Gesamtheit der antwortenden Unternehmen (n = 218)
Angebot rund um die Uhr	58%	48%	57%
Verbesserung der Kommunikation mit den Kunden	52%	69%	54%
Public-Relations-Nutzeffekte	49%	76%	53%
Zusätzliche Dienstleistungen	42%	52%	43%
Höhere Gewinne durch zusätzliche Werbekanäle	24%	28%	24%
Höhere Gewinne durch zusätzliche Vertriebskanäle	18%	24%	19%
Zeit- und Kosteneinsparungen in der Auftragsabwicklung	19%	17%	19%
Schnellere Anpassung der Produkte an Kundenwünsche	12%	21%	13%
Sonstiges	12%	24%	13%

Abb. 52: Vorteile einer Nutzung des Internet aus der Sicht österreichischer Unternehmen

Die Vorteile scheinen überzeugend. Jedenfalls planen etwa 20 Prozent aller befragten österreichischen Unternehmen der genannten Branchen (Banken, Versicherungen, Reisebüros, Computer- und Büromaschineneinzelhandelsbetriebe) innerhalb der nächsten sechs Monate den Einstieg ins Internet oder einen erheblichen Ausbau ihres schon vorhandenen WWW-Angebots. Noch einmal so viele haben das innerhalb eines Jahres vor.
Fast drei Viertel erhoffen sich dadurch mehr Umsatz – obwohl es mit den Internet-Erlösen der schon präsenten Unternehmen nicht allzugut ausschaut. Weit über die Hälfte der WWW-Anbieter macht bisher keinerlei Geschäfte. Nur jedes zehnte Unternehmen meldet Umsatzzuwächse zwischen einem und fünf Prozent.

Vor allem dort, wo es langjährige, gute Erfahrungen mit dem Direkt Marketing gibt, besteht meist auch eine höhere Bereitschaft, sich mit dem Potential von On-line-Diensten auseinanderzusetzen. Ob ein Unternehmen dann risikoreiche Schrittmacherdienste bei der Erprobung neuer Informationstechnologien leisten und damit einen eventuellen Wettbewerbsvorsprung erreichen möchte oder ob eher eine zuwartende, beobachtende Haltung eingenommen wird, hängt maßgeblich vom Leitbild, der Organisationskultur, der Unternehmensstrategie und – vor allem – der Persönlichkeit der Führungskräfte ab.

3.3.3.3 IS-Bereich

Auch wenn aus dem EDV-Bereich nur selten die Initiative zum Aufbau von Masseninformationssystemen kommt, so sind die IS-Spezialisten und die vorhandene informationstechnische Infrastruktur doch Basis für deren Erfolg. Gute Voraussetzungen sind außerdem langjährige Erfahrungen mit Marketinginformationssystemen, im speziellen mit Kundenanwendungen auf Netzwerkbasis, und eine entsprechende Ressourcenausstattung.
Vor allem aber kommt es auf ein gutes Verhältnis zwischen dem IS- und dem Marketing-Bereich an. Sonst entstehen Masseninformationssysteme dezentral – und oft weiß der IS-Leiter nicht einmal davon.
Ein attraktiv gestaltetes Informationsangebot, das ausschließlich Imagezwekken dient und keine Bestellmöglichkeiten bietet, kann auch von Vertriebsabteilungen bzw. beauftragten Agenturen relativ einfach und rasch entwickelt werden. Bei den von uns befragten WWW-präsenten österreichischen Unternehmen war dies ganz überwiegend der Fall. Nur in jedem zehnten Unternehmen wurde die WWW-Site von der eigenen EDV-Abteilung erstellt.
Kritisch wird das erst beim Betrieb, wenn sich technische Fragen häufen und das isolierte System die laufende Aktualisierung von Daten bedingt, die vielfach bereits in zentralen Datenbanken gehalten werden. Aufwendige Mehrfacherfassung, Redundanz und Inkonsistenz der Daten sind die Folge. Wenn über ein solches System auch geschäftliche Transaktionen abgewickelt werden sollen, wird die Einbettung in die innerbetrieblichen Administrations- und Dispositionssysteme unumgänglich. Damit tauchen komplexe Probleme der Daten- und Anwendungsintegration und Sicherheitserfordernisse auf, die nur von qualifizierten IS-Spezialisten gelöst werden können. Diese haben dann Fehler auszugleichen, die durch einen laienhaften Systementwurf entstanden sind und den Implementierungs-, Betriebs- und Wartungsaufwand leicht vervielfachen können. Insofern kann nur empfohlen werden, Masseninformationssysteme von vornherein systematisch und partnerschaftlich zu entwickeln.
Ist das nicht der Fall, kann davon ausgegangen werden, daß das System eher früher als später innerbetrieblich boykottiert wird. Die Folgen: schlechte oder keine Wartung, damit schlechtes Service und nach außen hin zumindest ein Image-, wahrscheinlich aber auch ein Geschäftsverlust.
Zuerst sollte man die betrieblichen Barrieren beseitigen. Ziele und Inhalte des Systems sollten also mit allen betroffenen Mitarbeitern gemeinsam erar-

beitet werden. Dabei dürfen aber die Erwartungen an das System nicht zu hoch gesteckt werden. Denn der Großteil der heutigen Masseninformationssysteme und der dahin gehenden Vorhaben hat für den Geschäftserfolg der Betreiber kurzfristig noch periphere Bedeutung.

4 Marketing via Internet

Jung, dynamisch, gut ausgebildet und dazu noch mit relativ hohem Einkommen ausgestattet – so lautet die gängige Beschreibung der Internet-Benutzer. Eine geradezu ideale Nutzerstruktur, wie sie kaum ein anderes Medium bieten kann. Berücksichtigt man noch die internationale Reichweite, erscheint das weltweite Netzwerk als das Vertriebs-, Absatz- und Werbemedium der Zukunft. Das kommerzielle Interesse der Wirtschaft ist entsprechend groß.

Mit der fortschreitenden Kommerzialisierung hat sich das einstmals von Universitäten dominierte Internet stark verändert. Heute kann man via Internet nicht nur Wissen austauschen, sondern auch Produkte bestellen, Videoclips abrufen oder die neuesten Computerspiele ausprobieren. Dennoch gelten in dem Rechnernetz ohne zentrale Koordination eigene Regeln, die die Nutzer respektieren sollten.

Längst nicht alles, was technisch machbar ist, wird von der Internet-Gemeinschaft auch toleriert. Die sogenannte „Netiquette", eine Art Ehrenkodex der Internet-Benutzer, regelt das Wohlverhalten im Netz. Wer sich danebenbenimmt, hat mit heftigen Reaktionen anderer Teilnehmer zu rechnen. Besonders aufsehenerregend war diesbezüglich der Fall Canter & Siegel

(„Green Card Lottery“), der im Frühjahr 1994 die Emotionen der Internet-Gemeinschaft hochgehen ließ. Das US-amerikanische Anwaltsehepaar Laurence Canter und Martha Siegel entdeckte die News-Foren des Internet als ideales Medium für Direct Mailing. Per Mausklick lassen sich nämlich Nachrichten ganz einfach und in Sekundenschnelle gleichzeitig an Tausende Adressaten schicken.

Die Anwälte zögerten nicht und „posteten“ ihre Werbebotschaft in sämtlichen Diskussionslisten des Internet, ohne Rücksicht darauf, daß diese Foren ausschließlich dem fach- und titelspezifischen Meinungsaustausch vorbehalten sind.

Die Aktion ging gegen alle Prinzipien der Internet-Kultur. Empörte Netz-Jünger schlugen umgehend mit derselben Waffe zurück und legten mit Zigtausenden Protest-Mails den elektronischen (E-Mail-)Briefkasten der Anwälte wochenlang lahm. Daraufhin wurde dem Anwaltsehepaar auch der Internet-Anschluß vom Provider entzogen. Einige Internet-Teilnehmer entwickelten sogar Programme, die sämtliche Botschaften der beiden Anwälte automatisch aus den Diskussionslisten entfernen.

Für Canter & Siegel jedoch hat die Internet-Marketingaktion ihre Wirkung keineswegs verfehlt. Die beiden sind damit weltweit berüchtigt, um nicht zu sagen berühmt geworden. „Business Week“ war der Vorfall sogar eine Titelstory wert. Das Anwaltspaar machte aus dem Vorfall jedenfalls das Geschäft seines Lebens. Sie sind heute Internet-Consultants und betreiben eine Internet-„Werbe“-Agentur namens Cybersell. Ihr Buch „How to Make a Fortune on the Information Superhighway“ wurde zum Bestseller und liegt mittlerweile sogar auf deutsch vor. Canter & Siegel haben damit bewiesen, was in ihrem Buch steht: The Internet – „a new road to wealth“. Skeptikern zufolge stammen die Gewinne jedoch weniger aus Geschäften über das Internet als aus dem Verkauf ihres Buches.

4.1 Besonderheiten der Kommunikation via Internet

Das zentrale Zauberwort heißt „interaktiv“.

Das Internet ermöglicht – anders als herkömmliche Medien – einen direkten Kundendialog. Während man also bei Angeboten in Radio, TV oder den Printmedien zumindest zum Telefonhörer greifen muß, um eine Bestellung zu tätigen, geht das im Internet on-line, das heißt direkt über den PC und rund um die Uhr. Wer darüber hinaus mehr Informationen zu einem dargestellten Produkt haben möchte, kann über E-Mail jederzeit eine individuelle Anfrage an den Anbieter richten. Und im Idealfall können sich Interessenten im direkten On-line-Dialog mit dem Anbietersystem ihr individuelles Angebot selbst zusammenstellen.

Damit sind selbstverständlich auch bei der Entwicklung von Internet-Angeboten neue und kreative Ansätze notwendig, welche die Dialogfähigkeit dieses Mediums entsprechend einsetzen und nutzen. Eine direkte Übernahme

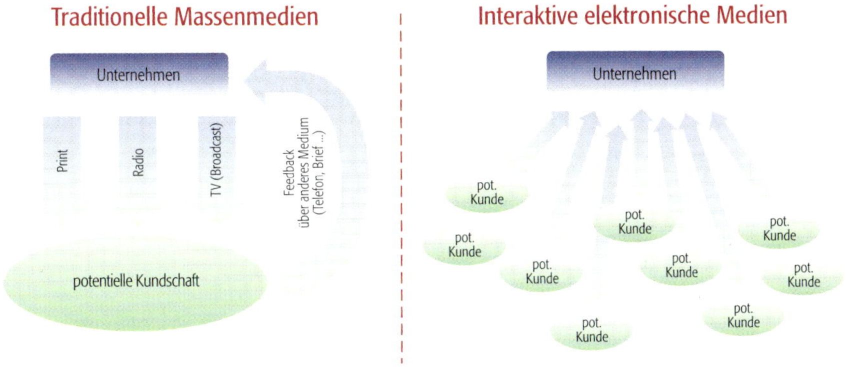

Abb. 53: Kommunikationsstruktur bei traditionellen Massenmedien und interaktiven elektronischen Medien

von vorhandenen Lösungen oder Inhalten aus anderen Medien sieht in den meisten Fällen im wahrsten Sinne des Wortes „alt“ aus.
Ein weiterer wesentlicher Unterschied zu den klassischen „Broadcast“-Medien Radio und Fernsehen liegt in der Reichweite. Es gibt zwar ein Potential von zig Millionen Teilnehmern am Internet, man kann sie aber nicht als Gesamtheit direkt ansprechen. Dies liegt vor allem daran, daß es kein zentrales Verzeichnis aller E-Mail-Adressen gibt. Ebensowenig besteht die Möglichkeit, nach bestimmten Merkmalen selektierte Benutzer – etwa nach geographischen Kriterien – zu kontaktieren. Die oft geäußerte Meinung, via Internet auf Knopfdruck Millionen Menschen direkt erreichen zu können, erweist sich also als pure Phantasie. Ausgenommen man arbeitet mit denselben „Guerilla-Marketing“-Methoden wie Canter & Siegel und mißbraucht Newsgroups für Massensendungen.
Wie kann man aber dennoch seine Zielgruppe am Internet erreichen? Im Idealfall ist es der Kunde, von dem die Initiative zur Kontaktaufnahme ausgeht. Es genügt hier nicht, den PC einzuschalten, um mit Informationen berieselt zu werden. Die Internet-User, sprich: Kunden, müssen von sich aus aktiv werden und aus dem immensen, weltweiten Angebot ihre Selektion treffen. Das Internet ähnelt dabei einem Fernseher mit 100.000, wenn nicht gar Millionen verschiedenen Sendern (Server), für die es kein zentrales, umfassendes TV-Programm gibt. Ohne Kenntnis der genauen Adresse kann man also nie mit Sicherheit feststellen, ob und wo die gewünschte Information zu finden ist. Einzelne „Suchdienste“ bieten zwar eine gewisse Hilfestellung, aber in der Regel weiß man nie, was einen erwartet. Nicht umsonst heißt die abenteuerliche, nicht selten auch mühsame Navigation durch das weltweite, digitale Angebot „Internet-Surfen“. Es ist wie eine Berg-und-Tal-Fahrt durch das Informationsgebirge von der man nie so recht weiß, wo sie enden wird.
Für potentielle Internet-Anbieter ist das ein großes Problem. Sie müssen schließlich die Kunden dazu animieren, gerade ihr Angebot abzurufen. Erfolg und Wirkung sind hier in erster Linie von der Initiative und Bereitschaft der Nutzer abhängig, mit dem Anbieter in Kontakt zu treten. Das Entschei-

dende bei allen Spielarten des On-line-Marketing ist es also, diese Bereitschaft zum Dialog zu wecken. Erst dann kann mit jedem einzelnen parallel ein individueller Dialog von unterschiedlicher Intensität entstehen. Ein Schema, das dem herkömmlichen Direct Marketing entspricht, aber erst durch die Möglichkeiten der neuen Telekommunikationsdienste breit zum Einsatz kommen wird.
Welche Erwartungen werden nun diesem neuen Medium „Internet" von seiten der Wirtschaft entgegengebracht? Vor allem für die Distributions- und Kommunikationspolitik bringt das Internet vielversprechende Aussichten.

Die von Informationsanbietern am Internet häufig angeführten Argumente, weshalb sie im Netz präsent sind, geben einen Querschnitt der erhofften und/oder erwarteten Vorteile:

- Nutzung als Vertriebskanal für On-line-Shopping,
- Erschließung eines in seinen Dimensionen noch nicht abschätzbaren Marktes,
- Zugang zu neuen, attraktiven Zielgruppen,
- standortunabhängige Präsenz für den Kunden,
- Erreichbarkeit rund um die Uhr,
- Aufbau und Aufrechterhaltung eines Dialoges mit Kunden und Interessenten,
- On-line-Kundenbetreuung und -information als zusätzlichen Service,
- Nutzung des Internet als Informationsquelle (z. B. über die Zielgruppe bzw. die Konkurrenz),
- imagemäßiges „Abheben" von der Konkurrenz,
- Sammlung von Erfahrungen im Umgang mit interaktiven Medien und
- effizientere Kommunikation mit Mitarbeitern und Kunden.

All das sind Teilaspekte, die der Einsatz des Internet für Firmen beinhaltet. Im folgenden werden Möglichkeiten und Ansätze vorgestellt, wie man das Internet – und speziell das World Wide Web (WWW) – als Marketinginstrument einsetzen kann.

4.2 Möglichkeiten der Marketingkommunikation via Internet

4.2.1 E-Mail und Diskussionslisten im Marketing

Primär wird das Internet nach wie vor für Kommunikationszwecke genutzt. Electronic Mail (E-Mail) ist dabei der am häufigsten verwendete Internet-Dienst. Gerade E-Mail verleitet aber durch das problemlose Versenden von Duplikaten einer Nachricht zum Einsatz im Direct Marketing, wie es Canter

& Siegel vorexerziert haben. Private Mailboxen würden so allerdings rasch zur Deponie für den unzähligen elektronisch zugestellten Unrat werden. Diese Behinderung im Umgang mit E-Mail würde möglicherweise das rasche Ende dieses im Aufschwung befindlichen Mediums bedeuten. Müßig zu erwähnen, daß die Netiquette unverlangte Werbung per E-Mail und in Diskussionsforen verbietet.

E-Mail erleichtert die Kontaktaufnahme und kann auch für bestehende Kundenbeziehungen als zusätzlicher Kommunikationskanal eingesetzt werden. Sie verkürzt den Kommunikationsweg, ermöglicht ein direktes und unmittelbares Feedback und die Erreichbarkeit rund um die Uhr. Oft ist es einfacher und schneller, eine E-Mail zu schicken, als einen Brief oder ein Fax zu schreiben. Und wenn dann auch noch das Telefon besetzt oder die zuständige Person nicht erreichbar ist, bietet E-Mail die ideale Ergänzung. Der Kunde kann seine Nachricht oder Anfrage jederzeit direkt an die Mailbox des Adressaten senden. Voraussetzung für die Akzeptanz und den Erfolg einer solchen Dienstleistung ist, daß die Vorteile gegenüber den alternativen Kommunikationsformen tatsächlich realisiert werden. Es muß also für den Kunden wirklich schneller und bequemer sein als der Griff zum Telefonhörer oder Faxgerät.

Diskussionslisten und NetNews-Foren sind ebenfalls für den Einsatz im Marketing interessant. Die Teilnahme an Diskussionsforen zu Themen, die den Unternehmensgegenstand betreffen, sind oftmals sehr aufschlußreich und bringen ein unmittelbares Feedback. Außerdem kann man so zu einer relativ spezialisierten Zielgruppe eine Vertrauensbasis schaffen. Die sogenannte Signature der E-Mail – die individuell gestaltbare Absenderinformation am Ende jeder Mail – darf im Gegensatz zum restlichen Inhalt des Diskussionsbeitrages eindeutige Werbeaussagen (beispielsweise Firmen- oder Produktnamen) enthalten.

Im Idealfall, das heißt, wenn eigene Produkte oder die der Konkurrenz Diskussionsgegenstand sind, könnte man die NetNews zur Marktforschung und als Informationsquelle für die Produktentwicklung heranziehen. Speziell im EDV-Bereich haben Newsforen eine nicht zu unterschätzende Bedeutung erlangt: Verdeckt oder offen auftretende Unternehmensangehörige benutzen die Newsgroups dazu, eigene Produkte gegen verbale Angriffe jeglicher Art zu verteidigen und gleichzeitig Konkurrenzprodukte anzuschwärzen.

Objektiv gesehen ergeben sich durch Diskussionslisten und NetNews aber nur für eine Minorität der heimischen Unternehmen reale Marketingpotentiale. Zum einen ist es schwierig, relevante Diskussionsgruppen zu finden, die der angestrebten Zielgruppe entsprechen und deren Thematik sich mit dem Unternehmensgegenstand deckt. Und zum anderen ist man bezüglich Botschaftsgestaltung wie auch bei E-Mail vorläufig an den ASCII-Zeichenvorrat gebunden. Grafiken, Animationen und andere multimediale Darstellungsformen sind hier neben dem Text noch nicht möglich. Zusätzliche Restriktionen ergeben sich durch die bereits angesprochene Netiquette.

4.2.2 Das World Wide Web im Marketing

Wenn heute Internet im gleichen Atemzug mit Multimedia und einfacher Bedienbarkeit genannt wird, dann ist eigentlich das World Wide Web (WWW) gemeint. Das WWW ist jener Internet-Dienst, der seit dem Aufkommen leicht bedienbarer Browser-Software für diverse Hardwareplattformen im Jahr 1993 (beispielsweise NCSA Mosaic) für den weltweiten Boom des Internet verantwortlich ist. Die intuitive Benutzerführung und die relativ leicht erlernbare Seitenprogrammiersprache HTML (Hypertext Markup Language) machten die Benutzung und die Erstellung von WWW-Angeboten zu einem Kinderspiel.

Ein Informationsanbieter im WWW kann den Aufbau seiner Web-Seiten frei gestalten. Mittels HTML kann man Text, Tabellen, Grafiken, Ton und Animationen in ein WWW-Dokument einbinden (siehe Abbildung 54). Diese Flexibilität der On-line-Darstellung erlaubt es den Unternehmen, im Unterschied zu den vorher beschriebenen textorientierten Diensten, ihre Corporate identity auch in den elektronischen Auslagen beizubehalten.

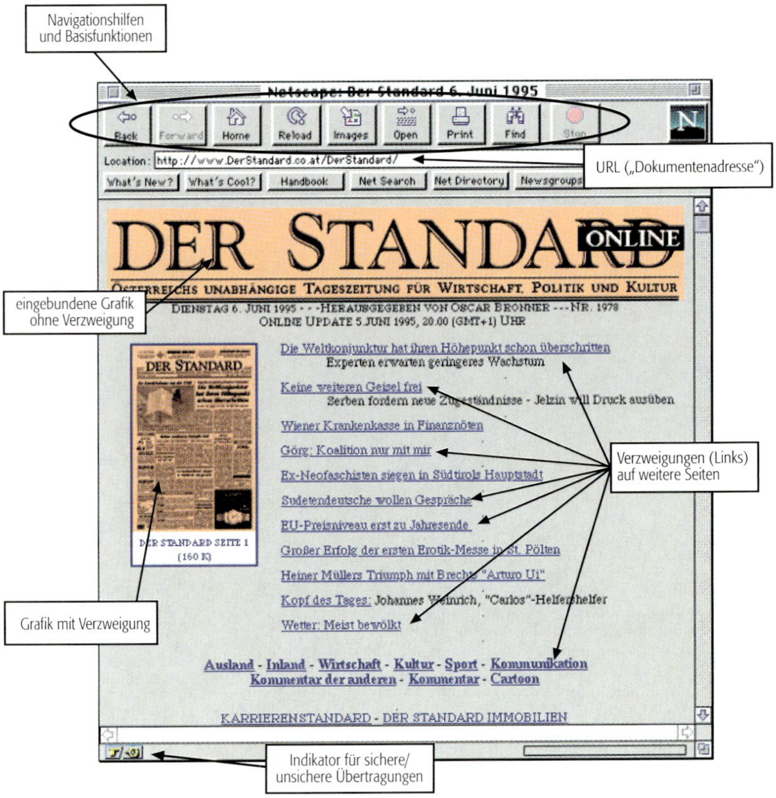

Abb. 54: Benutzerschnittstelle des World Wide Web (Beispiel: Homepage der Tageszeitung „Der Standard", dargestellt am WWW-Browser Netscape 1.1N für Apple Macintosh)

Das WWW besitzt dieselbe Kommunikationsstruktur, wie sie für interaktive elektronische Medien zuvor dargestellt wurde. Die Initiative geht vom Benutzer aus. Interessenten greifen individuell, parallel und meist auch anonym auf das zur Verfügung stehende Informationsangebot zu. Wie und wie lange das Angebot genutzt wird oder was abgefragt wird, ist völlig dem Nutzer überlassen. Er kann seine Abfragen individuell gestalten und so bestimmen, welche Teile er ansieht, wohin er verzweigen möchte und ob er Abfragen wiederholen will. Schließlich liegen sämtliche Daten in digitaler Form vor und sind damit jederzeit reproduzierbar. Ganz im Gegensatz dazu steht die

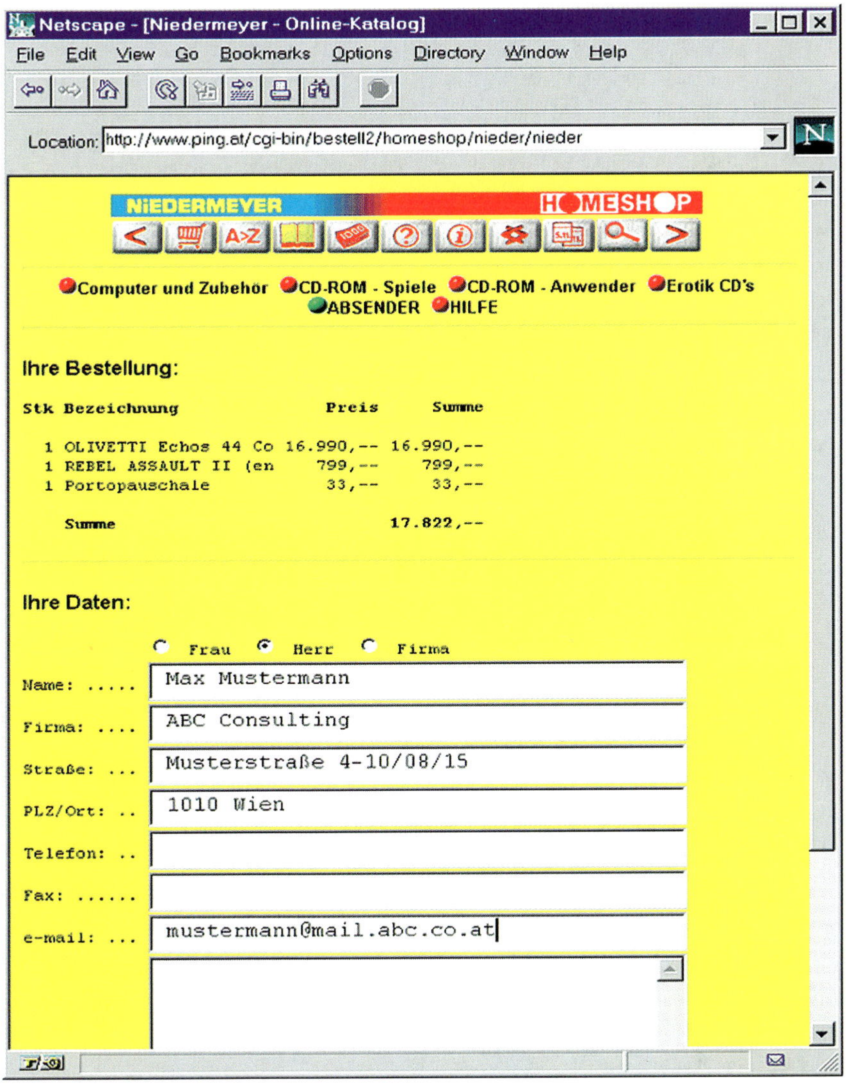

Abb. 55: Beispiel eines On-line-Bestellformulars

„Broadcast"-Philosophie der traditionellen Massenmedien, wo man als Empfänger einen starren, linear ablaufenden Inhalt vorgesetzt bekommt, den man konsumieren kann oder nicht.
Durch die Integration verschiedener Internet-Dienste wie E-Mail, die vielfältigen grafischen Darstellungsmöglichkeiten sowie eine bedienerfreundliche Navigationssoftware ist das WWW rasch zur kommerziell interessantesten Internet-Anwendung geworden. Die Zahl der von Unternehmen weltweit betriebenen WWW-Server verdoppelt sich alle sechs Monate. Genaue Zahlen zu nennen ist in Anbetracht dieser Entwicklung müßig.
Besonders interessant erscheinen Anwendungen im Bereich des Homeshopping. Angefangen von Büchern oder CDs bis hin zu Wein und natürlich jede Menge Hard- und Software, läßt sich heute eine Vielzahl von Produkten über das World Wide Web ordern. Einfach das On-line-Formular ausfüllen, und schon ist man von der Bestellung nur mehr einen Mausklick entfernt.
Der integrierte Rückkanal, ein breites Einsatzspektrum, rasche Aktualisierungsmöglichkeiten und die ständige Verfügbarkeit der On-line-Information sind die wohl wesentlichsten Stärken des WWW.
Doch auch das WWW hat seine Schwächen. Die Problematik liegt in seiner dezentralen Struktur und dem rasanten Wildwuchs. Die aktive Informationssuche ist dadurch zum Glücksspiel geworden. Lange Recherchesitzungen mit dürftigem Ergebnis sind nicht selten, und da die Verbindungszeit ein wesentlicher Kostenfaktor für den Internet-Benutzer darstellt, ist die Motivation für stundenlange Cyberspace-Expeditionen denkbar gering. Nur noch bei Neueinsteigern oder Studenten, die über genügend Zeit und einen kostenlosen Netzzugang an ihrer Universität verfügen, liegt die Geduldschwelle höher.
Internet-Anbieter müssen deshalb in erster Linie die Adresse (URL) und den Inhalt ihres WWW-Angebotes laufend bewerben und entsprechend publizieren, um Personen zum Besuch ihrer Site zu animieren.
In der folgenden Abbildung finden Sie eine Gegenüberstellung des WWW mit den traditionellen, heute verfügbaren Medien. Dienste wie das Interaktive Fernsehen sind in dieser Betrachtung noch ausgenommen, da der Einsatz momentan kaum über diverse Pilotprojekte hinausgeht und genaue Spezifikationen daher nicht verfügbar sind. Die Charakteristik von ITV wäre jedoch der des WWW in vielen Punkten ähnlich.

	WWW	TV (Broadcast)	Radio	Print	Plakat
Text	ja	ja	nur gesprochen	ja	ja
Grafik	ja	ja	nein	ja	ja
Ton	ja	ja	ja	nein	nein
Bewegtbild	ja (eingeschränkt)	ja	nein	nein	nein
Rückkanal	ja	nein (Telefon)	nein (Telefon)	nein	nein
Präsenz	stets abrufbar (24 h), nutzer-bestimmt	Werbeblock anbieter-bestimmt	Werbeblock anbieter-bestimmt	an phys. Medium gebunden	an phys. Medium gebunden
Aktivität des Betrachters	sehr hoch	gering	gering	hoch	gering
Werbekosten	(noch) gering	sehr hoch	mäßig bis hoch	mäßig bis hoch	mäßig
Kosten für Empfänger	(noch) sehr hoch	mittel	gering bis mittel	gering	keine
Teilnehmer-kreis (Verbreitung)	(noch) klein	sehr groß	groß bis sehr groß	abhängig von Titel (Auflage)	abhängig vom Standort
Nutzer-struktur	wenig bekannt	bekannt	bekannt	bekannt	bekannt
Nutzung	wenig bekannt	bekannt	bekannt	bekannt	bekannt

Abb. 56: Medienvergleich

4.2.3 Begleitende Maßnahmen

Eine Web-Site, deren URL nicht ausreichend beworben wird, ist geradezu verloren im unendlichen Cyberspace. Die Chance, neue Kontakte zu erzielen und aus diesen Zugriffen Geschäftsbeziehungen zu generieren, ist äußerst gering. Deshalb muß man, ähnlich der Eröffnung eines neuen Geschäftslokales, genügend Zeit und vor allem Geld investieren, um die Web-Adresse bekanntzumachen.

Dies kann einerseits durch Einträge in sogenannten On-line-Metaindizes und „Yellow-Pages" geschehen. Diese sind WWW-Branchenverzeichnisse, in denen man eine Internet- oder E-Mail-Adresse eintragen lassen kann. Sie bieten die Chance, mit wirklich interessierten Teilnehmern in Kontakt zu kommen. Die Betreiber solcher Sites bitten entweder die aufgelisteten Firmen zur Kasse oder finanzieren sich durch zusätzliche elektronische Anzeigen. Eines der bekanntesten Beispiele dafür ist der Yahoo-Metaindex, der zigtausend Links zu WWW-Informationsangeboten, nach Kategorien sortiert, für Abfragen zur Verfügung stellt.

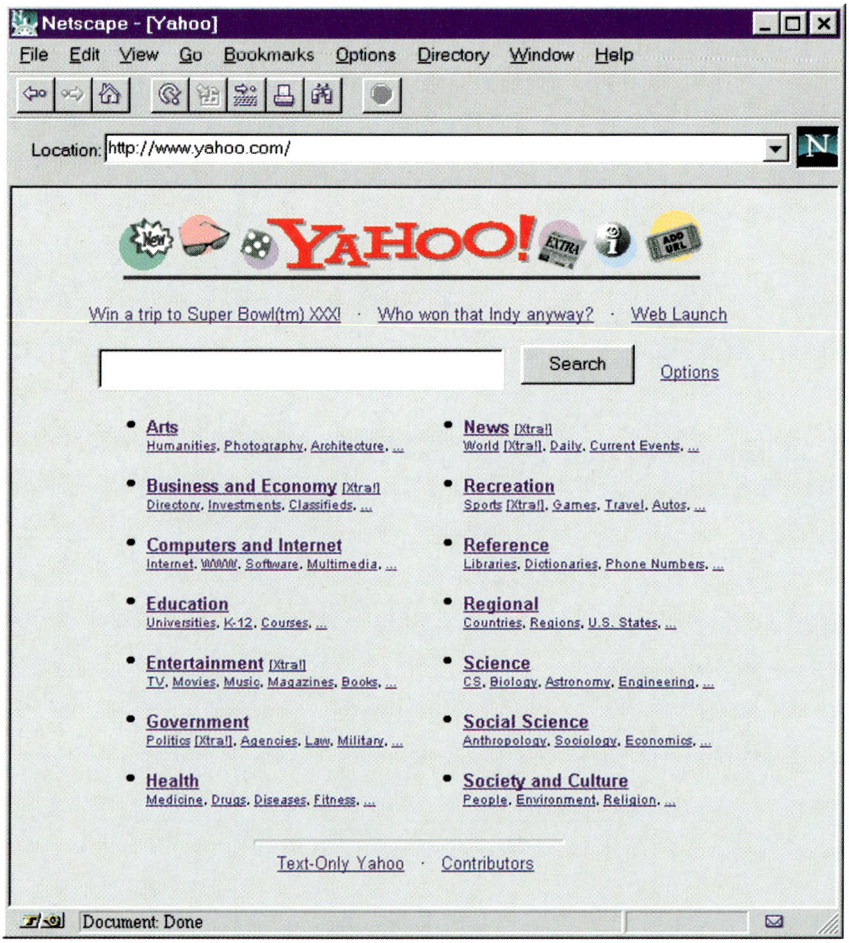

Abb. 57: Der Yahoo-Metaindex (http://www.yahoo.com/)

Eine weitere sinnvolle Möglichkeit, um Web-Sites bekanntzumachen, sind die oben angesprochenen Anzeigen in elektronischen Publikationen am Internet. Diese „electronic ads" tauchen auf frequentierten Web-Seiten zumeist als Grafiken, Firmenlogos oder Slogans auf. Sie sind mit Links zu den Homepages der werbenden Unternehmen versehen, die per Mausklick aufgerufen werden können. Wie bei den traditionellen Medien gilt: Je mehr Leute erreicht werden, desto teurer wird die Anzeige. Für das WWW bedeutet das: Je mehr Zugriffe eine Web-Site hat, um so höher sind ihre Anzeigenpreise. Ein elektronisches Inserat auf einer stark frequentierten Homepage – beispielsweise jener des Playboy (http://www.playboy.com/) mit angeblich über 800.000 Zugriffen pro Tag – kann so zwischen 30.000 und 50.000 US-Dollar pro Quartal kosten.

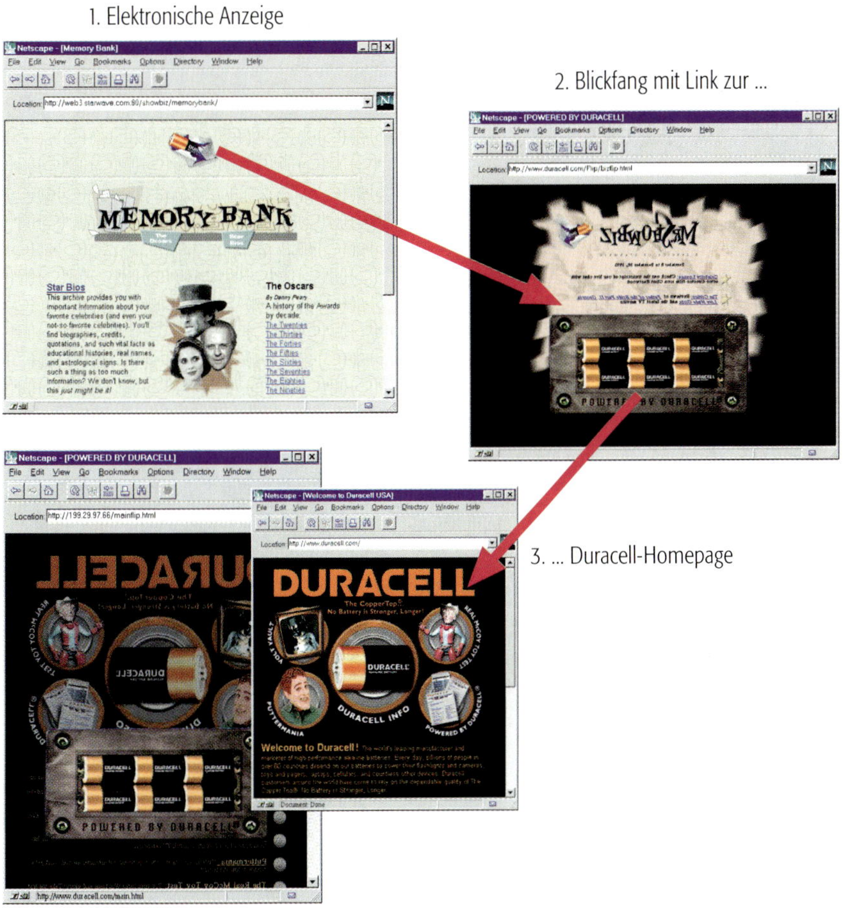

Abb. 58: Elektronische Anzeigen am Beispiel „Duracell"

Immer häufiger und wahrscheinlich auch am wirkungsvollsten läuft die Bewerbung von Web-Sites über traditionelle Medien. URLs werden via Zeitungsinserat oder in den vielen neu entstandenen Internet-Rubriken diverser Magazine propagiert. Fast jedes Unternehmen, das den ersten Schritt ins Internet wagt, verkündet es zuerst mit einer traditionellen Presseaussendung auf Papier. Henkel Austria verschickte zu diesem Zweck beispielsweise originelle Postkarten mit dem Internet-URL als Motiv.
Was besonders am Anfang notwendig ist, ist aber auch auf Dauer nicht erläßlich. Ein Internet-Angebot will kontinuierlich beworben werden. Sonst läßt das Interesse bei der umworbenen Zielgruppe rapide nach. Ein professioneller Netzauftritt erfordert also eine Integration in die bestehende Werbelinie und ein zusätzliches Werbebudget, das einen nicht unwesentlichen Kostenfaktor darstellt und bei der Planung eines Web-Angebotes unbedingt einkalkuliert werden sollte.

Abb. 59: Promotion-Postkarte für die WWW-Präsenz der Firma Henkel Austria

Abb. 60: Beispiel einer Anzeigenwerbung für Web-Sites in Printmedien (Ausschnitt)

4.3 Potentiale für On-line-Verkauf und -Werbung im WWW

4.3.1 Zielgruppe

Während man von den angeschlossenen Rechnern einigermaßen exakte Zahlen weiß, bleibt die Teilnehmeranzahl am weltweit größten Rechnerverbund ein Mysterium. Realistische Schätzungen liegen bei weltweit zwischen 30 und 50 Millionen Benutzern, die das WWW verwenden.
Es gibt jedoch einige Untersuchungen, in denen versucht wird, die unbekannte Spezies „Internet-Benutzer" möglichst genau zu beschreiben. Die im folgenden dargestellten Ergebnisse stammen unter anderen von einer Erhebung der Nielsen Media Research in Zusammenarbeit mit dem CommerceNet Consortium vom August 1995. Weiters wird hier auf Zahlen aus dem „4th WWW User Survey" (GVU) des Georgia Institute of Technology, dem „HERMES Consumer Survey of WWW Users" der University of Michigan sowie dem „Internet Survey No1" und „Internet Shopping Habits Survey" von PCS/AccessCom (siehe URLs im Anhang) zurückgegriffen.

Verbreitung des Internet/WWW

Alleine in den Vereinigten Staaten und Kanada sind nach CommerceNet/Nielsen rund 24 Millionen Bürger regelmäßig im Internet on-line unterwegs. Insgesamt 37 Millionen Einwohner dieses Kontinents haben bzw. hatten Zugang zum Internet. Die Zahl derer, die mit dem WWW vertraut sind, beläuft sich nach Hochrechnungen aus derselben Quelle auf 18 Millionen Internet-Benutzer. Interessantes Detail: 62 Prozent der untersuchten Benutzer haben bereits einen Internet-Zugang in den eigenen vier Wänden. Der Rest nutzt den Netzanschluß des Arbeitgebers bzw. der Ausbildungsstätte.

Für den europäischen bzw. deutschsprachigen Raum gibt es zur Zeit keine vergleichbaren Untersuchungen. Nach Schätzungen der Autoren gibt es in Deutschland zwischen 500.000 und einer Million, in Österreich zwischen 50.000 und 100.000 und in der Schweiz zwischen 100.000 und 200.000 regelmäßige Web-Surfer (Herbst 1995). Tendenz überall stark steigend.

➔ Geschlecht

Das Vorurteil, Computer seien eine Domäne der Männer, bestätigt sich auch im World Wide Web. Der Anteil der Teilnehmerinnen liegt zwischen 23,3 (PCS), 29,3 (GVU) und 34 Prozent (CommerceNet/Nielsen). Bemerkenswert ist die Tatsache, daß jüngere Erhebungen stets einen deutlich höheren Frauenanteil aufweisen. So stieg beispielsweise beim GVU-WWW-User-Survey binnen eines halben Jahres der Anteil von 15,5 auf die genannten 29,3 Prozent an. Die Nutzung durch weibliche Teilnehmer ist also stark im Aufwind.

➔ Alter
Das Durchschnittsalter der Benutzer liegt gemäß den Umfragen ziemlich einheitlich bei etwa 32 Jahren. Während in den USA fast eine Gleichverteilung innerhalb der Altersgruppe zwischen 20 und 50 Jahren besteht, dominiert in Europa klar die Altersgruppe der 20- bis 30jährigen.

➔ Einkommen und Bildung
Trotz eines hohen Anteils an Antwortverweigerern läßt sich aus den Daten der GVU-Erhebung ein Trend zum gutverdienenden Akademiker ableiten. Auch hier gibt es Unterschiede zwischen Europa und den USA: So ist das geschätzte jährliche Durchschnitts-Haushaltseinkommen der WWW-Benutzer in den USA höher als in Europa. Dafür weist die Struktur der europäischen Teilnehmer einen deutlich höheren Akademikeranteil auf (Europa: 30,5 Prozent, USA: 21,5 Prozent nach GVU).

➔ Konsumpotential
So verlockend diese Zahlen für all jene sind, die das WWW als Absatzkanal nutzen wollen, so ernüchternd ist die Tatsache, daß nur knapp zehn (GVU) bzw. 14 Prozent (CommerceNet/Nielsen) der Teilnehmer das World Wide Web als Einkaufsmedium verwenden. In Anbetracht der derzeit noch existierenden Sicherheitsmängel und des teilweise unstrukturierten und unprofessionellen Angebotes kann diese Zahl – im amerikanischen Raum immerhin rund 2,5 Millionen Benutzer – jedoch durchaus als Erfolg interpretiert werden. Dementsprechend soll dort auch der Umsatz im gesamten On-line-Shopping-Bereich nach einer Prognose von Forrester Research Inc. von 200 Millionen US-Dollar (1994) auf 4,8 Milliarden US-Dollar (1998) steigen.

4.3.2 WWW als Vertriebskanal

Nahezu grenzenlos ist die Angebotspalette im WWW. Von Aftershave bis zur Zitruspresse wird im Cyberspace alles feilgeboten. Selbst Bestattungsunternehmen haben das World Wide Web bereits als virtuelles Schaufenster entdeckt.
Wenn es aber um den On-line-Verkauf von Produkten geht, sieht das Angebot schon etwas spärlicher aus. Hier hat sich in erster Linie jene Produktgattung etablieren können, die über das Internet in digitaler Form vertrieben werden kann: Software. Große Softwarehersteller bieten Updates und komplette Softwarepakete ebenso on-line an wie Hobby-Programmierer, die mit Shareware ihr Glück versuchen. Hardware ist dagegen schon schwerer an den Mann zu bringen. Doch die steigende Zahl vernetzter Computerfreaks lockt auch immer mehr Computerversandhändler ins Internet.
Generell sind beim On-line-Verkauf starke Analogien zum traditionellen Versandhandel festzustellen: Leicht lagerbare, standardisierte und relativ

preiswerte Konsumgüter wie beispielsweise Bücher und CDs stehen auch im On-line-Vertrieb ganz oben auf der Angebotsliste.
Seit neuestem gibt es sogar Versuche im Lebensmitteleinzelhandel, wo man on-line seine Einkaufsliste dem Händler übermitteln und die fertig zusammengestellten Einkaufstüten in der nächstgelegenen Filiale abholen kann. Darüber hinaus gibt es auch andere regional begrenzte Angebote wie beispielsweise jene von Pizza-Botendiensten oder Blumenhändlern, deren Produkte sich nicht für den internationalen Transport eignen. Sogar Produkte, die in einigen Ländern illegal sind (beispielsweise Radar-Warngeräte für potentielle Verkehrsrowdys), können via Internet international beworben und vertrieben werden.
Absolut ungeeignet für On-line-Shopping erscheinen Güter,

- die extrem wertvoll sind (z. B. Kunstgegenstände),
- die sehr beratungsintensiv sind (z. B. Wohnungseinrichtung)
- oder bei denen das Kauferlebnis eine zentrale Rolle spielt.

4.3.3 Preispolitik bei On-line-Verkauf

Die Preise der angebotenen Waren liegen derzeit etwa auf dem gleichen Niveau wie in Diskontläden oder in günstigen Handelsketten. Das Einsparungspotential im Bereich der Raum- und Personalkosten würde eigentlich ein deutlich niedrigeres Preisniveau ermöglichen.
Tatsache ist jedoch, daß die meisten Anbieter im Internet traditionelle Firmen sind, die das Netz gerade erst als zusätzlichen Vertriebsweg entdeckt haben. Somit bleibt die bestehende Firmen- und Kostenstruktur und damit auch die Preisgestaltung zunächst unverändert. Das Internet bringt in solchen Fällen bestenfalls mehr Umsatz, aber noch keine Einsparungen beim Vertriebspersonal bzw. den Räumlichkeiten.
Dennoch wird über kurz oder lang der Internet-Vertrieb einen deutlichen Preisvorteil bieten müssen, um sich breit zu etablieren. Denn das On-line-Shopping muß potentiellen Kunden als Anreiz einen spürbaren Zusatznutzen gegenüber dem Kauf über traditionelle Vertriebswege bieten. Die Bestellmöglichkeit rund um die Uhr, welche im Internet längst selbstverständlich ist, ist für die Kunden auf Dauer zuwenig. Und der Wettbewerb der Anbieter wird unweigerlich über den Preis laufen. Wer also in den On-line-Vertrieb einsteigt, wird mittelfristig unweigerlich auch seine Kostenstruktur anpassen müssen.
Vorteile haben diesbezüglich kleine Neueinsteiger, die sich ausschließlich dem On-line-Shopping verschreiben. Erstens sind diese in bezug auf die Kostenstruktur flexibler. Und zweitens können selbst die vorerst zu erwartenden kleinen Umsätze für ein Ein-Personen-Unternehmen, welches eventuell sogar nebenberuflich betrieben wird, durchaus attraktiv sein. Punkto Auftreten im WWW ist für den Kunden sowieso kein Unterschied zwischen den „Zwergen“ und den „Riesen“ zu erkennen, da hier weniger das eingesetzte Kapital als die Kreativität für die Attraktivität der Web-Präsenz verantwortlich ist.

4.4 Typologie kommerzieller WWW-Sites

Das Spektrum kommerzieller WWW-Homepages wird immer bunter. Und das nicht nur im Angebot von Produkten und Dienstleistungen, sondern ganz besonders in der Gestaltung und der Struktur der Web-Sites. Wir haben dementsprechend eine Typologie der kommerziellen WWW-Angebote vorgenommen, um die Web-Auftritte differenzierter zu betrachten.
Die maßgeblichen Unterscheidungsmerkmale sind dabei

- das Ausmaß der Interaktivität und
- Informationsgehalt bzw. Informationstiefe.

Je nach Ausprägung der beiden Dimensionen ergeben sich die im folgenden dargestellten fünf Typen kommerzieller WWW-Sites, die jeweils spezifische Aufgabenfelder abdecken.

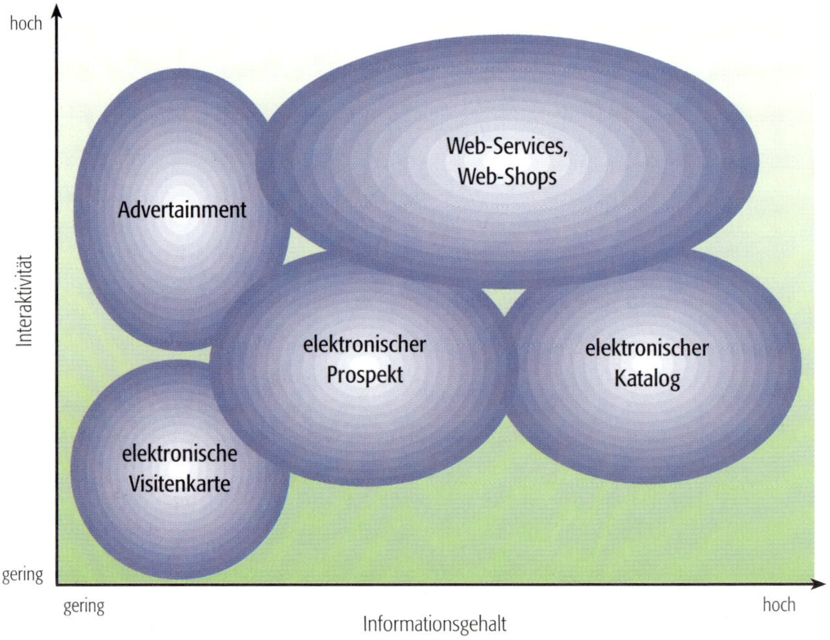

Abb. 61: Typologie kommerzieller WWW-Sites

4.4.1 Elektronische Visitenkarte

„Hier sind wir und das machen wir!" So oder ähnlich kann das Motto dieses – hauptsächlich von Neueinsteigern verwendeten – Typus lauten. Eine meist spärliche Unternehmensinformation sowie eine ebenso knappe Übersicht über Tätigkeit und Produkte sind der Inhalt dieser anspruchslosen Sites. Im Regelfall sind sie nicht nur halbherzig erstellt, sondern werden auch ebenso gewartet. Die Auswahlmöglichkeiten sind gering. Interaktivität in Form von Bestell- oder Feedbackmöglichkeiten sind kaum vorhanden. Fazit: Wer einmal dort war, kommt meist nicht wieder.

4.4.2 Advertainment

„Auffallen um jeden Preis“ gilt für diese Mischform aus Werbung und Unterhaltung. Spiele, Kuriositäten sowie grafische Leckerbissen werden unter dem eigenen Markennamen angeboten. Vorausgesetzt, das Unterhaltungs- bzw. Informationsangebot ist auffällig genug, wird es mit Sicherheit auf der einen oder anderen „What's new?“- bzw. „What's hot?“-Homepage landen. Selbstverständlich werden auch einige Printmedien darüber schreiben. Oftmals grafisch überladen, dauern die Ladezeiten solcher Homepages endlos lange, und nur hartgesottene Netsurfer halten durch. Ein guter – aber auch imagemäßig gefährlicher – Weg, um rasch Bekanntheit im WWW zu erlangen. Leider mit ebenso kurzfristiger Wirkung, wenn nicht mehr und in regelmäßigen Abständen Neues geboten wird.

4.4.3 Elektronischer Prospekt

„Produktinfo light“ bieten die Betreiber von elektronischen Prospekten im WWW. Dabei wird ein Produktmix auszugsweise im Internet vorgestellt. On-line-Bestellmöglichkeiten fehlen jedoch. Der elektronische Prospekt wird meist zur Unterstützung von Produkteinführungen und Imagekampagnen eingesetzt. Wie bei allen Web-Sites gilt es auch hier vor allem auf die Aktualität zu achten.

4.4.4 Elektronischer Katalog

Wird versucht, eine detaillierte Übersicht über alle vertriebenen Produkte anzubieten, kann man von elektronischen Katalogen sprechen. Diese meist herstellerbezogenen Informationsangebote verfügen selten über Bestellmöglichkeiten. Ihre Vorteile liegen in der hohen Aktualität der Daten und – bezogen auf die gedruckten Gegenstücke – der Unabhängigkeit von Auflagengröße und Druckkosten. Das Angebot ist jedoch gegenüber Printkatalogen meist erheblich eingeschränkt, was sich aber bei weiterer Verbreitung des Mediums WWW sicherlich ändern wird. Denn schließlich hat man ja gerade bei hypermedialen Anwendungen wie dem World Wide Web die Möglichkeit, umfassende Informationen anzubieten, aus denen der Benutzer je nach Interessenlage auswählen kann.

4.4.5 Web-Services/Web-Shops

Zu diesem Typus zählen alle Informationsangebote, die entweder eigene Dienstleistungen anbieten (z. B. Paketverfolgung bei Botendiensten) oder über On-line-Bestellmöglichkeiten verfügen. Hauptanbieter von Web-Services sind Banken mit Schnittstellen zu ihrem Dienstleistungsangebot. Bei

den Web-Shops sind CD-Händler und elektronische Buchhandlungen als Beispiele zu nennen.
Große Web-Shops bzw. Zusammenschlüsse mehrerer kleiner Web-Shops kann man als Web-Malls bezeichnen. Diese virtuellen Gegenstücke realer „Shopping Malls“ versuchen eine breit gestreute Palette an Produkten auf einer Site anzubieten. Während in den USA Web-Malls bereits seit längerer Zeit zum Cyberspace-Alltag gehören, haben sich in Österreich die ersten Web-Malls erst seit Anfang 1995 ans Netz gewagt. Bei den „heimischen Varianten“ handelt es sich im Vergleich zu amerikanischen Paradebeispielen wie z. B. dem Internet Shopping Network (http://www.internet.net/) allerdings um erste Anfänge. Sowohl die Breite als auch die Tiefe des Angebotes läßt in vielen Fällen noch zu wünschen übrig. Darüber hinaus sind sie nur spärlich mit Bestellmöglichkeiten ausgestattet, was sicherlich auch auf die derzeit noch mangelnde Kaufbereitschaft zurückzuführen ist.

4.5 Die heimische Wirtschaft im Cyberspace

Ausgewählte Beispiele zum WWW-Einsatz in deutschen und österreichischen Branchen

Neben der EDV-Branche, die natürlich im Cyberspace große Teile ihrer Klientel vorfindet, ist auch die Unterhaltungsindustrie immer stärker im WWW präsent. Sites mit Inhalten zu Filmen, Tonträgern oder Spielen finden weite Verbreitung. Auch Tourismusunternehmen, Medien und Verlage sowie Markenartikelhersteller bedienen sich des WWW.
Der Einsatz von WWW-basierten Masseninformationssystemen hat sich vor allem im letzten Jahr erheblich ausgeweitet. Ende 1994 waren im deutschsprachigen Raum nur einige Unternehmen der Computer- und Telekommunikationsbranche im Internet vertreten. Heute haben Firmen aus den verschiedensten Wirtschaftszweigen das Web als Absatzmedium entdeckt. Vergleicht man das Angebot in Deutschland und Österreich, so fällt die größere Vielfalt österreichischer Firmen im WWW auf.
In Abbildung 62 (Stand Dezember 1995) wird unsere Wertung des Entwicklungsstandes einerseits in Hinblick auf Informations- und Kommunikationstechnik, andererseits in bezug auf internetbasierte Masseninformationssysteme in ausgewählten Branchen im deutschsprachigen Raum dargestellt.
Auffallend ist, daß ein guter EDV-technischer Entwicklungsstand nicht gleichzeitig große Bereitschaft zum Einsatz internetbasierter Informationssysteme mit sich bringt. Ebensowenig bedeutet dies, daß das Medium Internet auch optimal eingesetzt wird. Ganz im Gegenteil: Man findet gerade im deutschsprachigen Raum eine ganze Menge Web-Sites, die scheinbar ohne

Branche	Allgemeiner EDV-technischer Entwicklungsstand der Branche	Entwicklungsstand internetbasierter Masseninformationssysteme	
		in Österreich	in Deutschland
Einzelhandel	●●●●	●●●	●●
Transport und Verkehrswesen	●●●●	●●	●●●
Tourismus und Freizeitwirtschaft	●●●●	●●●	●●
Medien und Verlage	●●●●●●	●●●●●	●●●●●
EDV-Branche	●●●●●●●	●●●●	●●●●●
Finanzdienst-leistungen	●●●●●	●●●	●●

Abb. 62: Bewertung des Entwicklungsstandes internetbasierter Masseninformationssysteme in deutschsprachigen Branchen (Wertung: 1 = sehr gering, 7 = sehr hoch)

intensive Überlegungen, nur unter dem Motto „Probieren wir es einfach aus!", erstellt wurden.
Zusätzlich zu den bei den jeweiligen Branchen dargestellten Beispielen sind im Anhang weitere ausgewählte Unternehmen aus dem deutschsprachigen Raum mit ihren WWW-Adressen (URLs) aufgelistet.

4.5.1 Einzelhandel

Der Einsatz von interaktiven Informationssystemen wird im Einzelhandel als wichtiges strategisches Potential in der Unternehmenskommunikation gesehen.
Allen voran werden Kiosksysteme zur Verkaufsunterstützung eingesetzt. Das Internet findet als Werbemedium und Absatzkanal erst langsam Beachtung. Dennoch wagen sich bereits einige Firmen mit Unternehmens- oder Produktinformation ins WWW. Kontaktaufnahme über diesen Rückkanal oder gar Bestellmöglichkeiten bieten bisher aber nur wenige. Häufig werden Produkte angeboten, allerdings ohne die Möglichkeit, direkt on-line zu bestellen.
Eine Bestelloption setzt beim Unternehmen die nötige Infrastruktur voraus, um Versandhandel abwickeln zu können. Um größere Investitionen in die Infrastruktur zu vermeiden, erscheint vor allem das Angebot einfach zu versendender Produkte, wie zum Beispiel Bücher oder CDs, vernünftig. Gerade für Kleinbetriebe öffnet sich dadurch ein lukrativer neuer Absatzkanal. Für Handelsketten ist die Web-Präsenz primär Imagesache.

Austrian HOMESHOP
(http://www.homeshop.at/homeshop/)

Diese österreichische Web-Mall präsentiert eine inzwischen schon sehr attraktive Auswahl von Unternehmen. In den Anfangsmonaten standen in dieser Web-Site vor allem Informationen, die auf die Angabe von Telefonnummern bzw. eine Auflistung der Geschäfte nach Branchen beschränkt waren, über große, „reale“ österreichische Einkaufszentren im Mittelpunkt. Heute (Stand Dezember ’95) umfaßt das Angebot des Austrian HOMESHOP Anbieter des herkömmlichen Versandhandels, Handelsketten wie Toys“Я” Us, Fleurop, Cosmos oder Beate Uhse. Diese Shops bieten Produktinformation und weitgehend auch Bestellmöglichkeit. Außerdem präsentieren sich noch

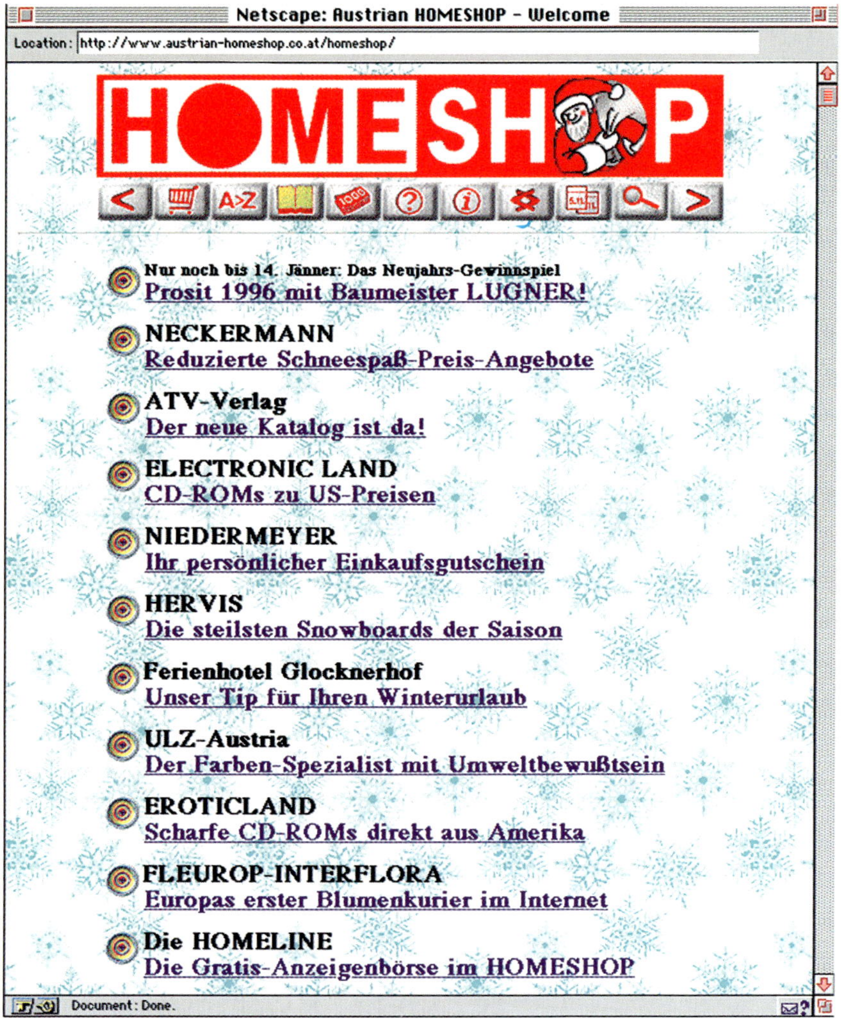

Abb. 63: Homepage der Electronic Mall „Austrian HOMESHOP“

Dienstleistungsunternehmen in den Sparten Versicherungen, Tourismus, Steuerberatung oder Public Relations. Angereichert wird das Angebot um regelmäßig stattfindende Gewinnspiele, den HOMESHOP-Club oder die Homeline, ein Forum für Kontakt- oder Kleinanzeigen.
Mit knapp 140.000 Zugriffen im Monat September (entspricht nach eigenen Angaben ca. 28.000 Besuchern) zählt der Austrian HOMESHOP nach der Nachrichtenagentur APA und der Tageszeitung „Der Standard" zu den Top drei der österreichischen WWW-Sites. Damit hat sich die Zugriffszahl seit Anfang Mai beinahe versiebenfacht. Innerhalb des HOMESHOP erzielte Beate Uhse, gefolgt von den Elektrohändlern Niedermeyer und Cosmos, die meisten Zugriffe.

4.5.2 Transport und Verkehrswesen

Welche Flüge bietet die Lauda-air von Wien nach Barcelona? Wieviel kostet eine Reise mit der Deutschen Bahn von München nach Berlin, und wie sieht die günstigste Verbindung aus? Welche U-Bahn-Verbindung in Wien bringt Sie am schnellsten vom Schottentor zum Westbahnhof? Auf diese und ähnliche Fragen bieten deutsche und österreichische Web-Sites Antworten. Darüber hinaus gibt es eine ganze Reihe von Metaindizes, die dem Reisenden den richtigen Weg weisen.
Auch im deutschsprachigen Raum sind es die Fluglinien, die als Trendsetter dieser Branche das Web nutzen. Sicherlich ist hier auch die starke internationale Konkurrenz eine treibende Kraft, die mittlerweile mit ihrem WWW-Angebot relativ hohe Standards in Hinblick auf den Informationsgehalt der Sites geschaffen hat.

Austrian Airlines (http://www.aua.co.at/aua/)

Die österreichische Fluglinie „Austrian Airlines" präsentiert sich nach anfänglich eher dürftigen Versuchen seit Ende 1995 mit einem umfassenden und gutgestalteten Informationsangebot im WWW. Die optisch ansprechende, englischsprachige Homepage bietet dem Benutzer folgende Menüpunkte:

- Hot News
- Travel Info
- Actual Info
- More!!
- Company & Fleet
- Questions & Comments

Der Punkt „Actual Info" beinhaltet die Möglichkeit einer Flugplanabfrage mittels Bildschirmeingabeformular sowie Informationen über die von den Austrian Airlines angesteuerten Reiseziele. Das Resultat einer Abfrage für einen Flug von Chicago nach Wien am 9.2.1996 ist in der nachfolgenden Abbildung zu sehen. Leider sind On-line-Flugbuchungen derzeit noch nicht möglich. Die Angst vor dem Groll der Reisebüros ist auch bei dieser Fluglinie scheinbar noch zu groß – oder ist es wirklich nur das Sicherheitsproblem, wie das Unternehmen offiziell erklärt?

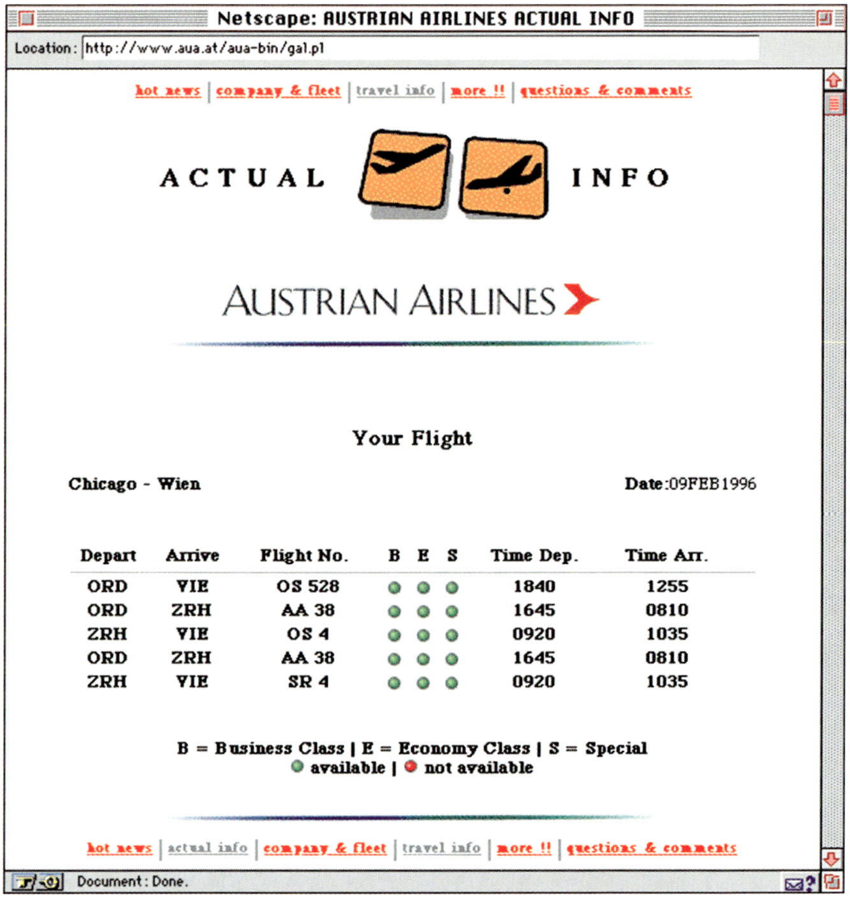

Abb. 64: Ergebnisse einer Flugplan-Abfrage

4.5.3 Tourismus und Freizeitwirtschaft

Manche Urlaube beginnen heute schon im Web. Die „Virtual Tourist II"-Site (http://wings.buffalo.edu/world/vt2/) oder das „City Net" (http://www.city.net/) sind interessante Startseiten zur Urlaubsplanung. Über diese Web-Sites lassen sich mittels interaktiver Landkarten Regionen, Länder und Städte aufsuchen und jede Menge Informationen über die gewünschten Reiseziele abfragen.
In fast jeder größeren europäischen Stadt gibt es mittlerweile „Web-Guides", die durch die gewählte Stadt führen. Die Information reicht von Stadtplänen über Sehenswürdigkeiten und Unterhaltung bis zu kulinarischen Tips und Hotels. In manchen Hotels können Sie Ihr Zimmer direkt über ein im Web zur Verfügung gestelltes Formular buchen (so zum Beispiel in Hotels der österreichischen Austropa-Kette – siehe Abbildung 65). Generell werden auch bei den Web-Sites dieser Branche die interaktiven Möglichkeiten nur beschränkt genutzt.

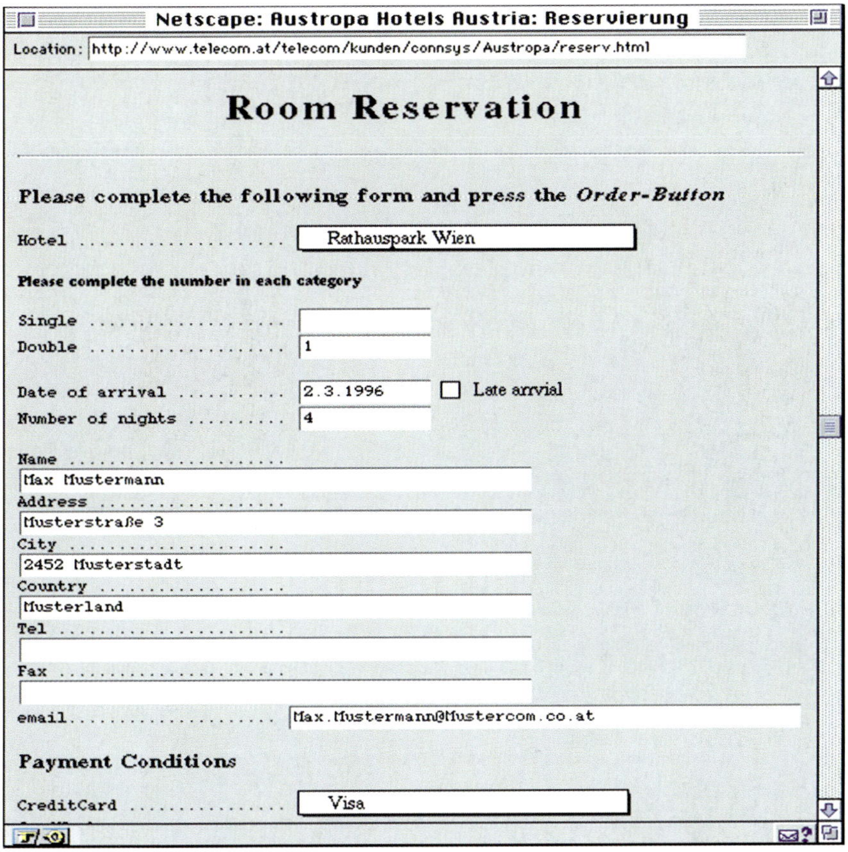

Netscape: Austropa Hotels Austria: Reservierung

Location: http://www.telecom.at/telecom/kunden/connsys/Austropa/reserv.html

Room Reservation

Please complete the following form and press the *Order-Button*

Hotel .... Rathauspark Wien

Please complete the number in each category

Single ....

Double 1

Date of arrival .... 2.3.1996 Late arrvial

Number of nights 4

Name ....
Max Mustermann

Address ....
Musterstraße 3

City ....
2452 Musterstadt

Country ....
Musterland

Tel ....

Fax ....

email..................... Max.Mustermann@Mustercom.co.at

Payment Conditions

CreditCard .... Visa

Abb. 65: Reservierungsformular für Austropa Hotels

In Österreich werden neben Städteführern und Informationen für bestimmte Regionen wie Tirol oder die Steiermark vor allem detaillierte Angaben über kulturelle Veranstaltungen geboten. So lassen sich zum Beispiel für die Salzburger Festspiele, die Wiener Festwochen oder die Vereinigten Bühnen Wien Veranstaltungskalender und Programmbeschreibungen abrufen. Kartenbestellung oder -reservierung werden derzeit leider noch nicht angeboten, sodaß der Gang zum Kartenbüro nach wie vor notwendig ist.

Münchner Oktoberfest (http://www.bayern.de/Muenchen/)

Unter den deutschsprachigen Tourismusangeboten im WWW fällt vor allem die Web-Site der bayerischen Touristenattraktion, des Oktoberfestes, positiv auf. Die Seiten beinhalten neben videounterstützten Impressionen vom Festzug und der Stimmung im Bierzelt Informationen über das Rahmenprogramm, die Geschichte des Oktoberfestes und natürlich einen Lageplan der Festhallen und Anschriften der Wies'n-Wirte. Eine Platzreservierung ist aber leider wiederum nur telefonisch möglich. Links zu elektronischen Münchner Stadtführern dürfen natürlich nicht fehlen.

4.5.4 Medien und Verlage

Der Boom elektronischer Medien wie Radio und Fernsehen bereitet den Zeitschriftenverlagen ernste Sorgen. Die Verkaufsauflage der meisten Printmedien stagniert oder ist gar rückläufig. Viele Verlage sehen daher die Notwendigkeit, in neue, elektronische Medien zu investieren. Den meisten geht es darum, von Anfang an mit dabei zu sein und sich rechtzeitig eine Marktposition zu sichern.
Es wird zwar in absehbarer Zeit keinen Verdrängungswettbewerb zwischen der Tageszeitung und ihrer elektronischen Ausgabe geben, aber auch im deutschsprachigen Raum haben bereits zahlreiche Verlage die Potentiale des Internet erkannt und Zeitungen, wie beispielsweise „Die Welt", „Der Spiegel", „Der Standard" und andere mehr, sind im WWW zu finden. Diese Web-Versionen bieten zumeist nur die wesentlichsten Schlagzeilen und Artikel, dafür aber schon am Vortag ab 20 Uhr in aktualisierter Form. Besonders viele positive Rückmeldungen auf diese elektronischen Ausgaben der Tageszeitungen sind immer wieder von Österreichern oder Deutschen fern der Heimat zu hören, die mittels dieser Web-Sites die neuesten Meldungen aus ihrem Heimatland erfahren.
Genauso nutzen Zeitschriften das Internet, um potentielle Leser auf sich aufmerksam zu machen bzw. um Stammlesern ein Zusatzservice zu bieten. Auszüge aus Coverstories sollen den Leser neugierig machen, und in vielen Fällen werden als Serviceleistung dem Leser ältere Ausgaben in elektronischer Form, oft auch mit Volltextsuche, zugänglich gemacht.
In Österreich sind „Wiener/Basta", die „WirtschaftsWoche" oder das „Live Sport Magazin" die bekanntesten Beispiele für die elektronischen Varianten von Zeitschriften. In Deutschland sind der „Stern", die „Computer Zeitung", „c't" oder das „Mac Magazin" sowie Fernsehzeitschriften wie „TV Movie" oder „TV Today" im WWW vertreten.
Aber auch elektronische Medien wie der ORF, Radio CD International, ARD/ZDF und SAT.1 nutzen das Web, um auf das laufende Programm aufmerksam zu machen oder um ihr Teletext-Service auch Internet-Nutzern zugänglich zu machen.

Spiegel online (http://www.spiegel.de/)

„Der Spiegel" ist derzeit die einzige deutschsprachige Zeitschrift, die zugleich in drei On-line-Diensten vertreten ist: seit April 1994 in CompuServe, seit Oktober 1994 im Internet und in T-Online (Datex-J). Das On-line-Angebot des „Spiegel" umfaßt zum einen Teile der aktuellen Printausgabe, Texte aus „Spiegel"-Sondernummern sowie Exklusivberichte für Spiegel online. Andererseits werden dem Leser wöchentlich aktuelle Schwerpunkte, ein Navigator durch das Medienangebot im Internet, ein Kulturfahrplan sowie direkter Zugang zur Redaktion (in Form einer „Leser-Mail") geboten. In Zukunft soll das Angebot um zusätzliche Hintergrundinformationen sowie Recherchemöglichkeit in früheren „Spiegel"-Ausgaben bereichert werden. Zu den ca. 140.000 Nutzern dieser Site pro Monat zählen natürlich auch viele Besucher aus Übersee, die die weltweite Zugriffsmöglichkeit auf aktuelle Informationen schätzen.

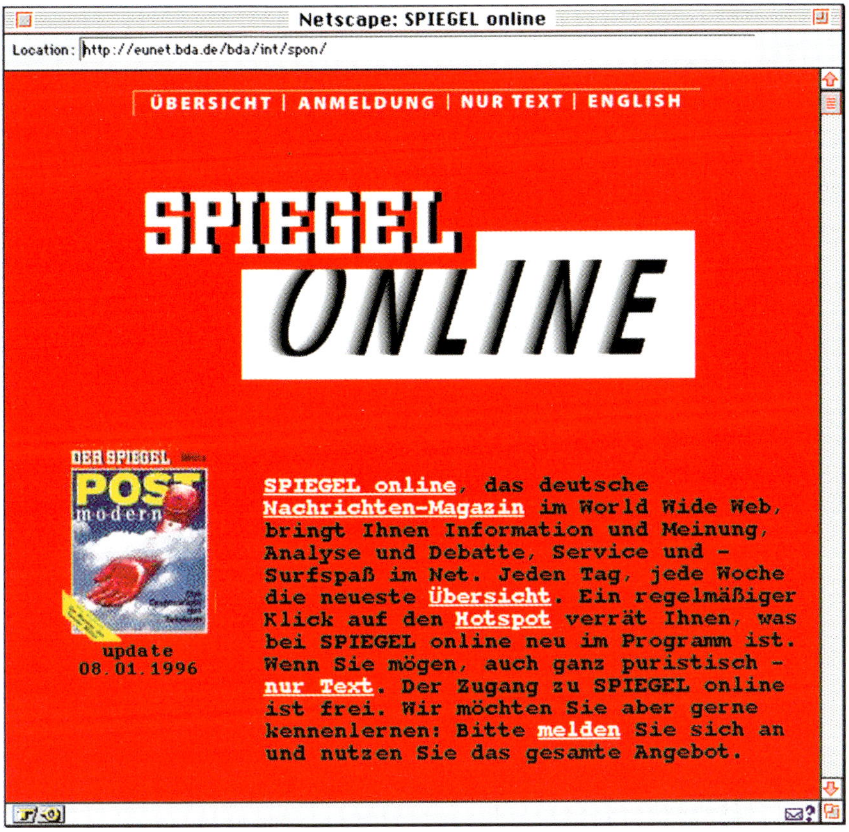

Abb. 66: Homepage des „Spiegel"

4.5.5 EDV-Branche (Computer und Telekommunikation)

Für diese Branche hat On-line-Präsenz besondere Bedeutung. Hardware- und Softwarehersteller und -händler nutzen das Internet auf vielfältige Weise. Technische Informationen können über WWW-Server, Newsgroups oder E-Mail abgerufen werden, und für Problemfälle gibt es auch elektronische Hotlines. Software-Updates werden mittels FTP-Servern den Kunden zur Verfügung gestellt, womit Material- und Versandkosten für Disketten eingespart werden können. Auch für den Kunden bietet dies einige Vorteile: Dieser spart sich den Weg zum Händler und kommt wesentlich schneller zum gewünschten Update. On-line-Dienste stellen gerade für diese Branche einen wertvollen zusätzlichen Kommunikations- und Absatzkanal dar. So gehörten die Zugangs-Provider, deren Zahl sich ständig erhöht, zu den ersten deutschsprachigen kommerziellen Vertretern im Internet. Ihre Homepages enthalten zumeist Angaben zu ihren Dienstleistungen, Konditionen, Kunden und Partnerunternehmen.

Neben internationalen Unternehmen wie Apple, Hewlett-Packard, IBM oder Sun gehört es inzwischen aber auch für lokale EDV-Consulting-Unternehmen, seien sie noch so klein, bereits zum guten Ton, im Netz vertreten zu sein.

IBM Deutschland (http://www.ibm.de/)

IBM bietet wie viele andere multinationale Konzerne neben einer „internationalen" Homepage auch Homepages lokaler Niederlassungen an. Der Besucher der Web-Site von IBM Deutschland findet in erster Linie Produkt- und Unternehmensinformation und landet beim Durchforsten dieses Informationsangebotes häufig auf amerikanischen Web-Seiten des Mutterkonzerns. Es gibt zwar die Möglichkeit, mittels Internet Produkte zu bestellen, zu finden ist diese Option – ebenso wie eine Feedbackmöglichkeit – auf den deutschen Seiten allerdings schwer. Die Benutzerfreundlichkeit läßt hier sehr zu wünschen übrig, ist doch zum Auffinden von konkreter Information erheblicher Suchaufwand notwendig.

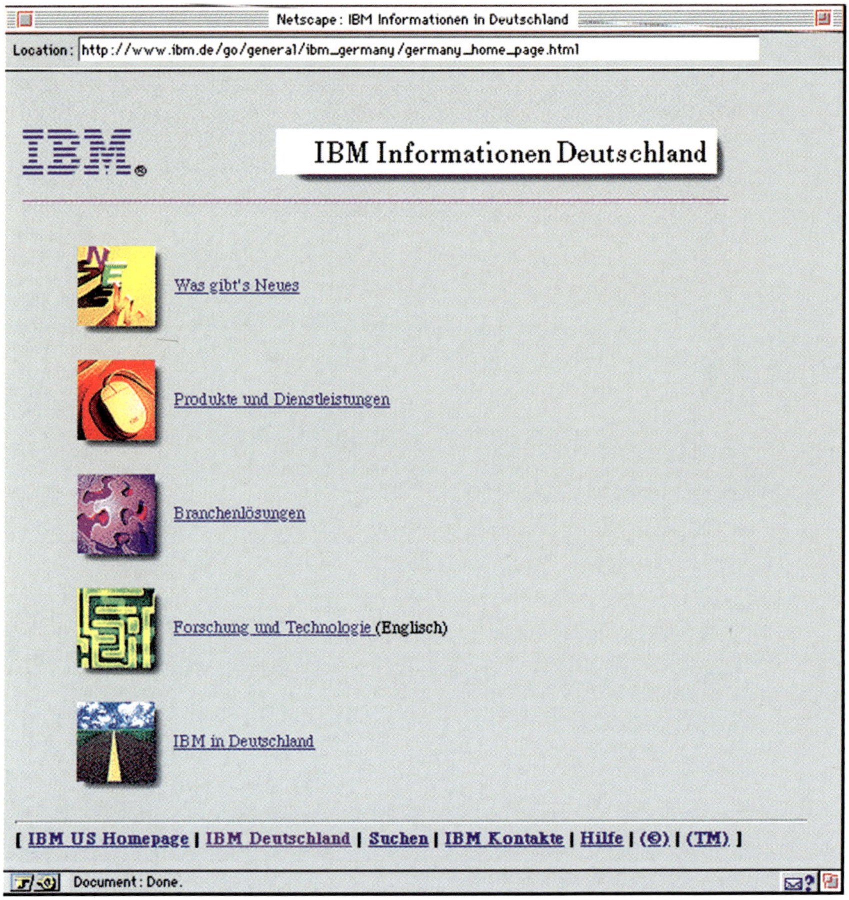

Abb. 67: Homepage der IBM Deutschland

Was das Design der Web-Sites angeht, so war IBM mit der durchgehenden Corporate identity hier sicherlich Vorreiter. Die Problematik liegt aber auf der Hand: Die Anpassung an die neuesten Web-Publishing-Standards, die gerade in dieser Branche erwartet wird, wird durch derartige Konzepte aufwendiger und das Mithalten mit neuesten Trends umso schwieriger.

4.5.6 Finanzdienstleistungen

Diese Branche steht neuen Informations- und Kommunikationstechnologien grundsätzlich sehr aufgeschlossen gegenüber. Im deutschsprachigen Raum lassen sich in Hinblick auf internetbasierte Informationssysteme jedoch nur erste Ansätze erkennen. Die im Netz vertretenen Banken und Versicherungen sind in erster Linie mit Unternehmens- und Produktinformation vertreten und betrachten die Web-Präsenz meist als reine Imagesache. Hinzu kommt, daß bei Bankkunden die Sicherheit der Transaktionen Thema Nr. 1 ist. Ist sie schon bei anderen elektronischen Medien problematisch, wird sie im undurchschaubaren Internet erst recht zum Akzeptanzproblem. Bis Sicherheitsfragen für alle Beteiligten zufriedenstellend gelöst sind, testen Banken das Web vor allem als Informations- und Werbemedium. Interakti-

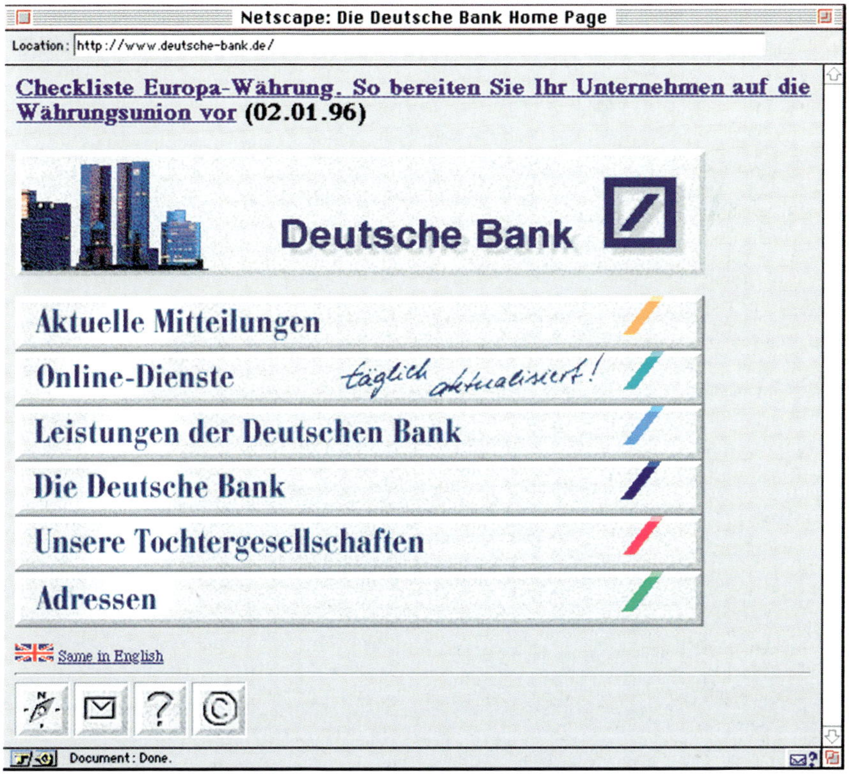

Abb. 68: Homepage der Deutschen Bank

ve Anwendungen, die dem Kunden die Abwicklung von Bankgeschäften direkt über das Internet bieten, sind derzeit nur vereinzelt mittels Telnet-Verbindungen realisiert.
Bei Versicherungsgeschäften stehen sowohl der notwendige persönliche Kontakt mit Kunden als auch Konsumentenschutzbestimmungen einer umfassenden Nutzung des neuen Vertriebskanals Internet im Wege.

Deutsche Bank AG (http://www.deutsche-bank.de/)

Die Web-Site der Deutschen Bank stellt einen Vertreter des Typs „Web-Service" dar und bietet sowohl bestehenden als auch potentiellen Kunden gut aufbereitete und übersichtlich dargestellte Informationen und Dienstleistungen. Täglich aktualisierte On-line-Dienste wie aktuelle Aktienkurse oder eine Sparplanerstellung finden sich ebenso wie eine Übersicht über die Leistungen und der Geschäftsbericht der Deutschen Bank. Multimediale Elemente sind in Form eines Unternehmensvideos enthalten.

4.6 Zusammenfassung und Ausblick

Hätten Sie Ende des vorigen Jahrhunderts auf die Entwicklung der Telefonie vertraut und in Ihrem Unternehmen dementsprechende Investitionen veranlaßt? Der damalige Wissensstand hätte Ihnen die Entscheidung wahrscheinlich recht schwergemacht. Ende dieses Jahrhunderts ist es nun der „Information Superhighway" mit seinen interaktiven Diensten, der Unternehmern strategische Entscheidungen – darunter auch Entscheidungen über dessen Einsatz im Marketing – abverlangt. Wie früher kann aber auch heute nicht mit seriösen langfristigen Prognosen bezüglich Marktentwicklung aufgewartet werden. Um so wichtiger ist das Erfassen von Trends. Und da spricht momentan vieles für den Einsatz des World Wide Web im Kommunikations- und Absatzbereich:

- Das WWW verzeichnet enorme Zuwächse (sowohl anbieter- als auch teilnehmerseitig).
- Hinter dem WWW verbirgt sich eine attraktive Klientel.
- Das WWW ist kein Pilotversuch, sondern besteht bereits real.
- Das WWW basiert auf einem offenen Standard.
- Das WWW ist als Werbemedium vergleichsweise günstig.
- Das WWW vermittelt (noch) ein „innovatives" Image.

Ferner besteht durch den Einsatz des WWW die Chance, sich mit der Organisation und der Struktur von On-line-Absatzkanälen frühzeitig vertraut zu machen. Die daraus gewonnenen Erfahrungen können bei zukünftigen Anwendungen – beispielsweise bei Interaktivem Fernsehen – zu einem kostbaren Startvorteil verhelfen.
Der Übergang von der einseitigen zur wechselseitigen Kommunikation zwischen Unternehmen und Kunden wird auf das Marketing jedenfalls starke Auswirkungen haben. Es ermöglicht nicht nur, Kunden zu identifizieren, sondern auch, ihr Kaufverhalten laufend zu verfolgen und vor allem Produkte

und Dienste entsprechend ihren Bedürfnissen zu gestalten. In einer Welt differenzierter Produkte und dezentralisierter Märkte wird es die Rolle des Marketing sein, die vielen gleichzeitigen Informationsflüsse – oder Beziehungen – zwischen dem Unternehmen und seinen Klienten zu gestalten. Das sogenannte „One-to-one-Marketing“ mit seinen individualisierten Kundenbeziehungen wird das Bild am Cyberspace-Marktplatz prägen.

5 Sicherheit und Recht – die zentralen Problembereiche von Internet & Co.

Der Kommerz fährt voll auf die Infobahn ab. Die Wirtschaft verursacht mittlerweile den Hauptverkehr im Web. Das Angebot wird immer breiter. Doch die On-line-Geschäftsabschlüsse und -Bestellungen bleiben hinter den Erwartungen zurück. Die Ursachen sind verschieden, doch die in diesem Zusammenhang am häufigsten genannten Gründe sind die Faktoren Sicherheit und Recht.

Konsumenten und Unternehmen haben noch wenig Vertrauen in die elektronische Geschäftsabwicklung. Zahllose Berichte über Datenmanipulation und Informationsdiebstahl via Internet verunsichern die Anbieter und Anwender zunehmend. Selbst Netscape, den Weltmarktführer bei WWW-Browsern und -Server-Software mit Verschlüsselungstechnologie erwischte es: Zwei Studenten knackten wiederholt den Sicherheitscode des Netscape „Navigator". Mittlerweile sind diese Fehler zwar behoben. Aber die absolute Sicherheit ist auch künftig unmöglich – im Web genausowenig wie im realen Wirtschaftsleben.

Zweifelsohne muß das Internet in vieler Hinsicht noch sicherer werden. Das gilt nicht nur für den Datenklau. Das Hauptthema für das On-line-Geschäft mit Privatkunden ist die „Transaktionssicherheit". Kurz: Wie kann ein Ge-

schäftsfall von der Bestellung bis zur Bezahlung sicher abgewickelt werden? Und: Gilt auch on-line der Konsumentenschutz, oder herrscht im Netz ein rechtliches Vakuum?
Die folgenden Abschnitte widmen sich ausführlich dieser Problematik und zeigen nicht nur den Status quo, sondern auch die weiteren Entwicklungen in diesen Bereichen auf.

5.1 Die Sicherheitsproblematik: Firewalls, Public Key-Kryptographie und Internet-Cash

Großartig! Enthusiastisch beugt sich der Student über seinen Bildschirm und geht mit Hilfe seines WWW-Browsers die Liste der Neuerscheinungen des Internet-Sales-Pioniers CD-Now durch. Schnell hat er drei Titel mit Mausklick ausgewählt, dazu die obligate On-line-Registrierung via WWW an CD-Now abgeschickt und damit die CDs bestellt. Es dauert nur wenige Sekunden, bis die am PC eingegebenen Daten über die Telefonleitung zum Internet-Provider und von dort ins Internet bis zum Geschäftspartner gelangen.
Zur selben Zeit, Tausende Kilometer weit entfernt, fast dieselbe Szene. Ein Cybernaut zweifelhafter Motivation starrt ebenfalls gebannt auf seinen Bildschirm. Doch er gibt keine On-line-Orders, sondern betrachtet die Ergebnisse seines *Packet-Sniffers,* der bereits seit Stunden auf HTTP-Daten an CD-Now lauert. Soeben hat er eine CD-Bestellung abgefangen und entschlüsselt. Kein Problem, die Information wurde im Klartext über das Netz geschickt. Der Lauscher lächelt, weil es immer noch Leute gibt, die über ein öffentliches Netz unverschlüsselte Bestellungen durchführen. Er dupliziert das Paket und ersetzt die bestellten CD-Titel. Diese leicht modifizierte Bestellung langt schließlich beim Internet-Versandhändler CD-Now ein.
Der Schaden hält sich in diesem Beispiel noch in Grenzen. Doch es wird deutlich, wie es um die Sicherheit der Geschäftsabwicklung im Internet steht. Mit zunehmender Kommerzialisierung des einstigen Universitätsnetzwerks entstehen neue Probleme wie der Schutz von unternehmensinternen Rechnernetzen vor Hackern oder eben die oben angesprochene sichere Abwicklung von Bestellvorgängen.
Um die Problematik richtig einschätzen zu können, sollte man wissen, wie der Informationstransfer über das Internet funktioniert.

5.1.1 Datentransfer im Internet

Basis aller Internet-Dienste, egal, ob Dateitransfer oder die Übermittlung komplexer Informationen über das WWW, ist das Protokoll TCP/IP. Jedes Netzwerkprotokoll standardisiert den Aufbau der zu übertragenden Daten. Das heißt Adressierungsmodus, Fehlerkorrektur und Format müssen dem

Protokoll entsprechen. Viele mit der Abwicklung kommerzieller Transaktionen über das Internet verbundene Problembereiche resultieren aus den spezifischen Eigenschaften der bereits 20 Jahre alten Protokollfamilie TCP/IP. Eine Protokolländerung würde jedoch enorme Schwierigkeiten verursachen.

5.1.1.1 Aufbau eines IP-Paketes

Ein IP-Paket ist eine dreidimensionale Dateneinheit. Sie besteht aus der Internet-Adresse, dem Internet-Dienst und den zu übertragenden Informationen. Im Vorspann eines IP-Paketes stehen die Internet-Adressen der jeweiligen Kommunikationspartner. Danach folgt die Portnummer zur Identifizierung des gewünschten Internet-Dienstes. Erst dann kommen die eigentlichen zu übertragenden Daten – wie etwa Text bei einer E-Mail oder Grafiken, Bilder und Ton einer WWW-Seite.

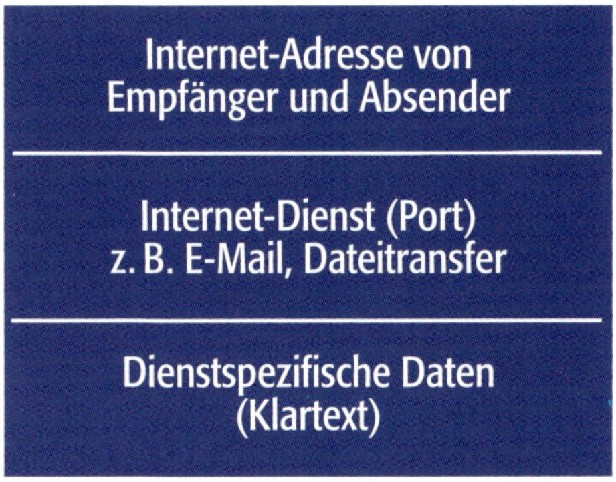

Abb. 69: Aufbau eines IP-Paketes

Die *Internet-Adresse* identifiziert weltweit jeden Internet-Computer. Sie wird daher nicht willkürlich vergeben, sondern muß bei einer zentralen Internet-Institution (z. B. RIPE) beantragt werden. Internet-Provider bekommen in der Regel einen größeren IP-Adreßpool zur Vergabe an ihre Kunden.
Der Aufbau einer Internet-Adresse wurde mit der Definition des Internet-Protokolles festgelegt: Sie besteht aus vier Zahlen im Bereich von 1 bis 254, die jeweils durch einen Punkt voneinander getrennt sind. Eine gültige IP-Adresse aus dem Adreßbereich der Wirtschaftsuniversität wäre beispielsweise 137.208.1.4. Durch die zunehmende Kommerzialisierung des Internet wird der verfügbare Adreßraum langsam aber sicher ausgeschöpft. Diese Einschränkung soll mit Hilfe der in Entwicklung befindlichen nächsten Version der Internet-Protokolle umgangen werden.
Die einzelnen *Internet-Dienste* wie FTP oder E-Mail werden anhand der Portnummer unterschieden. Über ein weltweites Standardisierungsverfahren ist jedem Dienst wie HTTP (das *HyperText Transfer Protokoll,* die Grundlage des WWW) oder E-Mail eine eigene Nummer zugeordnet. Diese ermöglicht der TCP/IP-Netzwerksoftware, empfangene Datenpakete an die richtige Applikation weiterzureichen.

Der verbleibende Teil eines IP-Paketes sind die *dienstspezifischen Daten.* Sie stellen die zu übertragenden Daten/Inhalte dar. Im Fall von FTP enthält dieses Datenpaket die zu übertragende Datei. Bei E-Mail enthält es die versandte Nachricht.
Wesentlich ist dabei die Tatsache, daß der Inhalt eines IP-Paketes immer im Klartext übertragen wird. Sei es nun das eingegebene Paßwort beim Aufbau einer FTP- oder Telnet-Verbindung oder lediglich der Inhalt einer versandten E-Mail – die Übertragung der Daten erfolgt nicht in verschlüsselter Form.

5.1.1.2 Der Routing-Vorgang

Nicht nur der Aufbau einer am Internet übertragenen Nachricht verdient nähere Betrachtung, sondern auch die Art und Weise wie diese Übertragung erfolgt. Das Internet ist – wie schon der Name impliziert – kein homogenes Rechnernetz, sondern ein „Netz der Netze".
Da jedes Netz von unabhängigen Administratoren überwacht und konfiguriert wird, kann im Falle eines Übertragungsfehlers niemand verantwortlich gemacht werden. Im Internet gibt es daher keine Möglichkeit der Haftung. Beim Übergang von Netz zu Netz kann es durch fehlerhafte Konfiguration der sehr wartungsintensiven Netzkomponenten zu Paketverlusten kommen. Darüber hinaus ergibt sich aus der dezentralen Organisation ein erhebliches Sicherheitsrisiko, da die Daten im Laufe der Übertragung an zahlreichen Stellen eingesehen werden können.
Die Weiterleitung eines IP-Paketes von einem Netz zum nächsten nennt man *Routing.* Schnittstelle oder auch Gateway ist dabei ein Rechner, der beide Netze verbindet – ein sogenannter *Router.* Diese Geräte sind mit zahlreichen Netzwerkschnittstellen ausgestattet und können – abhängig von der IP-Adresse des Empfängers – Pakete zwischen den angeschlossenen Netzen weiterreichen. Bei Fehlkonfiguration oder Ausfall eines Routers können IP-Pakete verlorengehen.

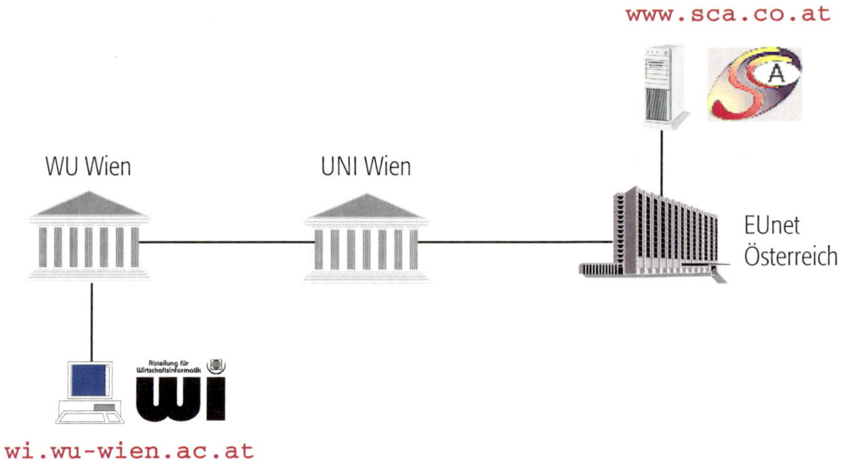

Abb. 70: Routing von IP-Paketen

Die Abbildung 70 zeigt die Route eines Paketes von einem Rechner der Wirtschaftsuniversität Wien zur Shopping City Austria (SCA), einer Electronic Mall. Die Übertragung erfolgt über die Universität Wien zur EUnet GesmbH, dem Internet-Provider der SCA. An diesen Stationen wird das Datenpaket von einem Netz in das nächste geroutet, bis es beim SCA-Rechner ankommt.
Ein von der Wirtschaftsuniversität Wien zur New York University gesandtes IP-Paket passiert mindestens 14 Gateways, bis es schließlich am Zielrechner anlangt. Die Route der Datenpakete kann sich jedoch dynamisch ändern. An jedem Gateway muß die Adreßinformation im IP-Paket ausgewertet werden. Selbstverständlich kann bei dieser Gelegenheit auch gleichzeitig sein Inhalt gelesen oder dupliziert werden.
Die Pakete im Netz selbst abzuhören ist dagegen nur mit sehr großem technischem Aufwand möglich. Oft sind jedoch zumindest beim Absender und Empfänger Netzwerktechnologien wie beispielsweise Ethernet im Einsatz. In einer solchen Umgebung sind am Netz übertragene Daten verhältnismäßig einfach einzusehen – es bedarf lediglich der entsprechenden Software.

5.1.1.3 Der Adressierungsmechanismus der Internet-Protokolle

Wie erwähnt, wird eine IP-Adresse vom Netzwerkadministrator vergeben, der wiederum von seinem Internet-Provider einen entsprechenden Adreßbereich zugewiesen bekam. Wird ein Computer im Internet durch ein neueres Gerät ersetzt, so kann dieselbe IP-Adresse weiterverwendet werden. Hier

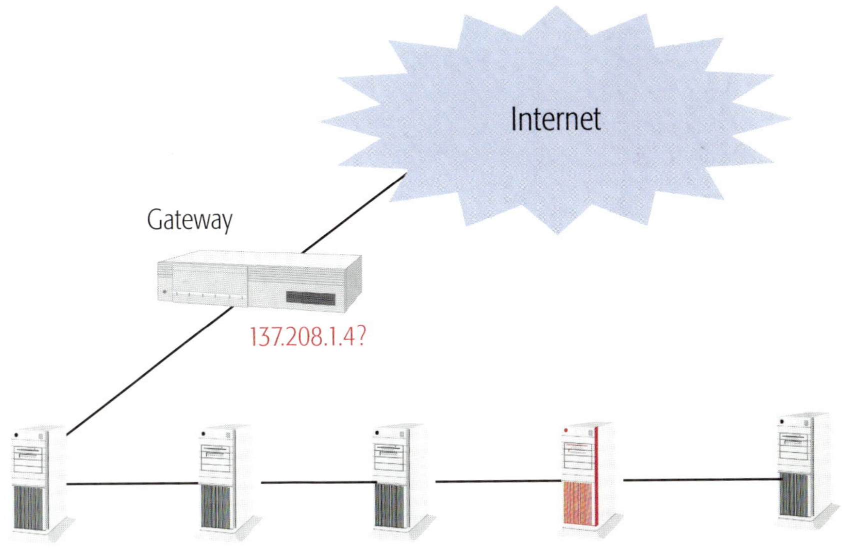

Abb. 71: Auflösung einer IP-Adresse

finden wir die gleiche Situation wie beim Routing-Vorgang: Die Flexibilität der Adressierung wird mit geringer Sicherheit erkauft.
Betrachten wir kurz den oben dargestellten Vorgang. Erreicht ein IP-Paket sein Zielnetz und soll dort einem Rechner mit einer bestimmten IP-Adresse zugestellt werden, so versucht das Gateway mit Hilfe einer kurzen Nachricht an alle Rechner im LAN herauszufinden welcher die angegebene IP-Adresse hat. Der Zielrechner meldet sich mit einer kurzen Antwort an das Gateway, worauf ihm das IP-Paket zugestellt wird. Dieser Mechanismus beruht auf Vertrauen – meldet sich ein anderer Rechner zuerst, so kann er problemlos ein Paket abfangen.
Gleich dem Routingvorgang bietet dieser auf den ersten Blick unsichere Mechanismus viele Vorteile. Bei Ausfall eines bedeutsamen Servers beispielsweise, kann dessen Funktion unbemerkt von einem anderem Rechner übernommen werden, indem diesem die IP-Adresse des ausgefallenen Rechners zugewiesen wird.

5.1.1.4 Fazit

Die hohe Flexibilität, die dem TCP/IP-Protokoll zum Erfolg verholfen hat, führt im kommerziellen Einsatz zu entscheidenden Sicherheitsproblemen. Die übertragenen Daten sind im IP-Paket im Klartext enthalten und können daher im Laufe des Übertragungsvorganges an beliebigen Knoten eingesehen, kopiert, abgefangen oder verfälscht werden. Der von den IP-Protokollen eingesetzte Adressierungsmechanismus läßt darüber hinaus eine auf IP-Adressen basierende eindeutige Identifizierung des Absenders oder Empfängers nicht zu.
Daraus ergeben sich für Unternehmen, die eine volle Integration der Internet-Anbindung in das unternehmensinterne Netz ins Auge fassen, zwei Konsequenzen:

1. Das unternehmensinterne Rechnernetz muß vor unerwünschten Eindringlingen aus dem Internet geschützt werden. Dies wird üblicherweise mit Hilfe von Firewalls erreicht.
2. Weiters müssen wegen des unsicheren Internet-Protokolls entsprechende Verschlüsselungstechnologien eingesetzt werden, die eine sichere Abwicklung von Geschäften ermöglichen.

5.1.2 Abschottung durch Firewalls

Der Trend geht in Richtung Integration von internetbasierten Informationssystemen in die unternehmensinterne Datenverarbeitung. Denn nur so läßt sich das Internet wirklich produktivitätssteigernd nutzen. Beispielsweise der effiziente Einsatz als Vertriebsmedium für Verkaufsaktivitäten bedingt den Zugriff auf die Produkt- und Kundenstammdaten des Unternehmens. Dazu ist nicht nur ein voller, sondern ein voll integrierter Internet-Zugang notwendig. Das heißt, ein unternehmenseigener Internet-Server, der extern mittels Standleitung an das Internet angebunden ist und intern über eine direkte Schnittstelle zu den Unternehmensdatenbanken verfügt.

Ein Vertrag mit einem kommerziellen Internet-Provider, die Zuweisung von IP-Adressen, ein Gateway – und der Zugang zum weltumspannenden Datennetz ist offen. Was dabei oft übersehen wird, ist die Tatsache, daß im gleichen Moment auch der Zugriff vom Internet auf das unternehmenseigene LAN geöffnet wird. Ein effektiver Schutz kann hier mittels Firewall-Technologie in Verbindung mit einem Sicherheitskonzept erzielt werden.

5.1.2.1 Firewalls – die Grundlagen

Der Begriff *Firewall* hat zwei unterschiedliche Bedeutungen. *Firewall im engeren Sinne* ist ein speziell konfigurierter Netzwerkknoten, der die Verbindung zwischen dem unternehmensinternen LAN und dem Internet herstellt. Dabei kann es sich um einen Router oder einen Computer mit zwei Netzwerkanschlüssen und einer entsprechenden Software handeln. Ein Teil dieser Software sind die sogenannten *Proxies,* die, vergleichbar mit dem Türsteher eines Nachtclubs, entscheiden, welche Internet-Dienste auf das unternehmensinterne Netz zugreifen dürfen und welche draußen bleiben müssen.

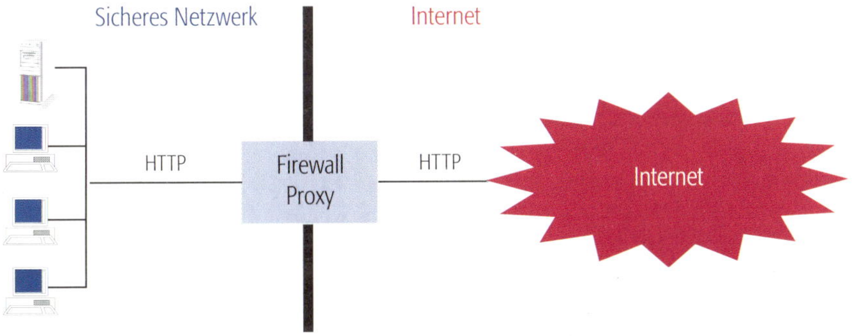

Abb. 72: Firewall-Funktion eines Gateways

Die Darstellung zeigt die typische Konfiguration eines Unternehmens mit Internet-Anschluß. Jeder Netzverkehr vom oder zum Internet *muß* über den Firewall laufen. Daraus ergeben sich mehrere Vorteile:

- Die Sicherheitsmaßnahmen konzentrieren sich auf den Firewall, auf den die Benutzer keinen Zugriff haben. Die Konfiguration wird ausschließlich von den Systemadministratoren durchgeführt. Die Paßwortvergabe unterliegt strengen Richtlinien. Maßnahmen wie *Password Ageing* (automatisch ablaufende Paßwörter) und *Shadow Password Files* (versteckte Paßwortdateien) kommen dabei zum Einsatz.
- Durch den Firewall können bestimmte Internet-Dienste blockiert werden. Dieser als *Packet Filtering* bezeichnete Vorgang kann für einwärts- und auswärtsgerichtete Pakete unterschiedliche Spielregeln festlegen. So kann beispielsweise Rechnern aus dem geschützten Rechnernetz der FTP-Zugriff in das Internet ermöglicht wer-

den, während aus dem Internet nicht via FTP auf das geschützte Netz zugegriffen werden kann.

Die *Sicherheitsmaßnahme Firewall* umfaßt aber wesentlich mehr als nur die Bereitstellung einer Workstation mit spezieller Software oder eines dedizierten Routers. Ständige Wartung und die organisatorische Implementierung einer unternehmensweiten Sicherheitsstrategie spielen in diesem Zusammenhang eine wesentliche Rolle. Eine entsprechenden Personalpolitik hat hier besonders große Bedeutung. Die besten vorgefertigten Firewall-Lösungen werden nicht zum Erfolg führen, wenn keine kompetenten Mitarbeiter zur Wartung und Konfiguration zur Verfügung stehen. Angesichts des rasanten Tempos, mit dem neue Internet-Dienste und Produkte auf den Markt kommen, ist die ständige Ausbildung und Schulung dieser Administratoren unumgänglich. Einem ohnehin überlasteten Rechenzentrum auch noch die Wartung des Firewalls zu übertragen führt mit Sicherheit nicht zum gewünschten Erfolg. Selbst wenn der technische Betrieb und die Wartung des Gateways vom Unternehmen zum Internet-Provider ausgelagert wird, fällt die Sicherheitspolitik *immer* in den Aufgabenbereich des betroffenen Unternehmens.

5.1.2.2 Einsatz von Proxies zur gezielten Freigabe von Internet-Diensten

Proxies sind sozusagen die Torwächter des Sicherheitssystems. Diese Programme entscheiden, ob bestimmte IP-Pakete den Firewall passieren dürfen oder nicht. In der praktischen Umsetzung von Sicherheitsstrategien kommt den Proxies damit eine große Bedeutung zu.
Oft wird in Unternehmen eine sehr restriktive Sicherheitspolitik angewendet, die das IP-Routing für das unternehmensinterne Rechnernetz völlig unterbindet. Dadurch wird das interne Netz für das Internet unerreichbar. Andererseits gilt dasselbe auch für auswärtsgerichtete Pakete. Von den Unternehmensrechnern kann also ebenfalls nicht mehr auf das Internet zugegriffen werden.
Mittels Proxies ist nun ein selektiver Datenverkehr über den Firewall vom Unternehmen ins Internet darstellbar. Damit kann Angestellten eines Unternehmens der Zugriff auf externe Ressourcen, beispielsweise via Telnet, ermöglicht werden, während ein von außen stattfindender Zugriffsversuch auf Rechner im Unternehmen ausgeschlossen bleibt.
Proxy-Software wird also eingesetzt, um beim Firewall einlangende IP-Pakete zu einem Rechner auf der anderen Seite des Firewalls weiterzuleiten. Ein typisches Beispiel für eine solche Maßnahme ist das Weiterleiten von FTP-Paketen aus dem unternehmensinternen Netz über einen Firewall. Über Proxies lassen sich auch automatisierte Zugriffsdateien führen. Diese sogenannten *Logfiles* bieten im Falle eines Computereinbruches oder eines etwaigen Rechtsstreites mit Mitarbeitern erste Anhaltspunkte. Der Proxy protokolliert dabei am Firewall von jedem ein- und ausgehenden Datenpaket Absender, Empfänger, Internet-Dienst und Zeit – und leitet das Paket anschließend weiter.

5.1.2.3 Ein firewallbasiertes Sicherheitskonzept

In diesem Abschnitt wird exemplarisch das Sicherheitskonzept einer fiktiven Firma *WInet* beschrieben, die ihre Marketing- und Vertriebsaktivitäten über das Internet abwickelt. Zu diesem Zweck steht ein voller Internet-Anschluß in der Form eines Internet-Routers zur Verfügung, der *WInet* mit dem Internet-Provider verbindet. Die Systemadministration von *WInet* konzentriert ihre Maßnahmen auf einen Firewall und erstellt nachfolgendes Sicherheitskonzept:

- Aus dem Internet ist lediglich der Firewall erreichbar, auf den unter der Adresse *www.winet.com* zugegriffen werden kann. Das IP-Routing zwischen den Rechnern im unternehmensinternen LAN und dem Internet ist deaktiviert.
- HTTP-Zugriffe werden vom Firewall zum HTTP-Server der Firma weitergeleitet. Auf diesem sehr wichtigen Rechner laufen sämtliche Prozesse zur Abwicklung der kommerziellen Transaktionen und dort wird auch das WWW-Angebot von *WInet* gewartet.
- Kataloge und kostenlose Prototypen stellt *WInet* auch über anonymen Dateitransfer *(anonymous ftp)* zur Verfügung. Aus diesem Grund wird der Firewall mit dem Zweitnamen *ftp.winet.com* versehen. Die einzelnen Mitarbeiter von *WInet* können jedoch nicht selbst die gewünschten Dateien am Firewall plazieren, dieser Update wird einmal täglich von der Systemadministration durchgeführt.
- *WInet* ist stolz darauf, daß alle Mitarbeiter über E-Mail erreichbar sind. Aus diesem Grund wird jedem Angestellten ein Alias in der Form *Vorname.Nachname@winet.com* zugewiesen. Vom Firewall selbst, der in diesem Beispiel als Mail-Verteiler fungiert, erfolgt die Zustellung zum Rechner des jeweiligen Adressaten.
- Schlußendlich soll den Mitarbeitern von *WInet* der Zugriff auf Ressourcen im Internet durch die restriktive Sicherheitspolitik nicht verwehrt bleiben – für HTTP, Telnet und FTP werden Proxies am Firewall aktiviert, die einen auswärtsgerichteten Zugriff von allen Rechnern im unternehmensinternen LAN erlauben.

Dieses fiktive Beispiel zeigt deutlich, daß jedes firewallbasierte Sicherheitskonzept gewisse Einschränkungen mit sich bringt. Es gilt, die Sicherheitsinteressen des Unternehmens gegenüber dem Komfort eines uneingeschränkten Internet-Anschlusses abzuwägen. Die Mitarbeiter von *WInet* können nicht von anderen Geräten im Internet auf Rechner im unternehmensinternen Netz zugreifen, genauso wie dem Hersteller der Serverhardware die Möglichkeit einer internetbasierten Fernwartung verwehrt bleibt. Soll ein neuer Internet-Dienst eingesetzt werden, so muß ein entsprechender Proxy konfiguriert oder neu implementiert werden.

5.1.2.4 Kosten eines firewallbasierten Sicherheitskonzeptes

Zentraler Punkt bei der Abschätzung der Kosten eines Sicherheitskonzeptes ist der Wartungsaufwand. Ein Internet-Router ist bereits unter 3.000 US-Dollar zu haben. Die Preise für Firewall-Software erstrecken sich von Public Domain-Produkten bis zu 20.000 US-Dollar. Eine Hard- und Softwarelösung, die auch die unternehmensspezifische Konfiguration des Systems umfaßt, ist beispielsweise um 30.000 US-Dollar zu haben.
Ein Preis-Leistungs-Vergleich ist jedenfalls schwierig. Ein fähiger Systemadministrator kann mit Hilfe eines Routers, einer Workstation und einiger Public Domain-Produkte ein ausgezeichnetes Sicherheitssystem erstellen. Eine teure Hard- und Softwarelösung ist nur dann interessant, wenn die notwendige Beratungsleistung (Erstkonfiguration und Wartung) vom Hersteller im Preis inbegriffen ist. Personalkosten spielen jedenfalls bei der Entwicklung eines Sicherheitskonzeptes eine gewichtige Rolle.

5.1.3 Transaktionssicherheit

Ein konsequentes Sicherheitskonzept ist freilich erst der halbe Weg zum internetbasierten Geschäftsabschluß. Sind die unternehmensinternen Datenbestände aus der Reichweite von nicht autorisierten Interessenten, so stellt sich die Frage nach geeigneten Rahmenbedingungen für die Abwicklung kommerzieller Transaktionen über das Internet.

Die Transaktionssicherheit stellt folgende Anforderungen an die internetbasierte Kommunikation:

- Beide Vertragspartner sollen eindeutig identifiziert werden. Dies erfordert einen von der IP-Adresse unabhängigen Erkennungsmechanismus.
- Die Integrität einer übertragenen Nachricht muß gewährleistet sein. Das heißt, die Möglichkeit einer unbemerkten Veränderung durch Dritte muß ausgeschlossen sein.
- Der Inhalt der Nachricht muß während der Übertragung für Dritte uneinsehbar sein.
- Der Absende- und Empfangsvorgang muß belegbar sein.

Diese Anforderungen sind aus dem alltäglichen Geschäftsleben durchaus vertraut. Ein eingeschriebener Brief erfüllt die Voraussetzungen, um auf diese Weise Verträge verschicken zu können; ein schlichter Telefonanruf mit Rückruf reicht aus, um eine Bestellung bei einem Pizza-Service in die Wege zu leiten. Je nach der Bedeutsamkeit des Geschäftsabschlusses müssen diese Kriterien mehr oder weniger strikt erfüllt sein.
Im Internet finden sich unterschiedliche Ansätze, um Transaktionssicherheit zu gewährleisten. Alle bedienen sich dabei eines Konzeptes, das keineswegs neu ist – der *Public Key-Kryptographie.*

5.1.3.1 Public Key-Kryptographie

Die Problematik der Übertragung geheimer Daten auf unsicheren Kommunikationskanälen ist seit Jahrzehnten Forschungsgegenstand der Kryptographie. Der naheliegende Zugang besteht wohl darin, den Klartext mit Hilfe eines geheimen Codes zu verschlüsseln und die somit unleserliche Nachricht dann auf dem unsicheren Medium zu übertragen. Dieser Idee haftet lediglich die Unzulänglichkeit an, daß der Schlüssel zumindest vor der ersten Übertragung auf einem sicheren Kommunikationsweg dem Empfänger kenntlich gemacht werden muß. Wenn dieses sichere Medium jedoch ohnehin zur Verfügung steht, stellt sich die Frage nach dem Sinn der Übertragung über den unsicheren Kommunikationskanal.

Einen etwas unterschiedlichen Zugang bietet die *Public Key-Kryptographie,* die von einem sicheren Kommunikationskanal unabhängig ist.

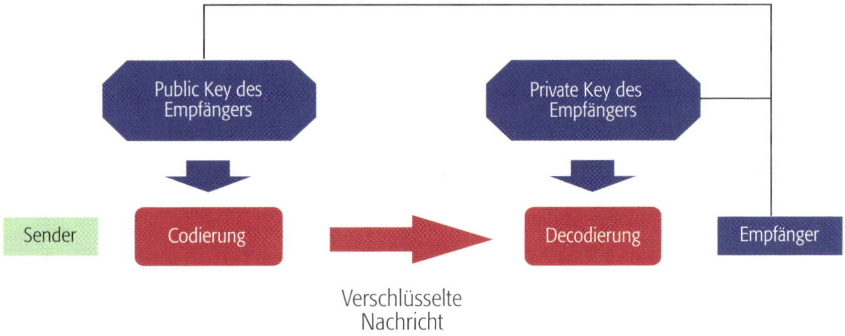

Abb. 73: Public Key-Kryptographie

Grundlage dieses Konzeptes sind sogenannte *Schlüsselpaare.* Das Ver- und Entschlüsseln geschieht nicht mehr mit Hilfe eines einzelnen Schlüssels, sondern mit zwei unterschiedlichen, einander zugeordneten Schlüsseln.
Der eine wird als *öffentlicher Schlüssel* (engl.: public key) bezeichnet, weil er weitergegeben und veröffentlicht wird mit dem Zweck, Nachrichten an den Verteiler zu verschlüsseln. Der andere ist der zugehörige *private Schlüssel,* den der Verteiler beziehungsweise Adressat besitzt, um die mittels Public Key kodierten Botschaften wieder zu entschlüsseln. Konkret: Der Public Key dient ausschließlich zum Verschlüsseln einer Nachricht, die nur mit dem dazugehörigen Private Key wieder zu entschlüsseln ist.

Ein Beispiel: Um einem Geschäftspartner eine verschlüsselte Nachricht zu übermitteln, ist dessen *öffentlicher Schlüssel* zur Codierung notwendig. Die so verschlüsselte Nachricht kann vom Empfänger nur mit Hilfe seines zugehörigen *privaten Schlüssels* in Klartext übersetzt werden. Klarerweise ist der private Schlüssel niemanden bekannt außer dem Adressaten selbst. Sowohl der öffentliche Schlüssel als auch die Nachricht können über einen un-

sicheren Kommunikationskanal übertragen werden, ja können sogar in der Zeitung veröffentlicht werden.
Die Achillesferse der Public Key-Kryptographie ist dabei die Übergabe des *öffentlichen Schlüssels* – gelingt es einem Betrüger, zu diesem kritischen Zeitpunkt den öffentlichen Schlüssel des eigentlichen Empfängers durch einen eigenen zu ersetzen, so vermag er in der Folge die an diese Person versandten verschlüsselten Nachrichten mit Hilfe des zugehörigen *privaten Schlüssels* zu decodieren.

Die Public Key-Kryptographie bietet jedoch auch eine Reihe von Vorteilen, die dieses Konzept für den Einsatz im Internet sehr interessant erscheinen lassen.

- Mit Hilfe des *privaten Schlüssels* kann einem Text eine elektronische Unterschrift hinzugefügt werden, welche mit dem zugehörigen öffentlichen Schlüssel überprüft werden kann. Aus der Unterschrift kann selbstverständlich nicht der private Schlüssel abgeleitet werden, es läßt sich jedoch mit dem zugehörigen *öffentlichen Schlüssel* die Echtheit der Unterschrift eindeutig feststellen. Folglich kann eine solche Unterschrift nur der Inhaber des *privaten Schlüssels* erstellen – sie kann aber von jedermann, der im Besitz des zugehörigen *öffentlichen Schlüssels* ist, verifiziert werden.
- Neben einer digitalen Unterschrift kann einem Text auch noch ein sogenannter *Message Digest* hinzugefügt werden. Dies bedeutet nichts anderes, als daß der Inhalt des Textes in die Erstellung der elektronischen Unterschrift mit eingeht – der Empfänger kann somit nicht nur die Identität des Absenders verifizieren, sondern auch feststellen, ob der Inhalt der Nachricht im Laufe der Übertragung verändert wurde.

Die Public Key-Kryptographie bedeutet für Transaktionen im Internet vielfältige neue Möglichkeiten. Die benötigten Schlüsselpaare lassen sich von geeigneter Software relativ rasch erzeugen. Die Schlüsselverwaltung ist in den meisten Anwendungen vom Benutzer völlig verborgen.
Sind die öffentlichen Schlüssel den Kommunikationspartnern gegenseitig bekannt, so können Nachrichten mit Message Digest unterschrieben und gezielt für einen bestimmten Empfänger codiert werden. Dieser kann sich so wiederum der Authentizität der Nachricht und der Identität des Absenders sicher sein.
Mit Hilfe der Public Key-Kryptographie können alle angeführten Anforderungen an die Transaktionssicherheit erfüllt werden, und zwar auf wesentlich sicherere und bequemere Art und Weise als im herkömmlichen Geschäftsleben.

5.1.3.2 Weiterentwicklung des Hypertext Transfer Protokolls

Die rasant steigende Popularität des Internet ist nicht zuletzt auf die Entwicklung und Verbreitung des WWW zurückzuführen. Das zugrundeliegende Protokoll HTTP ist ebenfalls ein auf TCP/IP basierender Internet-Dienst und bringt daher alle bereits erwähnten Sicherheitsprobleme mit sich.

Eine sichere Weiterentwicklung dieses Protokolls basierend auf Public Key-Kryptographie scheint ein naheliegender Schritt.
Tatsächlich liefern sich in diesem Bereich die beiden größten Anbieter von WWW-Software, Mosaic und Netscape, ein Wettrennen. Gerade das WWW ist für kommerzielle Internet-Anwender von höchstem Interesse. Es entstehen immer mehr virtuelle Shopping-Malls und Market Places, die den Versandhandel mit Bestellvorgang über das Internet betreiben.

SSL von Netscape

Die *Secure Socket Library* ist Grundlage des von Netscape vertriebenen *Netscape Commerce Server*, einem WWW-Server, der sowohl über das unsichere HTTP als auch mittels einer sicheren Variante des Hypertext Transfer Protokolls zu kommunizieren vermag. Derselbe Server ist also in der Lage, harmlose Dokumente über das unverschlüsselte HTTP anzubieten, während ein Formular zur Eingabe sensitiver Informationen nur über das sichere Protokoll übertragen wird. Obwohl SSL ein offener Standard ist, wird er zur Zeit lediglich im hauseigenen Netscape WWW-Browser implementiert.
SSL basiert auf der im letzten Abschnitt vorgestellten Public Key-Kryptographie. Jeder Netscape-Browser enthält den öffentlichen Schlüssel eines zentralen Netscape-Servers in den USA. Dieser Rechner bestätigt die Identität der von Netscape vertriebenen WWW-Server. Dabei wird das Konzept der Public Key-Kryptographie eingesetzt, um eine sichere Kommunikation zwischen einem Netscape Browser und den Netscape Secure Servern zu ermöglichen.
Wie eingangs erwähnt, ist Sicherheit ein relativer Begriff. Zwei Studenten knackten wiederholt den Sicherheitscode des Netscape „Navigator". Mittlerweile sind diese Fehler längst behoben. Aber die Sache mit der Sicherheit ist, wie ein Softwareexperte meint, „ähnlich einem Schloß mit 1.000 Türen". Da ist das Risiko groß, daß man eines Tages vergißt, eine davon zu versperren.
Unternehmen, die einen sicheren Commerce Server betreiben wollen, müssen mit Anschaffungskosten von 5.000 US-Dollar und jährlichen Betriebskosten in der Höhe von 290 US-Dollar für die Server-Software rechnen. Abschließend sei noch erwähnt, daß die beschriebenen Vorgänge der Ent- und Verschlüsselung für den Anwender völlig transparent sind – durch ein kleines Symbol im linken unteren Eck des Browser-Fensters wird angezeigt, ob momentan über den kryptographisch abgesicherten Kanal kommuniziert wird.

Secure HTTP von EIT

Einen ähnlichen Weg geht die Firma *Enterprise Integration Technologies.* Sie entwickelt in Kooperation mit *RSA Data Security* sowie dem *National Center for Supercomputing Applications (NCSA)* ebenfalls ein sicheres Hypertext Transfer Protokoll. RSA Data Security besitzt die Lizenzrechte für den kommerziellen Einsatz der Public Key-Kryptographie, und NCSA ist die Geburtsstätte des ersten Web-Browsers Mosaic.
In seiner Grundstruktur stellt Secure-HTTP ebenfalls die gesamten Vorteile der Public Key-Kryptographie wie Verschlüsselung, digitale Unterschriften und Zertifizierungsmechanismen zur Verfügung. Derzeit liegt erst ein Prototyp vor, der im *CommerceNet*-Pilotprojekt getestet wird.

5.1.3.3 Geldtransfer über das Internet

Das wesentlichste Einsatzgebiet der Public Key-Kryptographie ist derzeit der elektronische Zahlungsverkehr. Ein Paradebeispiel sind die unterschiedlichen Formen von „Internet-Geld". Um die Entwicklung aufzuzeigen, werden die führenden Unternehmen auf dem Gebiet des elektronischen Geldes und ihre Technologien kurz vorgestellt.

Cybercash

Die Firma Cybercash wurde 1994 gegründet und sieht ihre Aufgabe in einer Vermittlerrolle zwischen Banken und Kreditkartengesellschaften einerseits und kommerziellen Internet-Anwendern – Verkäufern genauso wie Käufern – andererseits. Grundlage dieser Anwendung sind ebenfalls die von RSA Data Security lizensierten Konzepte der Public Key-Kryptographie.
Cybercash basiert auf einer frei verfügbaren Client-Software, die dem Anwender auf einfache Art und Weise das Begleichen von Rechnungen über Kredit- oder Geldkarten ermöglicht. Die entsprechende Verbreitung im Internet versucht Cybercash mit der Integration ihrer Software in Web-Browsern zu erreichen. Eine Cybercash-Überweisung würde dabei folgendermaßen ablaufen: Durch Klicken auf einen Pay-Button wird die Cybercash-Software mit dem festgesetzten Betrag gestartet. Nach Eingabe des PIN-Codes wird die Information verschlüsselt an den Verkäufer geschickt. Dieser identifiziert sich seinerseits durch seine digitale Unterschrift und sendet die gesamten Informationen an den Cybercash-Server weiter. Dort wird nun der Routineprüfungsvorgang mit der jeweiligen Kredit- oder Geldkartengesellschaft eingeleitet, die entsprechende Abbuchung durchgeführt, der Betrag dem Konto des Verkäufers gutgeschrieben und die Transaktion dem Käufer bestätigt.

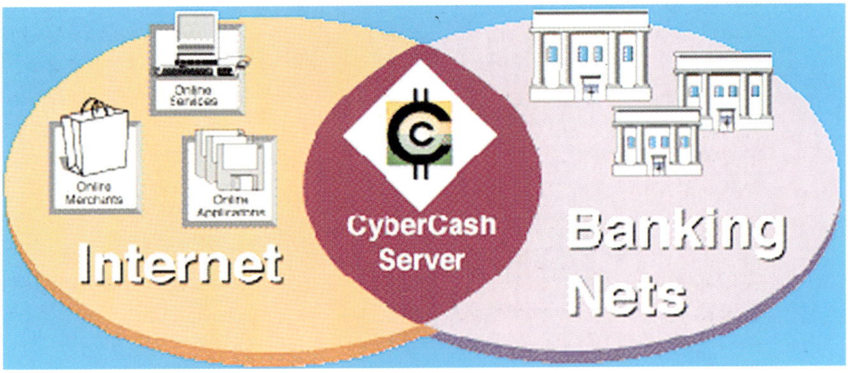

Abb. 74: Das CyberCash-System (http://www.CyberCash.com/)

Cybercash plant die Erweiterung dieses Systems in Richtung elektronischen – von einer Bank zertifizierten – Internet-Geldes. In diesem Bereich verfügt allerdings der Konkurrent *DigiCash* über einen entscheidenden Marktvorsprung.

Ecash von DigiCash

DigiCash kann auf langjährige Erfahrungen mit elektronischem Geld jeglicher Form zurückblicken, neben Chipkarten- und elektronischen Maut-Verrechnungssystemen profiliert sich das holländische Unternehmen nun am Internet mit dem Produkt *Ecash*.

Abb. 75: Die Ecash-Software der Firma DigiCash (http://www.DigiCash.com)

Die oben dargestellte Client-Software zur Abwicklung von Transaktionen mit Ecash wird dem Anwender kostenlos zur Verfügung gestellt. Sie läßt sich beispielsweise problemlos in NCSA-Mosaic integrieren. Damit das Transaktionssystem funktioniert, benötigt man ein Girokonto bei einer Ecash-Partnerbank (gegenwärtig nur die First Digital Bank). Mit Hilfe der Ecash-Software kann ein Teil des Kontobestandes dann auf den lokalen Rechner transferiert werden und steht dort digital zur Bezahlung von Internet-Rechnungen zur Verfügung.

Der Begünstigte muß natürlich ebenfalls über ein Ecash-Konto verfügen. Hat ein Anwender nicht mehr genug Ecash im PC-Speicher, muß er von seinem Konto neuen Ecash auf seinen Rechner laden. Der jeweils verbleibende Betrag an Ecash in der „elektronischen Brieftasche“ wird in der oberen Leiste dargestellt (in diesem Beispiel 11,94 US-Dollar). Dem Vorteil der jederzeitigen Verfügbarkeit steht das Verlustrisiko, beispielsweise durch eine unbeabsichtigte Formatierung der Magnetplatte, gegenüber. Die gesamte Funktionalität des Produktes – Abheben, Einzahlen, Überweisen an andere Ecash-Anwender und Bezahlen von Rechnungen – kann mit den dargestellten Tasten gesteuert werden.

Die Implementierung dieses Konzeptes erfolgt ebenfalls auf Grundlage der Public Key-Kryptographie – Ecash erhält seinen Wert durch die digitale Unterschrift der digitalen Notenbank. Im Gegensatz zu Cybercash gibt es gegenwärtig (Sommer 1995) bereits 60 *Ecash-Shops* am Internet, in denen mit dieser Währung bezahlt werden kann.

5.1.3.4 Open Market – eine integrierte Gesamtlösung

Das 1994 gegründete Unternehmen Open Market, Inc. bietet eine integrierte Gesamtlösung zum Einstieg in die Welt des kommerziellen Internet-Einsatzes an. Die hier schematisierte Palette von Serverprodukten ermöglicht den professionellen Einsatz des Internet als Vertriebsmedium:

Kernstück des Systems ist der Secure Server, der über beide zuvor vorgestellten, sicheren HTTP-Varianten (SSL von Netscape sowie S-HTTP) kom-

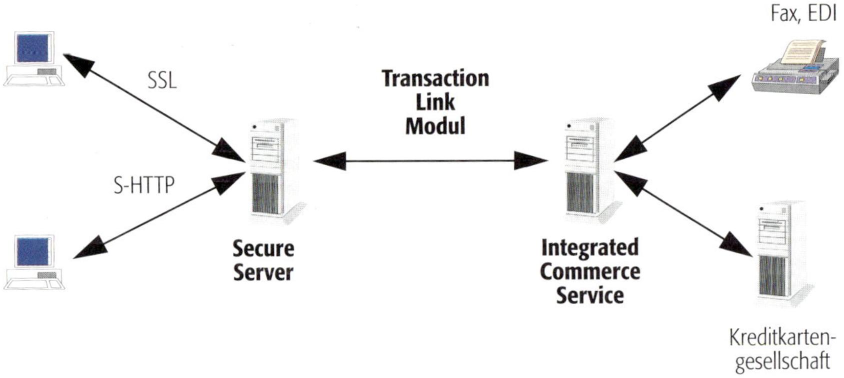

Abb. 76 Das Integrated Commerce Environment von Open Market (http://www.OpenMarket.com)

munizieren kann. Dadurch wird sowohl mit der Client-Software von Netscape als auch mit Mosaic der Zugriff im sicheren Übertragungsmodus ermöglicht. Das Transaction Link Modul kommuniziert ebenfalls über einen sicheren Kanal mit dem Integrated Commerce Service, einem bei Open Market eingerichteten Server. Dieser führt nach ähnlichem Muster wie der Cybercash-Server die Überprüfung von Kredit- und Geldkarteninformationen durch und nimmt Abbuchungen vor. Darüber hinaus werden zusätzliche Funktionen wie die Übernahme der Auftragsabwicklung angeboten – beispielsweise kann eine Liste der bestellten Güter täglich via EDI oder Telefax direkt an die entsprechende Abteilung des Anbieterunternehmens geschickt werden.

5.1.4 Resümee

Von Internet-Providern in Österreich und Deutschland werden bereits sichere WWW-Server angeboten. Die Entwicklung in diesem Bereich ist klar vorgezeichnet: Die Sicherheitsproblematik ist ein überwindbares Hindernis. Mit Hilfe einer firewallbasierten Sicherheitspolitik und dem Einsatz von kryptographischer Software können die geeigneten Rahmenbedingungen für Geschäftsabschlüsse am Internet geschaffen werden.
Das größte Problem dabei ist allerdings die Einigung der Hersteller auf einen gemeinsamen Standard bei Sicherheitsprotokollen und elektronischen Geldtransfers via Internet. Und da hat gerade erst der Streit begonnen. Große Konsortien, bestehend aus Softwareherstellern, Banken, Kreditkartenfirmen und Handelsketten, kämpfen hier gegeneinander um eine Vormachtstellung. Wann und von wem letztendlich der Standard im Cyberspace gesetzt wird, ist dabei momentan nicht absehbar. Bis dahin werden verschiedene Systeme versuchen, sich am Markt durchzusetzen, die jedoch leicht zu Insellösungen werden können. Deshalb werden sich die Investitionen und damit auch das On-line-Shopping in Zukunft zurückhaltender gestalten als vielfach erwartet wird.

5.2 Der rechtliche Kontext

5.2.1 Einleitung

Anbieter und Konsumenten gleichermaßen werden im Bereich der Telekommunikation mit einer Fülle rechtlicher Fragen und Probleme konfrontiert. Herrschen auf der Infobahn andere Gesetze? Eine Auswahl der aktuellsten Rechtsfragen und die wesentlichen privatrechtlichen Aspekte der kommerziellen Internet-Nutzung sollen hier diskutiert werden.
Wie schon in den vorigen Kapiteln gezeigt, wird heute im Internet bereits eine bunte Produktpalette angeboten. Dazu gehören auch Spezialitäten der italienischen Küche wie etwa Pizzas. In Wien stellte ein Unternehmen namens „Pizza Flitzer“ als erstes auf diese neue Vertriebsform um und verkündete ihren innovativen Schritt recht ausgiebig in den Medien.
Zum Leidwesen des Unternehmers kamen über das Internet gleich am ersten Tag zahlreiche Scherzbestellungen. Daraufhin lieferte der Pizza Flitzer on-line bestellte Pizzas – wie früher – nur nach telefonischer Rückbestätigung aus.
Dieser Fall ist symptomatisch für den „Kommerz im Internet“. Während das Telefon oder gar die Briefpost heutzutage nur äußerst selten für fingierte Bestellungen mißbraucht werden, übt das neue Medium diesbezüglich offenbar einen eigenen Reiz auf infantile Gemüter aus.
Wenn es einem Unternehmer nicht möglich ist, einen auf diesem Weg übermittelten Auftrag eindeutig und beweisbar einem bestimmten Absender zuzuordnen, trägt er ein nicht zu unterschätzendes wirtschaftliches Wagnis. Gerade bei „heißer Ware“, wie etwa der erwähnten Pizza, wird dieses offenbar so groß, daß mit parallel eingesetzten traditionellen Kommunikationsmitteln zumindest ein vertretbares Maß an Sicherheit erreicht werden soll. Damit wird aber die neue On-line-Bestellmöglichkeit gleich zu Beginn ad absurdum geführt. Denn: Wer wird zuerst über Internet bestellen und dann zur Bestätigung nochmals zum Telefonhörer greifen wollen?

5.2.2 Zulässigkeit unverlangter Werbung

Werbung via Internet wurde bereits im Marketingteil angesprochen. Abgesehen von den Verstößen gegen die Netiquette, sind elektronische „Postwurfsendungen“ via E-Mail möglicherweise auch rechtlich nicht unbedenklich.
Bei der Prüfung dieser Frage stößt man mangels passender Sondertatbestände bald auf die Bestimmung des § 1 UWG (= Bundesgesetz gegen den unlauteren Wettbewerb), die es verbietet, im geschäftlichen Verkehr zu Zwecken des Wettbewerbs Handlungen vorzunehmen, die gegen die guten Sitten verstoßen. Mit dieser sogenannten „Generalklausel“ begegnet der Gesetzgeber der nicht im Detail beschreibbaren Vielfalt möglicher Wettbewerbsverstöße. Durch ihre notwendige Unschärfe räumt die genannte Norm dem Richter bei der Rechtsanwendung einen viel weiteren Spielraum ein als sonst üblich. Da einschlägige Urteile zu massenhaft versandten E-Mails bisher

nicht vorliegen, kann hier nur die Rechtsprechung zu vergleichbaren Fällen aus dem Bereich

- ➤ Telefonwerbung,
- ➤ Telefaxwerbung und
- ➤ Werbung im Btx

Orientierung bieten.

5.2.2.1 Telefonwerbung

Erst kürzlich hat der österreichische Oberste Gerichtshof (OGH 18.10.1994, 4 Ob 107/94, ÖBl. 1995, 12) festgestellt, daß Werbung durch unerbetene telefonische Anrufe bei Privatpersonen, um Geschäftsabschlüsse anzubahnen, Waren oder Leistungen anzubieten, grundsätzlich wettbewerbswidrig ist. Ausnahme: Der Angerufene hat zuvor ausdrücklich oder stillschweigend eingewilligt, zu Werbezwecken angerufen zu werden.
Der OGH hat diese Entscheidung vor allem damit begründet, daß ein Überhandnehmen dieser Werbeform zu unerträglichen Belästigungen der Angerufenen führen würde.

5.2.2.2 Telefaxwerbung

Ebenfalls als sittenwidrig im Sinne des § 1 UWG wurde durch das Oberlandesgericht Graz (OLG Graz 5.3.1992, 6 R 227/91, ÖJZ 1995/27 [EvBl.]) die Werbung mittels Telefax eingestuft. Das Urteil schließt sich den Ausführungen des OGH zur Telefonwerbung an, da sie sich, so der Urteils O-Ton, „zwanglos auf die vorliegende Telefaxwerbung übertragen lassen".
Die unerwünschte Inanspruchnahme des Telefaxgerätes des Empfängers sei schon deswegen belästigend, weil die Telefaxsendung angenommen werden müsse, um festzustellen, ob sie von Wichtigkeit ist oder nicht. Dadurch werde das Gerät des Empfängers blockiert und seine Arbeitskraft beziehungsweise jene seiner Angestellten unzulässig beansprucht.
Ebenfalls zustimmend wird eine ähnliche Entscheidung des OLG Hamm (17.5.1990, NJW-RR 1990, 1324) zitiert, wonach eine Billigung dieser Werbemethoden unter Bedachtnahme auf die Möglichkeit der Computersteuerung zu einer erheblichen Ausweitung dieser Werbeform führen würde und damit die Gefahr einer unerträglichen Belastung und Belästigung der Telefaxteilnehmer naheliege.
Zum gleichen Ergebnis – wenn auch mit einer völlig anderen Begründung – kam das Landesgericht für Zivilrechtssachen Wien (LGZ Wien 22.8.1994, 40 R 341/94, ÖJZ 1995/28 [EvBl.]): Es leitete den Unterlassungsanspruch aus dem Eigentumsrecht und der alleinigen Verfügungsgewalt am Telefaxgerät und am verbrauchten Papier her. Wer sich dem Telefaxnetz anschließt, tue dies, um den bei ihm anfallenden Schriftverkehr zu rationalisieren und für an ihn gerichtete Mitteilungen schnell erreichbar zu sein. Da die Telefaxanlage zur gleichen Zeit jeweils nur ein Schreiben empfangen oder absenden könne, habe der Anschlußinhaber ein berechtigtes Interesse daran, die Anlage von jeder Inanspruchnahme freizuhalten, die ihre bestimmungs-

gemäße Funktion beeinträchtige. Es könne daher nicht davon ausgegangen werden, der Inhaber eines Telefaxanschlusses wäre damit einverstanden, über das Telefaxgerät jedwede Art von Werbeschreiben übermittelt zu bekommen. „Dagegen spricht schon die Beeinträchtigung durch die mit der Durchgabe von Werbeschreiben bedingte zeitweilige Blockierung der Anlage. Eine ebenso empfindliche Beeinträchtigung des Geschäftsbetriebes des Empfängers kann sich nach der Durchgabe des Werbeschreibens ergeben. Nun bedingt, wie der Berufungswerber zutreffend ausführt, auch die Briefwerbung Arbeits- und Zeitaufwand, um aus der Geschäftspost aussortiert zu werden. Damit kann jedoch die Zulässigkeit der Telefaxwerbung nicht gerechtfertigt werden. Das Telefaxgerät ist erfahrungsgemäß enger in den büromäßigen Geschäftsbetrieb eingebunden als die Posteingangsstelle, sodaß für den Posteingang sonst unzuständige Mitarbeiter damit belastet werden. Hinzu kommt, daß – anders als beim Posteingang – die Telefaxübermittlung zu beliebigen Bürozeiten erfolgen kann und damit zu einer ständigen Quelle der Arbeitsunterbrechung wird."

5.2.2.3 Werbung im Btx-Mitteilungsdienst bzw. per E-Mail

In diesem Zusammenhang ist auch die Entscheidung des deutschen Bundesgerichtshofs zur Frage einer wettbewerbswidrigen Belästigung durch Werbung im Btx-Mitteilungsdienst (BGH 3.1.1988, I ZR 222/85, JZ 1988, 612) von Bedeutung. Denn der Btx-Mitteilungsdienst entspricht weitgehend der Kommunikation mittels E-Mail.

Der BGH stützte sich dabei u. a. darauf, daß nach seiner ständigen Rechtsprechung eine Werbeart schon dann als unlauter zu beurteilen sei, wenn sie den Keim zu einem immer weiteren Umsichgreifen in sich trage und damit erst zu einer untragbaren Belästigung und zu einer Verwilderung der Wettbewerbssitten führe. Dies sei schon dann der Fall, wenn die in Frage stehende wettbewerbliche Maßnahme von der Allgemeinheit, insbesondere von den durch die Werbemaßnahme angesprochenen Verkehrskreisen, mißbilligt und als untragbar angesehen werde.

Eine besondere Belästigung des Empfängers sah der BGH in dem Umstand, daß sich Btx-Mitteilungen zum damaligen Zeitpunkt zwar aus einem Inhaltsverzeichnis heraus aufrufen ließen, daß man sie daraus aber nicht löschen konnte. Dies war erst möglich, wenn die Nachricht aufgerufen und vollständig auf dem Bildschirm dargestellt worden war. Ungelöschte Nachrichten aber blieben 15 Tage im Inhaltsverzeichnis, sodaß der Teilnehmer längere Zeit benötigte, die für ihn wesentlichen und unwesentlichen Mitteilungen zu trennen.

Der BGH führte schließlich aus, daß keine Bedenken gegen Werbesendungen im Btx-Mitteilungsdienst bestünden, wenn – anders als bisher – die Möglichkeit gegeben wäre, Werbemitteilungen schon anhand des Inhaltsverzeichnisses nicht nur ohne weiteres als solche zu identifizieren, sondern auch ebenso ohne weiteres – das heißt ohne vorherigen Abruf und Bildaufbau auf dem Bildschirm – zu löschen.

Angesichts der Flut an Mitteilungen, die sonst über Internet/E-Mail-Benutzer hereinbrechen würde, wird aber auch die bloße Bezeichnung „Werbung" nicht genügen. Solange in E-Mail-Clients kein standardisierter Mechanismus vorgesehen ist, mit dem so gekennzeichnete Sendungen automatisch gelöscht werden können, werden unverlangte Werbesendungen von der Masse der E-Mail-Benutzer als Belästigung empfunden werden.

Hinzu kommt ein gewichtiges Argument, das in der Btx-Mitteilungsdienst-Entscheidung nur deshalb keine Rolle spielte, da in Berlin, dem Sitz des Klägers, zum damaligen Zeitpunkt kein Telefonzeittakt vorgesehen war: Vor allem dann, wenn der Adressat über eine Wählleitungsverbindung mit dem Internet verbunden ist und/oder von seinem Internet-Provider mit einer zeitabhängigen Gebühr belastet wird, entstehen durch die Übertragung unerwünschter Werbemitteilungen nicht unerhebliche Kosten. Selbst wenn es möglich ist, zunächst nur das Inhaltsverzeichnis zu übertragen und die unerwünschten Nachrichten ungelesen zu löschen, fallen mit deren Prüfung und Löschung unnütze Zeitgebühren an. Entsprechendes gilt natürlich auch dann, wenn E-Mail-Gebühren – je nach übertragenem Datenvolumen – abgerechnet werden.

Zusammengefaßt stellt sich die Situation daher wie folgt dar: Ein vorsichtiger Unternehmer sollte auf die Versendung unverlangter E-Mail-Werbung verzichten. Es ist nicht unwahrscheinlich, daß eine derartige Werbeaktion von österreichischen Gerichten als sittenwidrige Wettbewerbshandlung im Sinne des § 1 UWG gewertet würde. Ändern könnte sich diese Beurteilung allerdings mit der Einführung eines Standards, der es jedem E-Mail-Benützer ermöglicht, den Empfang als Werbung bezeichneter Sendungen zu vermeiden oder solche Sendungen automatisch und ohne Übertragungskosten (z. B. durch entsprechende „Demon-Software" bereits am Mail-Server) zu löschen.

5.2.3 Rechtsfragen im Zusammenhang mit dem Vertragsabschluß per Telekommunikation

Zweifellos gibt es noch eine Vielzahl offener Rechtsfragen im Zusammenhang mit Vertragsabschlüssen per Telekommunikation. Dabei sollte aber nicht übersehen werden, daß neue Techniken bei weitem nicht in allen Bereichen neue Rechtsprobleme aufwerfen. So wie das gute alte ABGB (= Allgemeines Bürgerliches Gesetzbuch) aus dem Jahre 1811 ohne besondere Schwierigkeiten mit der Mechanisierung und Motorisierung zurechtkam, rechtfertigt auch der Einsatz neuer Kommunikationsmethoden wesentlich seltener als vermutet den Ruf nach dem Gesetzgeber.

Beispielsweise ist es belanglos, ob ein Kaufmann ein individuelles Angebot per Boten, per Brief, per Telefon, per Telex, per Telefax, per E-Mail oder wie auch immer unterbreitet. Allenfalls wird der Zeitpunkt des Zugangs und damit des Wirksamwerdens der Erklärung in manchen Fällen schwieriger festzustellen sein als in anderen.

Weniger klar, als es vielleicht scheinen mag, ist allerdings, ob überhaupt ein Angebot vorliegt.

5.2.3.1 Wer ist Anbieter, wer Annehmender?

Ein Vertrag kommt bekanntlich durch die übereinstimmenden Willenserklärungen mindestens zweier Personen zustande (§ 861 ABGB). Die einleitende Willenserklärung wird gewöhnlich als „Angebot" bezeichnet und bindet den Anbieter. Es liegt damit allein beim Empfänger des Angebots, den vorgeschlagenen Vertrag durch eine Annahmeerklärung perfekt zu machen oder davon Abstand zu nehmen.

Um als verbindliches Angebot zu gelten, muß der Inhalt des abzuschließenden Vertrags inhaltlich ausreichend bestimmt und der endgültige Bindungswille des Anbieters erkennbar sein. Die Übersendung von Preislisten oder Katalogen allein gilt daher ebensowenig als Angebot wie das Ausstellen von Waren im Schaufenster oder im Supermarktregal. Darin ist erst die Aufforderung zur Angebotslegung durch die Interessenten (Konsumenten, Kunden) zu sehen.

Was gilt nun für im WWW katalogartig angepriesene Waren, die sofort über dasselbe Medium bestellt werden können?

Daß durch eine WWW-Seite eine Vielzahl unbestimmter Personen angesprochen wird, schließt das Vorliegen eines Angebots noch nicht aus. Die Wertung als bloße „Einladung" ergibt sich aber aufgrund der Interessenanalyse. Denn jeder Anbieter muß sich stets die Kreditwürdigkeitsprüfung seiner künftigen Vertragspartner und eine Beschränkung der Annahmen gemäß seiner Lieferkapazität vorbehalten.

Lediglich bei kostenpflichtigen On-line-Informationsdiensten oder dem elektronischen Vertrieb anderer Immaterialgüter – wie etwa Software – sieht die Situation anders aus. Dabei stellt die abgerufene Information bereits die Vertragserfüllung dar – vergleichbar mit dem Vertrieb mittels Warenautomaten.

Für potentielle WWW-Anbieter bedeutet dies: WWW-Seiten sind eine bloße Einladung zum Stellen von Angeboten. Antragsteller ist stets der Kunde.

Sollten – was derzeit noch kaum zu erwarten ist – binnen kurzer Zeit Hunderte hungriger Internet-Benutzer ihre Pizzabestellungen per WWW absetzen, ist die Internet-Pizzeria im Fall eines Engpasses nicht verpflichtet zu liefern. Schon aus diesem Grund sind auch keinerlei Schadenersatzpflichten zu befürchten. Die Annahmeerklärung, das heißt der Vertragsabschluß, erfolgt erst durch die sogenannte „Realannahme" (§ 864 ABGB) in Form der Pizza-Zustellung oder durch die ausdrückliche bzw. konkludente Annahmeerklärung innerhalb der Annahmefrist.

5.2.3.2 Sind „Computererklärungen" wirksam?

Im Internet werden Auftragsbestätigungen oft automatisch vom WWW-Server an die Besteller retourniert.

Im Kontrast zur verbreiteten Meinung, die nicht zuletzt durch diverse Presseberichte genährt wird („News" vom 17. August 1995, S. 72), sind solche „Computererklärungen" hinsichtlich ihrer Wirksamkeit wenig problembeladen. Die Frage ist, ob die von einem Computer erstellte Erklärung, um deren Existenz und Inhalt der Betreiber nichts weiß, eine Willenserklärung im Rechtssinn

sein kann. Dafür genügt es nach herrschender Ansicht, daß sie aus der Sicht des Empfängers dem Erklärenden zugerechnet werden kann.
Der Betreiber einer EDV-Anlage oder derjenige, in dessen Auftrag die Anlage oder bestimmte Programme darauf betrieben werden, muß sich die jedenfalls mit seinem generellen Willen generierten Erklärungen unmittelbar als seine Willenserklärungen zurechnen lassen. Das gilt auch dann, wenn er weder deren Inhalt noch den Adressaten kennt.
Daß Internet-Anbieter häufig keinen eigenen WWW-Server betreiben, sondern nur „Untermieter" bei Dienstleistern sind, die wiederum über einen Internet-Provider Zugang zum Internet haben, spielt keine Rolle.

5.2.3.3 Wird für fehlerhafte Datenverarbeitung gehaftet?

Was geschieht aber, wenn die Lieferung nicht durch Verschulden des Anbieters unterbleibt, sondern deshalb, weil der WWW-Server eingelangte Bestellungen nicht ordnungsgemäß weiterleitet? Haftet der Server-Betreiber dem Unternehmer für den entgangenen Umsatz?
Von einem der namhaftesten Experten des österreichischen Schadenersatzrechts wurde untersucht, was rechtens ist, wenn eine Giroüberweisung an ein Versicherungsunternehmen wegen einer Störung der Bank-EDV unterbleibt und der Kunde dadurch seinen Versicherungsschutz verliert (Koziol: Die Haftung der Banken bei Versagen technischer Hilfsmittel, ÖBA 1987, 3).
Zweifellos hat die Bank dann (gem. § 1313a ABGB) für jede Art von menschlichem Versehen wie für eigenes Verschulden einzustehen, wenn die Organisation mangelhaft ist – etwa weil es an ausreichenden Kontrolleinrichtungen mangelte –, die Wartung des Computers ungenügend erfolgte, unzulängliche Software eingesetzt wurde oder Bedienungsfehler unterliefen.
Für den – gewiß nicht allzu häufigen – Fall, daß der Bank der Beweis gelingt, daß ihre Organe und Hilfspersonen kein Verschulden trifft, kommt die Untersuchung zu folgendem Ergebnis: Eine Haftung der Bank ergibt sich aus der analogen Anwendung der Erfüllungsgehilfenhaftung des § 1313a ABGB. Es gebe keinen Grund, einem Schuldner zuzugestehen, sich durch den Einsatz von Computern anstelle von Menschen weitgehend von seinem Haftungsrisiko befreien zu können, und ihn damit gegenüber jenen Schuldnern zu begünstigen, die sich menschlicher Hilfskräfte bedienen.
Fazit: Erleidet ein Anbieter, der sein Service über einen externen Internet-Dienstleister betreibt, einen Umsatzentgang aufgrund unterbliebener oder fehlerhafter Übermittlungen via WWW eingelangter Bestellungen, wird der Server-Betreiber aller Voraussicht nach dafür haftbar gemacht, egal, ob seine Mitarbeiter ein Verschulden trifft oder ob dies auf eine unverschuldete Computerstörung zurückzuführen ist.

5.2.3.4 Wer haftet bei Mißbrauch?

Für zahlreiche geschäftliche Transaktionen per Telekommunikation werden Paßwörter, Private Keys, persönliche Identifikationsnummern (= PIN) oder Transaktionsnummern (= TAN) benötigt. Wer diese an Dritte weitergibt oder nicht mit der erforderlichen Sorgfalt verwahrt, muß damit rechnen, daß alle damit getätigten Geschäfte ihm zuzurechnen sind. Kommen auf diese Art auch Transaktionen durch unbefugte Dritte zustande, kann der sorglose Cybernaut nur versuchen, sich am jeweiligen Täter zu regressieren.

Im Fall eines Mißbrauchs geheimer Sicherheitsmerkmale durch Dritte werden regelmäßig darüber Differenzen bestehen, ob dem rechtmäßigen Inhaber der genannten Sicherungscodes tatsächlich ein schuldhaftes Verhalten bei deren Verwahrung vorgeworfen werden kann.

Im Zusammenhang mit dieser Beweisfrage wird rasch klar, warum Unternehmen – allen voran Banken –, die mit ihren Kunden automationsgesteuerte Rechtsgeschäfte tätigen, meist mehrstufige Sicherheitsvorkehrungen einsetzen: Dabei steht nicht so sehr die Sicherheit des Kunden im Vordergrund. Vielmehr geht es um die Absicherung des Unternehmens. Es soll dadurch die Beweislast zum Nachteil des Kunden verteilt werden. Bestehende Sicherheitsvorkehrungen sollen Mißbräuche praktisch nur durch die Sorglosigkeit des Kunden oder gar dessen Zusammenwirken mit dem Täter möglich erscheinen lassen.

Die Benutzer werden also regelmäßig in Beweisnotstand geraten, wenn sie ihre Unschuld glaubhaft machen wollen. Die „ökonomische Analyse des Rechts" bietet aber einen vielversprechenden Ansatz zur gerechteren Verteilung der Beweislast in derartigen Situationen. Entsprechend dieser rechtswissenschaftlichen Methode kommt es bei der Risikoverteilung darauf an, wer besser in der Lage ist, den Schadenseintritt zu vermeiden oder das Risiko zu versichern. Gerade wenn es ungewöhnlich, aber nicht ausgeschlossen ist, daß Sicherheitsvorkehrungen umgangen oder geknackt werden, darf das verbleibende Restrisiko nicht den einzelnen Benutzer treffen. Es wird dem Anbieter aufgebürdet, da er es über seine Kalkulation auf alle Kunden verteilen kann und schließlich als einziger in der Lage ist, das Systemrisiko durch ständige Verbesserungen der Sicherheitsvorkehrungen zu minimieren.

On-line-Geschäfte mittels Kreditkarten

Es mutet seltsam an, daß als Beispiel für die Sicherheitsproblematik und die Anwendungsnotwendigkeit von Verschlüsselungsmethoden immer wieder die Versendung von Kreditkarteninformationen per Telekommunikation herhalten muß.

Entgegen der weitverbreiteten Meinung besteht nämlich für Geschäfte, die unter Angabe einer Kreditkartennummer und des Verfallsdatums, jedoch ohne Vorlage der Karte und ohne Unterfertigung eines Belastungsbelegs abgeschlossen wurden, diesbezüglich keine Gefahr. Diese Angaben sind ja keineswegs dazu gedacht, geheimgehalten zu werden. Schließlich wird auch im Geschäft ein Kreditkartenbeleg offen ausgefertigt und ist praktisch von allen Angestellten einsehbar.

Im Streitfall muß das Kreditkartenunternehmen (bzw. der Vertragspartner) jedenfalls dem Karteninhaber beweisen, daß er das fragliche Geschäft selbst getätigt hat. Daran können auch anderslautende allgemeine Geschäftsbedingungen von Kreditkartenunternehmen nichts ändern. Sie sind (diesbezüg-

lich) wegen Verstoßes gegen die guten Sitten gemäß § 879 Abs. 1 ABGB regelmäßig unwirksam.
Bei On-line-Geschäften, bei denen zumeist nur die Kreditkartennummer übermittelt wird – also kein vom Besteller unterschriebener Belastungsbeleg vorliegt –, trägt grundsätzlich der Anbieter und nicht der Käufer das Risiko. Kryptographie ist in diesem Zusammenhang also nicht für die Verschlüsselung sensibler Daten erforderlich, sondern kann allenfalls den Beweis, daß eine Bestellung wirklich vom Karteninhaber getätigt wurde, erleichtern.

5.2.4 Schriftformerfordernis

5.2.4.1 Unterschriftlichkeit als Wirksamkeitsvoraussetzung von Rechtsgeschäften

Ein häufig thematisiertes Problem im Zusammenhang mit Geschäftsabschlüssen per Telekommunikation ist die Schriftformerfordernis. Da bestenfalls die Kopie einer Originalunterschrift via Internet übertragen werden kann, versucht man den handgeschriebenen Namenszug durch kryptographische Methoden zu ersetzen.
Dabei wird allerdings häufig übersehen, daß solche Methoden zwar für die Beweisbarkeit abgeschlossener Geschäfte große Bedeutung haben, für deren Gültigkeit aber nicht erforderlich sind. Es gilt in diesem Zusammenhang nämlich der Grundsatz der Formfreiheit. Dieser besagt, daß ein Vertrag in jeder beliebigen Form, also schriftlich ebenso wie mündlich oder durch schlüssiges Verhalten, geschlossen werden kann.
Für die Rechtsgültigkeit eines Geschäfts im Cyberspace ist also weder die Verschlüsselung der darauf gerichteten Willenserklärungen noch ihre eigenhändige Unterfertigung erforderlich.
Dieser Grundsatz gilt allerdings nicht, wenn die Vertragsparteien eine bestimmte Form vereinbart haben oder wenn diese – ausnahmsweise – durch das Gesetz vorgeschrieben wird. So wird etwa für die Abgabe einer Bürgschaftserklärung durch Minder- oder Nichtkaufleute die Schriftform und für Kauf-, Tausch-, Renten- und Darlehensverträge zwischen Ehegatten ein Notariatsakt verlangt.
Wie die eben erwähnten sind auch die übrigen formpflichtigen Geschäfte ohnehin kaum geeignet, über das Internet abgewickelt zu werden. Sollte dies aber doch in Erwägung gezogen werden, muß man sich vor Augen halten, daß „Schriftlichkeit“ i. S. d. ABGB tatsächlich „Unterschriftlichkeit“ bedeutet und gem. dessen § 886 eine Nachbildung der eigenhändigen Unterschrift auf mechanischem Wege nur da genügend ist, wo sie im Geschäftsleben üblich ist. So ist nach einer jüngst ergangenen Entscheidung des Obersten Gerichtshofs (OGH 27.3.1995, 1 Ob 515/95, ecolex 1995, 487) die Schriftform nicht erfüllt, wenn dem Gläubiger nur das Telefax einer (gem. § 1346 Abs. 2 ABGB formpflichtigen) Bürgschaftserklärung mit händischer Unterschrift übermittelt wird.

5.2.4.2 Einbringung von Rechtsmitteln per Telekommunikation

Nicht mit der privatrechtlichen Schriftformerfordernis verwechselt werden darf die Frage nach der Zulässigkeit der Übermittlung von Rechtsmitteln per Telekommunikation. Berufungen, Rekurse, Revisionen etc. können nach einer Vielzahl von Bestimmungen jüngeren Datums ausdrücklich „im Wege automationsunterstützter Datenverarbeitung oder in jeder anderen technisch möglichen Weise" und nach betagteren Vorschriften jedenfalls telegraphisch eingebracht werden.
Es spricht daher nichts dagegen – sofern bei der Behörde die technische Möglichkeit besteht –, dafür E-Mail zu verwenden. Vor allem wenn es um die Wahrung prozessualer Fristen geht, wird damit oft ein entscheidender Zeitgewinn zu erzielen sein. Für das Telefax hat der OGH (16.12.1992, 3 Ob 569/92, ÖJZ 1993/105) bereits wie folgt entschieden: „Ein Rechtsmittel kann auch im Wege der Telekopie (Telefax) wirksam erhoben werden; dabei genügt es, wenn diese Telekopie noch am letzten Tag der Rechtsmittelfrist – wenngleich erst nach dem Ende der Amtsstunden – vom Erstgericht empfangen wird."

5.2.5 Rücktrittsrecht bei Verbrauchergeschäften?

Das 1979 in Kraft getretene Konsumentenschutzgesetz (KSchG) bezweckt den Schutz des Verbrauchers im rechtsgeschäftlichen Verkehr mit professionellen Anbietern. Es ist die schützende Hand, die der Gesetzgeber über den Kopf des Verbrauchers hält, und soll ihn vor Rechtsnachteilen bewahren, die ihm durch Ausnützung seiner typischerweise schwächeren Position drohen. Ein besonders wirksames Instrument ist dabei das Rücktrittsrecht gemäß § 3 KSchG. Der Verbraucher hat nach dieser Bestimmung die Möglichkeit, innerhalb bestimmter Fristen bei sogenannten Haustürgeschäften von seiner Vertragserklärung oder vom Vertrag zurückzutreten. Ein Haustürgeschäft setzt voraus, daß der Verbraucher seine Vertragserklärung weder in den vom Unternehmer für seine geschäftlichen Zwecke dauernd benützten Räumen noch bei einem von diesem dafür auf einer Messe oder einem Markt benützten Stand abgibt. Damit könnte auch eine per Telekommunikation übermittelte Willenserklärung als Haustürgeschäft gelten.
Das Rücktrittsrecht des § 3 KSchG soll den Verbraucher vor der Gefahr der Überrumpelung schützen, also davor, daß unter psychologischem Druck unüberlegt abgeschlossene Geschäfte endgültig verbindlich werden. Doch das Rücktrittsrecht wird ihm längst nicht in allen Fällen einer Ungleichgewichtslage zugestanden. Es steht ihm insbesondere dann nicht zu, wenn er die geschäftliche Verbindung zum Unternehmer oder dessen Beauftragten zwecks Schließung dieses Vertrages selbst angebahnt hat. Weiters kommt § 3 KSchG nicht zur Anwendung, wenn der Vertrag ohne vorherige Besprechungen zwischen den Beteiligten oder ihren Beauftragten zustande gekommen ist.
Zu der mit einer E-Mail-Nachricht bzw. der Rücksendung eines WWW-Formulars vergleichbaren Bestellung mittels Telefax hat der OGH (10.3.1992,

5 Ob 509/92, ARD 4396/18/92) sinngemäß folgendes ausgeführt: Wer als Verbraucher seine Vertragserklärung selbst zu Papier bringt und dieses Schriftstück (per Post oder Telefax) dem Unternehmer übersendet, ist so zu behandeln, als hätte er die Vertragserklärung in den Geschäftsräumen des Unternehmers abgegeben.

5.2.6 Anwendbare Rechtsordnung

5.2.6.1 Verweisungsnormen des Internationalen Privatrechts

Bisher sind wir implizit von der Anwendbarkeit der österreichischen Rechtsordnung ausgegangen. Doch der internationale Aspekt gewinnt immer mehr an Bedeutung. Mittels WWW oder vergleichbaren Diensten wird es praktisch jedermann möglich, sich am globalen Markt ebenso einfach zu beteiligen wie am heimischen. Grenzüberschreitende Geschäftsbeziehungen mit Privathaushalten werden dadurch möglicherweise schon bald zum millionenfachen Massenphänomen.

Nach welchen Regeln ist dann, wenn beispielsweise einer der Vertragspartner seinen Sitz oder seine Niederlassung nicht in Österreich hat, ein Rechtsstreit zu entscheiden?

Zur Erörterung dieser Frage hilft ein Fallbeispiel: Ein Österreicher bestellt mehrere Bücher bei „Amazon.com Books" (http://www.amazon.com/) in den USA. Was passiert, wenn dieses Geschäft nicht friktionsfrei abläuft und einer der beiden Vertragspartner vom anderen geklagt wird?

In diesem Fall muß das angerufene Zivilgericht nach den Regeln des „Internationalen Privatrechts" (= IPR) ermitteln, welche der in Frage kommenden Rechtsordnungen überhaupt maßgeblich ist. Prinzipiell sind gemäß österreichischem IPR-G Sachverhalte mit Auslandsberührung in privatrechtlicher Hinsicht nach der Rechtsordnung zu beurteilen, zu der die stärkste Beziehung besteht. Hält also der Bücherwurm unter Verweis auf eine angeblich mangelhafte Lieferung seine Zahlung zurück und wird er daraufhin von der US-amerikanischen Buchhandlung vor einem österreichischen Gericht geklagt, ergibt sich die anwendbare Rechtsordnung aus § 36 IPR-G: „Gegenseitige Verträge, nach denen die eine Partei der anderen zumindest überwiegend Geld schuldet, sind nach dem Recht des Staates zu beurteilen, in dem die andere Partei ihren gewöhnlichen Aufenthalt hat. Schließt diese Partei den Vertrag als Unternehmer, so ist statt des gewöhnlichen Aufenthalts die Niederlassung maßgebend, in deren Rahmen der Vertrag geschlossen wird."

Da die sogenannte vertragstypische Leistung von der amerikanischen Buchhandlung erbracht wird, ist im Beispielsfall US-amerikanisches Recht anzuwenden. Weil es sich um einen Kaufvertrag handelt, gelten letztlich die Regeln des UCC (= Uniform Commercial Code). Bei anderen Vertragstypen ist – je nach Bundesstaat – das „Common law" in seiner Auslegung durch die Gerichte des betreffenden Bundesstaates oder eine allenfalls dort vorgenommene Kodifikation maßgeblich.

Werden allerdings Bücher oder Software nicht in materieller Form, sondern durch Dateitransfer direkt übers Internet geliefert, könnte argumentiert wer-

den, es handle sich um einen Vertrag über „Immaterialgüterrechte". Dieser ist gemäß § 43 des österreichischen IPR-G nach dem Recht des Staates zu beurteilen, für den das Immaterialgüterrecht übertragen oder eingeräumt wird. Im Fall eines österreichischen Käufers wäre demnach die österreichische Rechtsordnung maßgeblich.
Eine dermaßen komplexe Ermittlung des auf grenzüberschreitende Verträge anwendbaren Rechts wird nicht selten sogar den Rechtsabteilungen von Unternehmen einiges aufzulösen geben. Jedenfalls vom Standpunkt des Verbraucherschutzes erscheint es aber zusehends unerträglich, daß die Rechtsgrundlage derartiger Geschäfte – zumindest für die beteiligten Konsumenten – kaum mehr feststellbar ist und – wie es für sie aussehen mag – mehr oder weniger vom Zufall abhängt.

5.2.6.2 Das UN-Kaufrechtsabkommen

Bereits 1980 wurde zur Erleichterung des internationalen Handels das „Übereinkommen der Vereinten Nationen über Verträge über den internationalen Warenkauf" (= „UN-Kaufrechtsabkommen") abgeschlossen, dem bisher 44 Staaten beigetreten sind.
Das Abkommen ist auf sämtliche Kaufverträge über Waren zwischen Parteien mit Niederlassung in verschiedenen Vertragsstaaten anzuwenden. Hat nur eine Partei ihre Niederlassung in einem Vertragsstaat, kommt das UN-Kaufrechtsabkommen lediglich dann zur Anwendung, wenn die Regeln des IPR auf das Recht des Vertragsstaates verweisen.
Hat also der Verkäufer seine Niederlassung nicht in einem Vertragsstaat (etwa in Belgien oder Luxemburg), gilt demnach vor einem österreichischen Gericht nicht das UN-Kaufrechtsabkommen, sondern das Recht des Nicht-Vertragsstaates.
Auch im Beispielfall der Buchbestellung ist das UN-Kaufrechtsabkommen laut Art. 2 lit. a nicht anwendbar, wenn die Literaturbestellung zum persönlichen Gebrauch erfolgt.
Aber selbst im Fall seiner Anwendbarkeit kann sich eine weitere Schwäche des UN-Kaufrechtsabkommens offenbaren: Es regelt nur die wichtigsten Bereiche des Kaufvertragrechts. Kommt es zu einem Streit über darin nicht geregelte Punkte, muß wieder nach den Regeln des IPR ermittelt werden, welche Rechtsordnung ergänzend heranzuziehen ist.

5.2.6.3 Vereinbartes Recht und Gerichtsstandsvereinbarung

Weder das IPR noch das UN-Kaufrechtsabkommen sind zwingend. Im Rahmen ihrer Privatautonomie (= privatrechtliche Selbstbestimmung) können die Vertragsparteien die Rechtsordnung, die für ihren Vertrag gelten soll, selbst bestimmen. So könnte im eben angesprochenen Fall, wenn der ausländische Verkäufer seinen Sitz nicht in einem Vertragsstaat des UN-Kaufrechtsabkommen hat, die Anwendbarkeit des Abkommens vereinbart werden. Es darf angenommen werden, daß eine derartige Rechtswahl gerade im Bereich des Internet-Commerce überaus selten erfolgt. Wenn das WWW-

Bestellformular ausreichend Platz bietet (häufig findet man ein Feld für Anmerkungen), ist es aber den Versuch wert, durch eine entsprechende Klausel auf das österreichische Recht zu verweisen und zu hoffen, daß die Lieferung ohne diesbezüglichen Widerspruch erfolgt.
Von praktischem Wert ist die Wahl der österreichischen Rechtsordnung freilich nur dann, wenn der ausländische Geschäftspartner im Zuge eines Rechtsstreits vor einem österreichischen Gericht geklagt werden kann. Dies ist der Fall, wenn er in Österreich einen allgemeinen oder besonderen Gerichtsstand gem. §§ 65 ff der Jurisdiktionsnorm hat. Man kann zwar auch den Gerichtsstand vertraglich festlegen, sinnvoll ist die Vereinbarung eines österreichischen Gerichtsstandes mit einem ausländischen Unternehmer aber nur dann, wenn dieser in Österreich über ausreichendes Vermögen verfügt oder wenn gesichert ist, daß ein österreichisches Urteil in dessen Heimatstaat anerkannt wird und vollstreckt werden kann.

5.2.6.4 Auf Verbraucherverträge anwendbare Rechtsordnung

Damit Verbraucher auch bei Auslandsgeschäften nicht aus dem Schutzbereich der in ihrem Heimatland geltenden Konsumentenschutzbestimmungen fallen, bestimmt § 41 IPR-G: „Verträge, bei denen das Recht des Staates, in dem eine Partei ihren gewöhnlichen Aufenthalt hat, dieser als Verbraucher besonderen privatrechtlichen Schutz gewährt, sind nach diesem Recht zu beurteilen, wenn sie im Zusammenhang mit einer in diesem Staat entfalteten, auf die Schließung solcher Verträge gerichteten Tätigkeit des Unternehmers oder der von ihm hiefür verwendeten Personen zustande gekommen sind."
Daß sich Konsumenten via WWW über die Produktpalette eines ausländischen Unternehmens informieren und gegebenenfalls direkt bestellen können, genügt gewiß nicht für die Annahme, der Unternehmer habe sich geschäftlich in den Geltungsbereich des Verbraucherrechts begeben. Anders könnte die Beurteilung jedoch ausfallen, wenn ein spezifisch auf die Bedürfnisse der in einem bestimmten (fremden) Staat beheimateten (potentiellen) Kunden zugeschnittenes Angebot präsentiert wird. Dann können zwingende Verbraucherschutzbestimmungen nach österreichischem IPR-G nicht einmal durch Rechtswahl zum Nachteil des Verbrauchers „umgangen" werden.

5.2.7 Die geplante EU-Richtlinie für den Verbraucherschutz bei Vertragsabschlüssen im Fernabsatz

Vor allem die EU versucht nun die rechtliche Situation des Verbrauchers bei grenzüberschreitenden Geschäftsabschlüssen per Telekommunikation (seitens der EU wird dafür neuerdings der gewöhnungsbedürftige Begriff „Fernkommunikation" verwendet) zu verbessern.

Ausschlaggebend war vor allem, daß der freie Verkehr von Waren und Dienstleistungen nicht nur den gewerblichen Handel, sondern auch Privatpersonen betrifft. Verbraucher haben zu den gleichen Bedingungen wie die ortsansässige Bevölkerung Zugang zu den Gütern und Dienstleistungen eines Mitgliedsstaates. Nach Auffassung der EU-Kommission kann der grenzüberschreitende Fernabsatz dabei eine der wichtigsten und für die Verbraucher sichtbaren Manifestationen darstellen. Durch neue Technologien erhalten die Verbraucher einen immer besseren Überblick über das Angebot in der ganzen Gemeinschaft und können Bestellungen von zu Hause aus tätigen. Es müssen folglich gemeinsame Regeln eingeführt werde, bevor jeder einzelne Mitgliedsstaat eigene Verbraucherschutzbestimmungen erläßt, die sich negativ auf den Wettbewerb zwischen den Unternehmen im Binnenmarkt auswirken könnten.
Ziel ist also eine Harmonisierung der Verbraucherschutzbestimmungen aller EU-Mitgliedsländer. Am 23.6.1992 (ABl. Nr. C 156, S. 14) wurde der Öffentlichkeit ein „Vorschlag für eine Richtlinie des Rates über den Verbraucherschutz bei Vertragsabschlüssen im Fernabsatz“ vorgelegt und am 29. Juni 1995 als „Gemeinsamer Standpunkt“ festgelegt.

Im wesentlichen sind darin folgende Regelungen vorgesehen:

- „Vertragsabschluß im Fernabsatz“ bezeichnet jeden zwischen einem Lieferer und einem Verbraucher abgeschlossenen, eine Ware oder eine Dienstleistung betreffenden Vertrag, der im Rahmen eines für den Fernabsatz organisierten Vertriebs- bzw. Dienstleistungssystems des Lieferers abgeschlossen wird, wobei dieser für den Vertrag bis zu dessen Abschluß einschließlich des Vertragsabschlusses selbst ausschließlich eine oder mehrere Fernkommunikationstechniken verwendet.
- Die Richtlinie gilt nicht für bestimmte Finanzdienstleistungen (da hierfür besondere Vorschriften vorgesehen sind), für die Verwendung von Warenautomaten oder automatisierten Geschäftsräumen, für Immobiliengeschäfte und Versteigerungen.
- Der Verbraucher muß rechtzeitig vor Abschluß des Vertrages über folgende Informationen verfügen:
  a) Identität des Lieferers,
  b) wesentliche Eigenschaften der Ware oder der Dienstleistung,
  c) Preis der Ware oder der Dienstleistung einschließlich aller Steuern,
  d) gegebenenfalls Lieferkosten,
  e) Einzelheiten hinsichtlich der Zahlung, der Lieferung bzw. Erfüllung,
  f) Bestehen eines Widerrufrechts,
  g) Kosten für den Einsatz der Fernkommunikationstechnik, sofern nicht nach dem Basistarif berechnet,
  h) Gültigkeitsdauer des Angebots und des Preises.
- Bei Waren muß der Verbraucher die unter a) bis f) angeführten Informationen spätestens zum Zeitpunkt der Lieferung schriftlich oder auf einem anderen für ihn verfügbaren dauerhaften Datenträ-

ger erhalten. Dies gilt nicht, wenn Dienstleistungen unmittelbar durch Einsatz einer Fernkommunikationstechnik erbracht werden.

- Der Verbraucher kann (mit einer Reihe von Ausnahmen) Vertragsabschlüsse im Fernabsatz innerhalb einer Frist von mindestens sieben Kalendertagen widerrufen, ohne daß eine Vertragsstrafe fällig wird und ohne daß dafür Gründe angegeben werden müssen. Hat der Lieferer seine Informationspflichten nicht erfüllt, erhöht sich die Frist auf drei Monate.
- Sofern die Parteien nichts anderes vereinbart haben, hat der Lieferer die Bestellung spätestens 30 Tage nach Übermittlung der Bestellung auszuführen.
- Im Fall einer betrügerischen Verwendung einer Zahlungskarte im Zusammenhang mit Vertragsabschlüssen, die unter diese Richtlinie fallen, kann der Verbraucher die Stornierung der Zahlung verlangen.
- Die unverlangte Zusendung von Waren bzw. Erbringung von Dienstleistungen ist untersagt, wenn damit eine Zahlungsaufforderung verbunden ist. Werden unbestellte Waren geliefert bzw. solche Dienstleistungen erbracht, ist der Verbraucher zu keiner Gegenleistung verpflichtet.
- Der Einsatz von Kommunikation mit Automaten als Gesprächspartner (Voice-Mail-System) und die Verwendung von Fernkopierern (offenbar: zur Kontaktaufnahme mit dem Verbraucher) erfordert die vorherige Zustimmung des Verbrauchers. Andere Fernkommunikationsmittel, die eine individuelle Kommunikation erlauben, dürfen nur dann verwendet werden, wenn der Verbraucher deren Verwendung nicht offenkundig ablehnt.

Bekanntlich gelten Richtlinien zwar nicht *in* einem EU-Mitgliedsstaat, sondern *für* diesen. Die Fernabsatz-Richtlinie muß daher durch den Gesetzgeber zuerst in innerstaatliches Recht umgesetzt werden. Derzeit sind dafür ab Inkrafttreten der Richtlinie maximal drei Jahre vorgesehen. Jeder Staat kann auch strengere Bestimmungen erlassen.
Mit dem Pizza-Anbieter aus dem einleitenden Beispiel hat die Kommission allerdings ein Einsehen: Denn auch das neue EU-Recht gewährt dem Verbraucher u. a. kein Widerrufsrecht bei Verträgen zur Lieferung von Speisen und Getränken bzw. „Waren, die nach Kundenspezifikation angefertigt wurden, eindeutig auf die persönlichen Bedürfnisse zugeschnitten sowie aufgrund ihrer Beschaffenheit nicht für eine Rücksendung geeignet sind, schnell verderben können oder deren Verfallsdatum *dabei* überschritten würde".

6 Erfolgreiche Entwicklung von WWW-Informationsangeboten

6.1 Bausteine einer WWW-Präsenz

Der Aufbau und die Gestaltung einer Homepage sind abhängig von den Zielen, die man damit verfolgt. Die Bandbreite reicht hier von einer einzigen Web-Seite, die gerade das Firmenlogo und ein paar Zeilen über die Tätigkeit des Unternehmens enthält, bis hin zu multimedialen Produktpräsentationen mit verschiedenen Interaktionsmöglichkeiten. Die Zeiten, als bereits die Tatsache, daß man eine Homepage im Internet hat, für bewundernde Anerkennung in den Medien sorgte, sind jedoch endgültig vorbei.
Heute zählen Inhalt und Nutzen eines Internet-Angebotes. Vor der Konzeption einer Web-Site sollte man sich deshalb eingehend mit den verschiedenen „Bausteinen" einer Homepage auseinandersetzen. Denn das Zusammenspiel und die Gewichtung dieser Komponenten sind für das Erreichen der Marketingziele von großer Bedeutung. Die wesentlichen Bausteine gliedern sich in

- die Informationskomponente,
- die Verkaufskomponente und
- die Unterhaltungskomponente.

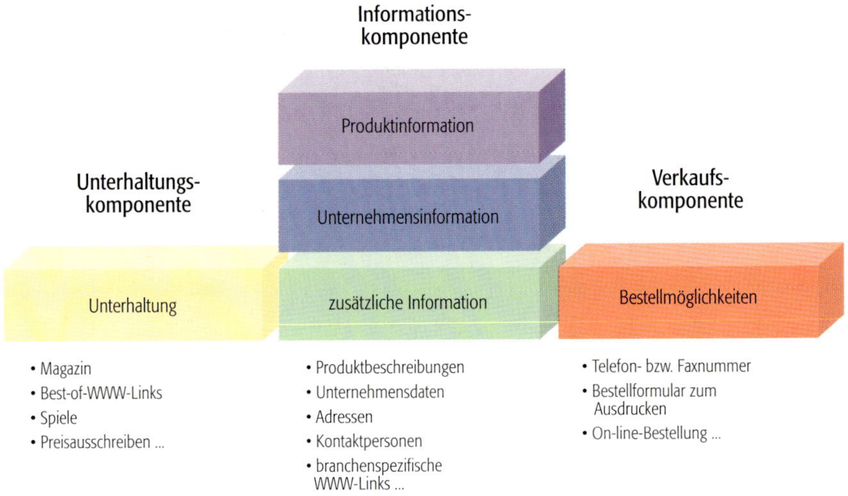

Abb. 77: Die „Bausteine" einer WWW-Präsenz

6.1.1 Informationskomponente

Jedes WWW-Angebot sollte für die angesprochene Zielgruppe nützliche und aktuelle Inhalte bieten. Bei kommerziellen Sites werden dies hauptsächlich Produkt- und Unternehmensinformationen sowie Links zu Partnerunternehmen oder sonstigen branchenspezifischen Institutionen sein.

6.1.1.1 Produktinformation

Das Spektrum dieser Komponente reicht von 1:1-Übernahmen aus Printprodukten (z. B. gescannten Hochglanzbroschüren) bis hin zu ausgeklügelten Anbindungen an bestehende Unternehmensdatenbanken. Umfang und Gestaltung dieses Teils sind abhängig von

- den Zielen und dem finanziellen Engagement des Unternehmens,
- den Informationsansprüchen und -anforderungen der Zielgruppe,
- der Menge der angebotenen Produkte/Dienstleistungen,
- dem Erklärungsbedarf der Produkte/Dienstleistungen und
- der notwendigen Aktualität der Daten.

Adressaten sind einerseits Kunden und Interessenten, denen man die Produkte/Dienstleistungen schmackhaft machen möchte. Andererseits kann es sich dabei auch um Kundschaft handeln, die nach dem Kauf vertiefte Information und Beratung sucht. Das Informationsangebot und die Schnittstelle sollten jedenfalls auf die geplante Zielgruppe abgestimmt sein. Beispielhaft für die Verwaltung von großen Mengen an Produktinformation sind die Angebote von CD-Versandhändlern wie beispielsweise *CDNOW* (http://www.cdnow.com/) oder WorldWideMusic (http://www.WorldWideMusic.com/). Über ein funktionell gestaltetes Interface haben die Benutzer Zugriff auf Datenbanken mit Tausenden Produkteinträgen und – wie im Falle WorldWideMusic – auch gleich die Gelegenheit, kurze Ausschnitte der einzelnen Titel anzuhören.

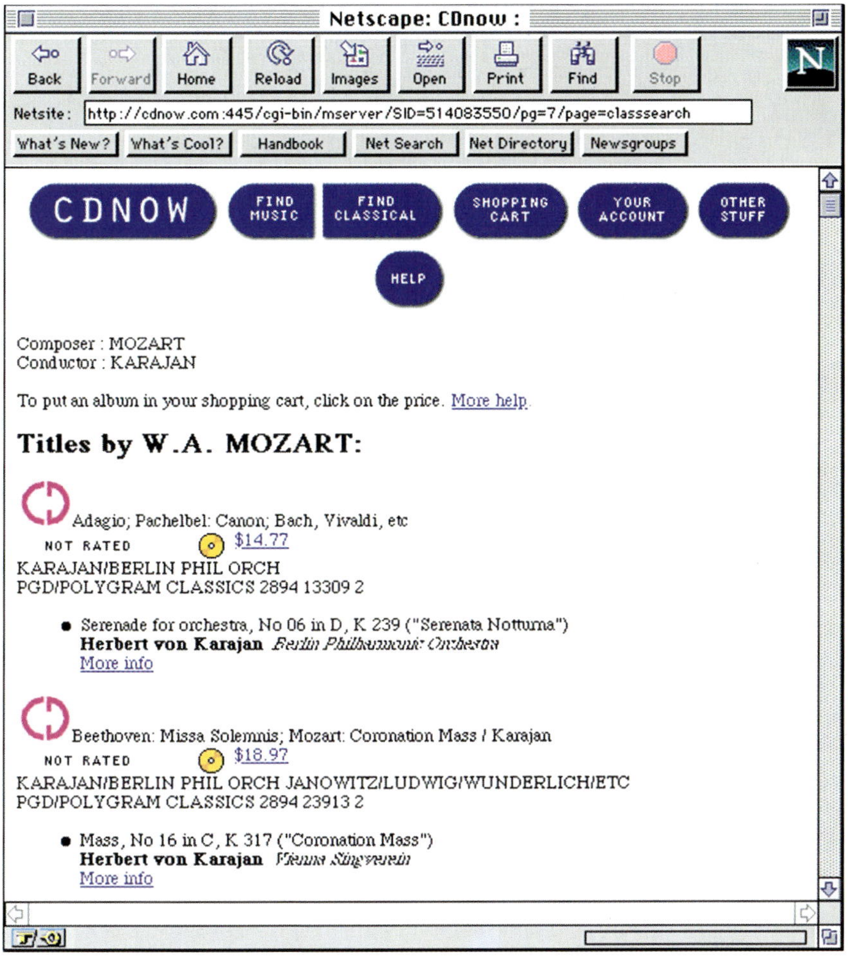

Abb. 78: Ergebnis einer Suche im CD-Laden CDNOW (http://www.cdnow.com/)

6.1.1.2 Unternehmensinformation

Für Public Relations eingesetzte Homepages beinhalten zumeist eine Erläuterung des Unternehmensgegenstandes und der Firmenphilosophie sowie die Vorstellung der Firmengeschichte, der Mitarbeiter und/oder der Unternehmenskennzahlen. Die einfache Wartbarkeit dieser Information, welche zumeist über einen längeren Zeitraum gleichbleibt, und der Hang zur Selbstdarstellung vieler Unternehmen haben für eine weite Verbreitung dieser Komponente gesorgt. Allerdings sollte man auch darauf hinweisen, daß dieser Teil, wenn er nicht ausgesprochen kreativ und ansprechend gestaltet ist, für sich alleine äußerst langweilig ist. Für potentielle Kunden stellen solche Seiten selten eine Motivation dar, sie nochmals zu besuchen. Durch das Hinzufügen von aktuellen Presseaussendungen und Hintergrundinformationen kann man jedoch die Klientel der Journalisten auf die eigene WWW-Site locken und so die Pressearbeit effizienter gestalten.

6.1.1.3 Zusätzliche Information

Kaum eine Homepage verzichtet auf Links zu anderen WWW-Sites, die ihr Informationsangebot abrunden. Beispielsweise kann eine Fluglinie mit Europadestinationen direkt eine Verbindung zu den Tourismusinformations-Servern der angeflogenen Städte bereitstellen. Auf diese Art und Weise kann man die für das World Wide Web charakteristische Hypertextfähigkeit voll ausnützen. Aber Achtung: Über Links zu anderen Servern verlassen die Benutzer die aktuelle WWW-Site!

6.1.2 Verkaufskomponente

Grundsätzlich lassen sich bei der Verkaufskomponente zwei Arten unterscheiden:

- das Bereitstellen von Bestellinformationen und
- die On-line-Bestellmöglichkeit.

6.1.2.1 Bereitstellen von Bestellinformationen

Für Unternehmen, die ohne größeren Aufwand den Internet-Markt abtesten wollen, ist das Bereitstellen von Bestellinformationen zu den im WWW angebotenen Produkten bzw. Dienstleistungen die einfachste Lösung. Neben Angaben über Bestell- und Lieferbedingungen, Telefon- und Faxnummern kann man hier auch vorgefertigte Fax-Bestellformulare zum Ausdrucken zur Verfügung stellen. Im Vergleich zur On-line-Bestellmöglichkeit wirkt diese Art der Geschäftsanbahnung am WWW aber ziemlich überholt und sollte daher schon alleine aus Imagegründen hinterfragt werden.

6.1.2.2 On-line-Bestellmöglichkeit

Viele der aktuellen WWW-Sites aus dem Marketingbereich verbinden bloße Produktinformation mit direkten On-line-Bestellmöglichkeiten. Im Idealfall sieht ein solcher Vorgang wie folgt aus: Am PC zu Hause wählt der Kunde die gewünschten Produkte per Mausklick aus und überträgt sie damit automatisch in ein On-line-Bestellformular. Ist der Kunde bereits beim Anbieter registriert, wird als nächster Schritt die Kreditkartennummer eingegeben und das Formular per Tastendruck vom PC über das Internet zum verbundenen Server geschickt. Wer bei dem Anbieter noch nie etwas on-line geordert hat, muß sich zuerst registrieren, das heißt, zumindest Name, Adresse, Telefon und E-Mail-Adresse in ein WWW-Formular eintragen. Nach der Transaktion erhält der Anbieter so die Bestell- und Personendaten in elek-

tronischer Form und kann sie sofort in sein EDV-Warenwirtschaftssystem übernehmen.
Solche Bestell-Lösungen gewinnen derzeit stark an Bedeutung. Selbst die oft zitierten Probleme mit der Sicherheit der sensiblen Bestelldaten können daran nichts ändern, denn heute gibt es bereits zahlreiche Möglichkeiten, um solche Transaktionen sicher abwickeln zu können. Für Unternehmen, die sich ein größeres strategisches Geschäftspotential im Homeshopping erwarten, zahlen sich die hier gewonnenen Erfahrungen mit großer Wahrscheinlichkeit aus.
Neben den Vorteilen für die Kunden, die eine rasche und ständig verfügbare Einkaufsalternative vorfinden, besitzt dieses Bestellsystem auch ein erhebliches Rationalisierungspotential für den Handel. Man denke in diesem Zusammenhang nur an die Entbehrlichkeit von Verkaufspersonal und Geschäftslokalen bzw. an die direkte Kopplung mit dem Warenwirtschaftssystem!
Bevor man jedoch ein solches System einsetzt, sollte man sich im klaren sein, daß durch die internationale Verfügbarkeit des WWW auch Bestellungen aus dem Ausland eintreffen können. Über mögliche Exporthindernisse und logistische Probleme, die angebotene Ware betreffend, sollte man sich deshalb schon vorher informieren.

6.1.3 Unterhaltungskomponente

Wenn sich in SAT.1 das Glücksrad dreht, sitzen Millionen Zuseher vor der Glotze. Knalliges Design, ein bißchen Denksport und die richtige Mischung aus Information, Werbung und Unterhaltung sind ein sicheres Rezept für hohe Einschaltquoten. Das gilt auch für die Konzeption von Web-Sites.
Angefangen von interaktiven Spielereien bis hin zu WWW-Miss-Wahlen, reicht dazu das verwendete Infotainment-Angebot im Netz. Dabei muß allerdings das Angebot auf das eigentliche Produkt abgestimmt werden. So kann beispielsweise ein Unternehmen, das auf Taucherausrüstungen spezialisiert ist, sein WWW-Angebot mittels Testberichten, Fotos von Tauchgängen der Kunden – vielleicht sogar gekoppelt mit einem Wettbewerb – oder durch eine Auswahl der attraktivsten Tauchreiseziele gehörig auffetten. Ein solches gut gewartetes „Infotainment“ erzielt bei der entsprechenden Zielgruppe mit Sicherheit den gewünschten Effekt.

6.2 Systematisches Vorgehen bei der Entwicklung von erfolgreichen WWW-Angeboten

6.2.1 Was ist „Erfolg“?

Der Großteil der WWW-Sites beschränkt sich nach wie vor auf etwas Text und ein paar nette Bilder. Die Folge: Weder die Benutzer des Systems noch die Informationsanbieter haben viel davon. Von tatsächlichen Rationalisierungseffekten oder Nutzungsvorteilen ist meist keine Rede. Die tatsächlichen Potentiale des Mediums werden selten ausgeschöpft.

Wie auch andere Marketinginstrumente sollte eine kommerzielle Web-Site das Verhalten der Marktteilnehmer im Sinne der absatzpolitischen Zielsetzungen des Anbieters beeinflussen.

Der Erfolg einer WWW-Site kann direkt anhand der via WWW eingelangten Bestellungen gemessen werden. Da jedoch die meisten WWW-Sites keine derartigen On-line-Bestellmöglichkeiten vorsehen – vor allem dann, wenn es um reine Produktinformationen geht –, muß man sich mit anderen Formen des Feedbacks zufriedengeben.

Die Zugriffe auf eine Web-Site sind in der Praxis sehr leicht meßbar und gelten als Maßzahl für die Reichweite. Sie werden daher auch oft als Indikator für Erfolg verwendet. Diese Kennzahl ist um so aussagekräftiger, als ein Benutzer im WWW ja aktiv die Entscheidung trifft, eine bestimmte Web-Site zu besuchen, und nicht wie bei Direct Mailings oder Zeitungsannoncen passiver Empfänger ist.

Um Daten über die Demographie der Benutzer zu erhalten, werden oft auch sogenannte „guestbooks“ verwendet, in denen sich Besucher eintragen und Daten bezüglich ihrer Person und Tätigkeit abgeben.

6.2.2 Erfolgsfaktoren bei der Entwicklung von WWW-Angeboten

Was ist ein Erfolgsfaktor?

Erfolgsfaktoren sind Bedingungen, die über Erfolg und Mißerfolg unternehmerischen Handelns mitentscheiden. Die Benutzerfreundlichkeit, das heißt die einfache Bedienbarkeit, ist beispielsweise ein solcher zentraler Erfolgsfaktor für ein Masseninformationssystem.

Als kritisch gilt ein Erfolgsfaktor dann, wenn durch sein Fehlen das Erreichen des gewünschten Zieles behindert ist. Als Beispiel dazu sei hier nochmals auf die Bedienbarkeit verwiesen: Unübersichtliche Menüs oder eine schlechte Strukturierung des Informationsangebotes gefährden den Erfolg des gesamten Systems nachhaltig.

Erfolgsfaktor Inhalt

Die angebotene Information muß in Inhalt und Umfang dem Bedarf der Benutzer entsprechen. Die Inhalte müssen Benutzer und Betreiber gleichermaßen einen Zusatznutzen bieten. Durch die Nutzung des Web-Angebotes sollen direkte Rationalisierungsgewinne – in Form von Zeit- und/oder Kostenersparnis – entstehen.

Erfolgsfaktor Geschwindigkeit

Die Sicherstellung einer adäquaten Zugriffsgeschwindigkeit und damit Antwortzeit führt zu Akzeptanz und breiter Verwendung des Systems. Geringe Responsezeiten beziehungsweise rascher Datenzugriff sollte mit ein Oberziel in der Gestaltung des Interfaces sein.

Aufgrund der überwiegend geringen Übertragungsbandbreite ist eine opulente grafische Gestaltung jedenfalls gleichbedeutend mit langen Datenzugriffszeiten. Aus diesem Grund sollten komplexe grafische Darstellungs- und Auswahlverfahren (noch) nicht angewendet werden.

Erfolgsfaktor Datensicherheit

Die sichere Übertragung sensibler Daten sowie der Schutz vor unbefugtem Zugriff auf Ressourcen bilden das nötige Vertrauen in die verwendeten Techniken. Nur sichere Dienste werden auch für Transaktionen genutzt.

Erfolgsfaktor Bedienbarkeit

Die Bedienbarkeit ist von entscheidender Bedeutung für die Akzeptanz des Systems seitens der Benutzer. Die Systemstruktur sollte dabei nicht allzu verzweigt sein. Außerdem sollte es aus möglichst wenigen hierarchischen Ebenen bestehen.
Ein unübersichtliches, mit schlechter Menüstruktur und Layout gestaltetes Informationssystem wird keinen Anklang beim Benutzer finden. Von besonderer Bedeutung ist in diesem Zusammenhang die Homepage, die eine Art Titelseite des Informationssystems darstellt und einen ersten Eindruck vermittelt.

Erfolgsfaktor Aktualität

Aktualität beziehungsweise laufende Wartung des Informationsangebotes sind wesentliche Punkte für den dauerhaften Betrieb und den Erfolg einer Web-Site. Neueste Produktinformationen oder Veranstaltungen müssen sich ohne Zeitverzögerung im Informationssystem widerspiegeln. Das Angebot muß also immer „up to date“ sein.

Erfolgsfaktor Integration

Ein Masseninformationssystem sollte in bestehende Datenbanken und Transaktionssysteme integriert werden. Das WWW wird dadurch zu einer leicht bedienbaren Schnittstelle zu den betrieblichen Informationsressourcen.

Erfolgsfaktor Bekanntheit

Besonders entscheidend für den Erfolg ist aber, daß nach der Einführung des Systems ständig um dessen Verbreitung und Akzeptanz in der Zielgruppe geworben wird.

6.2.3 Der Weg zur Entwicklung erfolgreicher Masseninformationssysteme

Um die oben gestellten Anforderungen bestmöglich zu realisieren, kann man bei der Entwicklung von Masseninformationssystemen das im folgenden beschriebene Vorgehensmodell als Leitlinie benutzen.

Phase	Aufgaben	Ergebnisse
Analyse und Spezifikation	Ist-Analyse der Ausgangssituation und der Benutzerwünsche	Definition der Aufgabenstellung
Entwurf	Finden eines Lösungsweges für die gestellten Anforderungen	Systemstruktur des Informationssystems
Realisierung	Implementierung und Test des Informationssystems	Hyper-Dokumente, Programme und Dokumentation
Einführung	Installation, Schulung und Werbung für das System	Eingeführtes Endprodukt
Wartung	Pflege, Aktualisierung und Erweiterung	Laufendes Informationssystem

Abb. 79: Aufgaben und Ergebnisse im Phasenmodell

6.2.3.1 Analyse

Die Analysephase gliedert sich in eine interne und eine externe Analyse. Ziel ist es festzustellen, welche Aufgaben das System übernehmen soll und wie die Ist-Situation aussieht.
Zuerst sollten die unternehmensinternen Gegebenheiten untersucht werden. Bereits vorhandene On-line-Services, Datenbanken, innerbetriebliche E-Mail-Systeme und sonstige informationstechnische Infrastruktur müssen erfaßt werden. Ebenso werden Informationen über organisatorische Gegebenheiten, betroffene Geschäftsprozesse oder Datenmodelle eingeholt.
Bei der Analyse unternehmensexterner Gegebenheiten wird der Markt auf vorhandene Mitbewerber oder eventuelle Kooperationspartner untersucht. Eine branchenspezifische Betrachtung liefert oft wertvolle Hinweise für die Entwicklung der eigenen WWW-Site.
Anders als bei der Entwicklung innerbetrieblicher Informationssysteme ist es aber kaum möglich, die Bedürfnisse der zukünftigen Benutzer zu erfassen. Daher verwendet man zur Anforderungsanalyse von Masseninformationssystemen oft Methoden aus der Marktforschung:

- Sammlung und Analyse von Marktdaten, um die Kundenbedürfnisse herauszufinden,
- Beobachtung und Interviews mit Testpersonen,
- statistische Analyse von Nutzungsdaten,
- Umfragen.

Nach der Analysephase sollen die Systemanforderungen und -ziele möglichst genau definiert sein. Die Ziele und Randbedingungen werden am besten in einem Pflichtenheft zusammengefaßt, das die folgenden Fragen beantworten soll:

- Welche Zielgruppen soll das System erreichen?
  Unternehmensintern und unternehmensextern (Kunden, Lieferanten, Behörden, Medien etc.).

- Welche Benutzerbedürfnisse können festgestellt werden?
  Lieferquellensuche/-anwahl (Produktinformation, Unternehmensinformation etc.), Angebotsrecherche, Bestellung, Bezahlung, Beratung, Unterhaltung.
- Welche unternehmerischen Aufgaben können sinnvoll unterstützt werden?
  Werbung und Verkaufsförderung, Public Relations, Angebotslegung, Rechnungstellung, Auslieferung, Marktforschung, Kundendienst etc.
- Welche innerbetrieblichen Informationsressourcen sind verwendbar?
  Kunden-, Produkt-, Auftragsdatenbank, innerbetriebliches E-Mail-System etc.
- Welche unternehmensexternen Informationsressourcen sind verwendbar?
  Links auf andere WWW-Sites, Newsgroups, FTP-Sites, externe Datenbanken.
- Welche Mitbewerber oder eventuelle Partner gibt es in der Branche?
  Einzelanbieter, Web-Malls, Shopping Pools.
- Wie sieht deren Angebot im WWW aus?

6.2.3.2 Entwurf

Aufgabe und Techniken

Die Entwurfsphase dient dazu, die Funktionalität des geplanten Systems zu definieren und übersichtlich darzustellen. Einerseits wird die Interaktion mit dem Benutzer modelliert und andererseits die Integration des Masseninformationssystems in die Unternehmensorganisation. Eventuelle Rationalisierungspotentiale durch Telekommunikation lassen sich so am besten sichtbar machen. Die Fragestellungen lauten beispielsweise: Wie und durch welchen Sachbearbeiter werden Beschwerden behandelt, die über das Internet einlangen? Wie lassen sich vorhandene Datenbanken in das System integrieren?

Zur Darstellung der Datenflüsse, Funktionen oder Datenstrukturen eines Softwaresystems werden im allgemeinen Modelle verwendet. Sie haben eine Reihe von Vorteilen:

- Modelle schaffen auch bei einer Vielzahl von Dokumenten Übersicht.
- Sie dienen in der Implementierungsphase als Kommunikationsmittel mit dem Management.
- Sie lenken den Blickpunkt des Entwicklers weg von Details der Implementierung und Oberflächengestaltung auf den Inhalt und die Funktionalität des Systems.
- Sie dienen der Dokumentation.

Modellierung von WWW-Sites

Basierend auf den Aufgaben des Systems, die in der Analysephase definiert wurden, wird ein Grobmodell des zukünftigen Informationssystems entworfen. Eine mögliche Methode, um so ein Grobmodell darzustellen, sind Prozeßketten. In dem folgenden Beispiel wird damit die Modellierung eines Masseninformationssystems für eine fiktive „Cyberbank“ dargestellt.

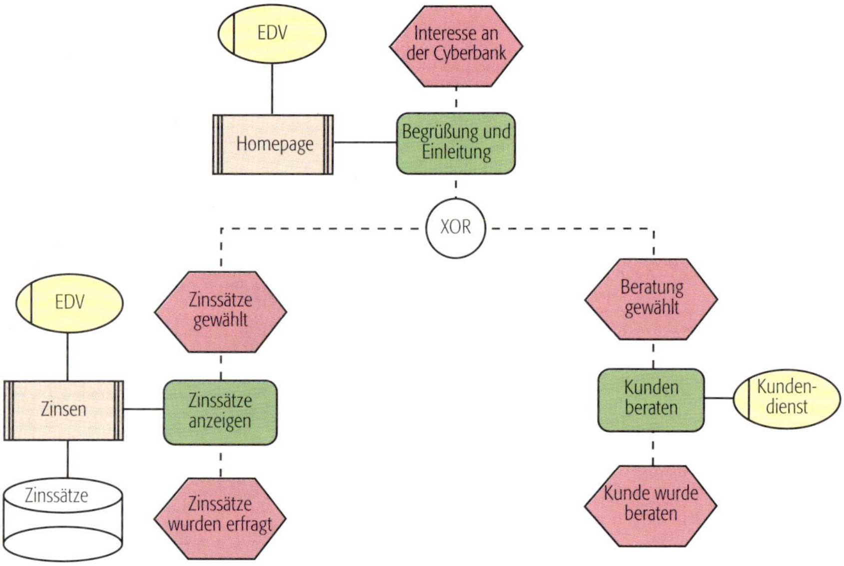

Abb. 80: Beispiel einer Prozeßkette

Prozeßketten entstehen durch das Hintereinanderreihen von Funktionen und Ereignissen und bilden den zeitlichen Ablauf einer Benutzerinteraktion ab. Durch sie können

- die Struktur des Masseninformationssystems,
- das Zusammenspiel der Dokumente,
- die zuständigen Organisationseinheiten und
- die benutzten EDV-Ressourcen

übersichtlich dargestellt werden.

Im Modell werden verschiedene Symbole verwendet, um diese unterschiedlichen Sachverhalte darzustellen:

- Ein *Ereignis* bedeutet, daß ein Zustand eingetreten ist, der den weiteren Ablauf des Prozesses steuert oder beeinflußt. Es wird als Sechseck symbolisiert.
- Ein grünes Viereck steht für eine *Funktion*. Dabei handelt es sich um eine fachliche Aufgabe oder Tätigkeit.
- Ein *Dokument* – symbolisiert durch ein rotes Viereck – stellt einen Baustein eines Masseninformationssystems dar (z. B. eine HTML-Seite).
- Eine *Organisationseinheit* (ovales Symbol) ist der Träger der durchzuführenden Aufgaben. Sie ist beispielsweise für den Inhalt oder die

Wartung einer Web-Seite verantwortlich oder für ganze funktionale Bereiche des Masseninformationssystems.

- Der Zylinder ist ein *Datenspeicher*, der stellvertretend für reale Datenbanken steht.

Umgelegt auf unser Beispiel, sieht die Prozeßkette folgendermaßen aus: Ein Interessent gelangt via Internet zur Homepage der Cyberbank. Die für die Homepage zuständige Organisationseinheit ist die EDV-Abteilung.
Der Interessent hat zwei Alternativen. Entweder kann er über das Dokument „Zinsen" die aktuellen Zinssätze abfragen. Dabei wird auf die entsprechende Datenbank zugegriffen. Zuständig dafür ist wieder die EDV-Abteilung. Andererseits kann er sich vom Kundendienst beraten lassen. Dieser Vorgang ist etwas komplexer und wird daher nicht im selben Modell dargestellt, sondern anhand einer eigenen Prozeßkette. Durch diese Möglichkeit der Schachtelung können auch komplizierte Systeme übersichtlich dargestellt werden.
Das Grobmodell wird durch weitere Interviews mit den betroffenen Stellen korrigiert und verfeinert. Das daraus resultierende Feinmodell dient als Basis für die Implementierung.

6.2.3.3 Realisierung

Werkzeuge und Techniken – Implementierung von WWW-Sites

Das WWW basiert auf dem Client/Server-Modell. WWW-Browser oder -Clients fordern Daten von einem WWW-Server an. Dieser schickt die entsprechenden Informationen dann an den Client zurück.
Sämtliche Web-Dateien sind in *HTML (Hypertext MarkUp Language)* formatiert. In diesen Hypertextdokumenten werden Struktur und in gewissem Umfang auch das Format eines Textes festgelegt. Man versieht jene Wortgruppen, die man hervorheben will (Fettdruck, Überschrift ...) mit einfachen Formatierungs- oder Strukturanweisungen und speichert das Dokument dann mit der Dateierweiterung *.html*.
Einfache HTML-Dokumente lassen sich mit einem ganz normalen Textverarbeitungsprogramm erzeugen. Den WWW-Browser benötigt man dazu, um sich das Ergebnis anzusehen. Spezielle *HTML-Editoren* oder Makros für Textverarbeitungsprogramme erleichtern die Editierung von WWW-Dokumenten erheblich. Ohne Probleme läßt sich damit ein komplettes WWW-Angebot zu Hause am PC erstellen. Die Softwarekomponenten für ein WWW-Autorensystem sind meist gratis über das Internet oder als preiswerte Shareware zu beziehen.

Gestaltungsmöglichkeiten in HTML

Der Aufbau eines HTML-Dokuments soll an einem einfachen Beispiel erklärt werden:

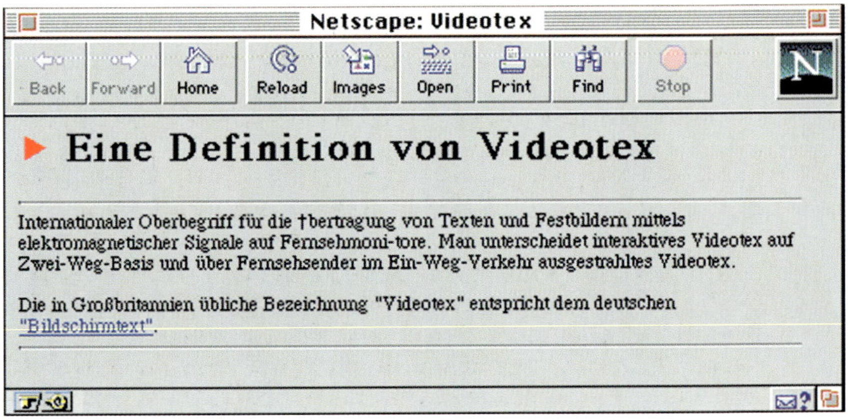

Abb. 81: Ein einfaches Web-Dokument

Die folgende Abbildung zeigt den zugrundeliegenden HTML-Quelltext für diese WWW-Seite.

```
<HTML>
<HEAD>
<TITLE>Videotex</TITLE>
</HEAD>
<BODY>
<H1> <IMG SRC="red_arro.gif"> Eine Definition von Videotex</H1>
<HR>
Internationaler Oberbegriff für die Übertragung von Texten
und Festbildern mittels elektromagnetischer Signale auf
Fernsehmonitore.
Man unterscheidet interaktives Videotex auf Zwei-Weg-Basis und
über Fernsehsender im Ein-Weg-Verkehr ausgestrahltes Videotex.
<P>
Die in Großbritannien übliche Bezeichnung "Videotex" entspricht
dem deutschen <A HREF="http://www.wu-wien.ac.at/online/
btx.html"> "Bildschirmtext"</A>.
<HR>
</BODY>
</HTML>
```

Abb. 82: Quelltext für ein einfaches Web-Dokument

HTML-Dokumente bestehen also aus Text, der mit sogenannten Kennzeichnern (engl.: tags) versehen ist. Diese teilen dem Browser mit, wie er den Text darzustellen hat. Ein Kennzeichner ist stets in spitze Klammern eingebettet. Die Markierung eines zu formatierenden Objektteils erfolgt durch einen unmittelbar vor dem hervorzuhebenden Element plazierten „Beginntag“ sowie einen korrespondierenden „Schluß-tag“ – der aus demselben „Befehl“ und einem vorgestellten Schrägstrich besteht – am Ende der entsprechenden Passage. Die Groß- und Kleinschreibung der Kennzeichner

wird von HTML ignoriert. So ist es egal, ob der Name des Kennzeichners als <TITLE>, <title> oder <Title> geschrieben wird.
Konzeptuell besteht ein HTML-Dokument aus zwei Teilen. Der Kopf des Dokumentes beinhaltet Informationen über das Dokument. Diese Information wird durch die Kennzeichner <HEAD> ... </HEAD> umschlossen. Der Körper des Dokuments enthält den Inhalt – bestehend aus Überschriften, Absatzzeichen, Text usw. – und wird gekennzeichnet durch <BODY> ... </BODY>. Das gesamte Dokument wird dann von <HTML> ... </HTML> umschlossen, um anzuzeigen, daß es sich um ein HTML-Dokument handelt. Der Titel wird in der Kopfleiste des Browser-Fensters angezeigt. Im obigen Beispiel wird er durch die Wortfolge <TITLE>Videotex</TITLE> dargestellt. HTML bietet im Text sechs abgestufte Überschriftsklassen (H1 bis H6). Entsprechend gekennzeichneter Text (<H1>Eine Definition von Videotex</H1>) wird speziell hervorgehoben und von den meisten Browsern zunehmend größer und fetter dargestellt. Jeder Absatz muß mit <P> enden. Normale Zeilenvorschübe werden vom Browser ignoriert.
Das wichtigste Feature von HTML-Texten sind die sogenannten *Hyperlinks.* Das sind unterstrichene und/oder hervorgehobene Textteile oder Bilder, die zu anderen Textteilen oder Bildern im selben Dokument, in einem anderen Dokument auf demselben Rechner oder auch auf einem anderen Server irgendwo im Internet verbinden. Im Quell-Dokument unseres Beispiels ist folgender Hyperlink enthalten:

```
<A HREF="http://www.wu-wien.ac.at/online/btx.html">
"Bildschirmtext"</A>.
```

„<A" steht für Anker, „HREF=" kennzeichnet das Objekt (Datei), auf das (die) verwiesen werden soll. Der *Uniform Resource Locator (URL)* ist die Internet-Adresse der referenzierten Datei, die über den Hyperlink angesprochen wird. Das Wort „Bildschirmtext" ist jener Text im Dokument, der den Hyperlink symbolisiert.
Die allgemeine Syntax eines URL ist:

```
Protokoll://Server-Name[:Port]/Pfad/Dateiname
```

„Protokoll" bezeichnet das Dienst-Protokoll (beispielsweise HTTP, FTP oder Gopher), das der Browser verwenden soll, um auf eine Ressource zugreifen zu können. Danach folgt der Pfad des Objektes. Dieser beginnt mit dem Namen des Servers und einer optionalen Port-Nummer. Diese Zahl kennzeichnet, welches Server-Programm am Host angesprochen wird. Sie kann aber weggelassen werden, wenn der Standard-Port verwendet wird. Der Pfad gibt dann an, wo die gewünschte Datei am Server liegt. Im obigen Beispiel (http://www.wu-wien.ac.at/online/btx.html) wird das HTTP-Protokoll verwendet. Der Host hat den Namen „www.wu-wien.ac.at", und die Datei heißt „btx.html" und liegt im Verzeichnis „online".
Schließlich enthält das Beispiel noch ein *inline image.* Bilder bestimmter Formate können auf diese Weise in Dokumente eingebettet werden. Der Kenn-

zeichner hat folgendes Aussehen: <IMG SRC=„red_arro.gif">. Die Bildformate GIF und JPEG können von allen WWW-Browsern problemlos gelesen werden. Für die Anzeige anderer Formate – etwa TIFF, BMP oder PCX – benötigt man zusätzliche Hilfsprogramme.

HTML 2.0 ist der Standard, den alle gängigen Browser unterstützen. Im wesentlichen kommt dabei nur eine Schriftart in einer Größe zum Einsatz. Abstufungen sind lediglich bei Kapitelüberschriften möglich. Viele Sonderzeichen können nicht dargestellt werden. Weitere wichtige Features wie Tabellensatz, Formeldarstellung und Textfluß neben Bildern fehlen. HTML 3.0 bietet diese Features. Dieser Standard wird großteils auch schon unterstützt. Materialien und weiterführende Informationen über HTML-Spezifikationen sind im Web unter den folgenden URLs zu finden:

- http://www.ncsa.uiuc.edu/General/Internet/WWW/HTMLPrimer.html
- http://www.w3.org/hypertext/WWW/MarkUp/MarkUp.html

Abschließend sei hier noch auf die zahlreichen *HTML-Editoren* eingegangen. Ihre Funktion besteht darin, dem Benutzer auf Mausklick Start- und End-tag für das gewünschte Element in das Dokument einzufügen. WYSIWYG (What you see ist what you get) ist eine zusätzliche Eigenschaft, die das Schreiben weiter erleichtert. Wenn Sie Informationsmaterial im WWW präsentieren wollen, das mit anderen Textverarbeitungsprogrammen erstellt wurde, so gibt es auch dafür Abhilfe. Es existieren eine Reihe von *Konvertierungsprogrammen* für die gängigen Editoren, die Fließtext automatisch in HTML umwandeln. Das Programm RTFtoHTML wandelt Dateien, die in Rich Text Format (RTF), einem Dateiaustauschformat von Microsoft, gespeichert wurden, in HTML um. Die gleiche Aufgabe übernimmt das Perl-Programm LaTeX2HTML für LaTeX-Dateien.

Kommunikation mit dem Benutzer

Um die Möglichkeiten der Interaktivität zu nutzen, sollten Web-Formulare (engl.: forms) eingebunden werden. Durch solche Dialog- und Listboxen, Markierungsfelder (Radio- und Checkboxen) sowie Eingabefelder für längere Texte können dem Benutzer Auswahl- und Eingabemöglichkeiten – etwa zur Bestellung oder für direktes Feedback – zur Verfügung gestellt werden. Natürlich sollten die so erfaßten Daten auch weiterverarbeitet werden. An dieser Stelle kommt die interaktive Schnittstelle des Servers ins Spiel, das *Common Gateway Interface (CGI)*. Über diese Schnittstelle übernimmt der Server die Daten des Formulars, sobald der Benutzer den Absende-Button drückt. Die Eingaben werden dann in Gateway-Programmen (CGI-Scripts) weiterverarbeitet. So können Datenbankabfragen, Mailing-Möglichkeiten oder Schnittstellen zum firmeninternen Kommunikationssystem geschaffen werden. Die Ergebnisse werden dem Benutzer wieder in Form von HTML-Seiten präsentiert. Der WWW-Browser stellt dadurch ein komfortables „Front-End" für die verschiedensten Informationsdienste dar. Die folgende Abbildung zeigt das Beispiel eines solchen Formulars, das zur Abfrage einer Literaturdatenbank verwendet wird.

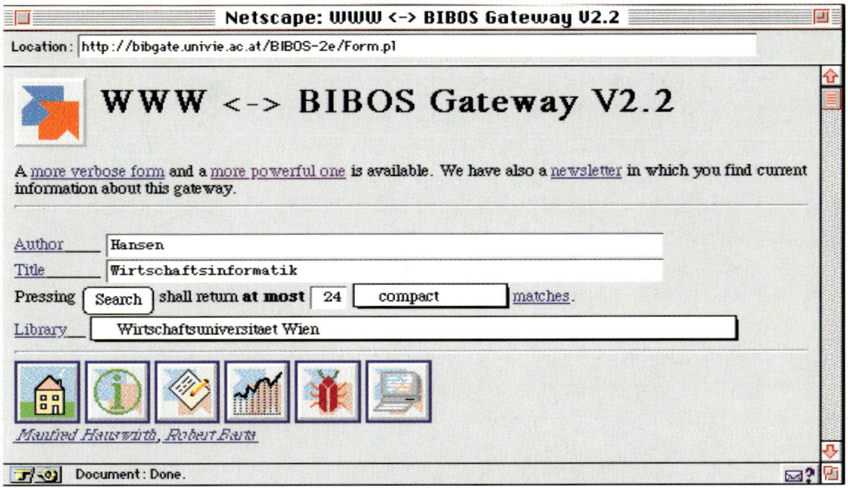

Abb. 83: Beispiel für ein WWW-Formular

Als Ergebnis wird die Liste der gefundenen Bücher in Form einer HTML-Seite ausgegeben.

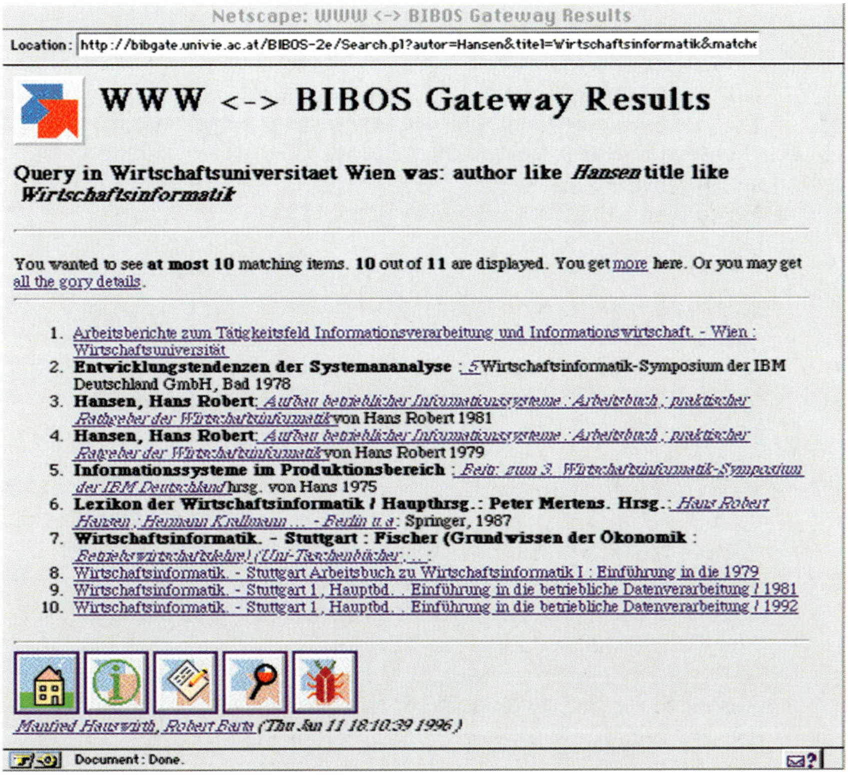

Abb. 84: Datenbankabfrage über WWW

Die am häufigsten verwendeten Programmiersprachen auf diesem Gebiet sind Perl, C/C++ und Visual Basic. Am einfachsten zu handhaben ist Perl. Der Entwickler hat zusätzlich den Vorteil, schon auf Dutzende fertiger Scripts zurückgreifen zu können, die noch dazu kostenfrei im WWW zur Verfügung stehen. Das Einsatzrepertoire dieser Formulare und CGI-Scripts ist praktisch grenzenlos.
Eine Reihe von Datenbankherstellern bietet bereits Möglichkeiten einer WWW-Schnittstelle zu ihren Produkten an. So offeriert die Firma Oracle ein kostenloses WWW-Software-Kit zum Oracle-Datenbankverwaltungssystem. Das Paket beinhaltet eine Reihe von Beispielanwendungen und Demos, die Benutzern mit Vorkenntnissen in der Anwendungsentwicklung im WWW und Oracle-Software in die Lage versetzen, die Funktionalität des Web-Servers mit Such-, Abfrage- und Übertragungsfunktionen zu erweitern. Web-Server-Benutzer können Datenbankinformationen aktualisieren und diese Daten vollständig in die bestehenden Geschäftsprozesse integrieren. Ein ähnliches Paket bieten auch Datenbankhersteller wie Informix oder O_2Technology.

Tips und Tricks für die Realisierung

Drei der anfangs erwähnten Erfolgsfaktoren sollten hier besonders berücksichtigt werden:

- Geschwindigkeit
- Bedienbarkeit
- Datensicherheit

Der kritische Faktor für die *Geschwindigkeit* von WWW-Sites ist der Einsatz von Grafiken. Wie bereits beschrieben, führt ein zu intensiver Einsatz von Grafiken einerseits zu langen Wartezeiten für den Benutzer, ist aber andererseits unerläßlich für eine ansprechende Gestaltung der Benutzerschnittstelle. Man sollte auf jeden Fall versuchen, den Speicherplatzbedarf der zu transferierenden Bilder so gering wie möglich zu halten. Die Reduktion der Anzahl der verwendeten Farben, die Größe des Bildes oder diverse Kompressionsverfahren sind Möglichkeiten, um das zu erreichen.
Natürlich muß eine WWW-Site auch möglichst einfach *bedienbar* sein. Vorgefertigte Musterseiten, in denen beispielsweise der Kopf- und Fußteil des Dokumentes bereits definiert ist, führen zu einem einheitlichen „Look & Feel“ (Systemkonsistenz) der WWW-Site und vermitteln eine Art Corporate design des Unternehmens. Symbole können den logischen Aufbau des Informationssystems unterstützen. Gerade HTML 3.0 bietet schon sehr viele Elemente, um Struktur und Layout der Dokumente zu verbessern. Zudem sollte der Umfang der einzelnen Dokumente beschränkt werden. HTML-Seiten, die mehr als zwei Bildschirmseiten umfassen, werden schnell unübersichtlich. Der Aspekt der *Datensicherheit* wird aufgrund seiner Bedeutung in einem eigenen Kapitel behandelt.

Abschließend hier noch einige nützliche Tips und Hinweise für das Schreiben von HTML-Seiten:

- Autor
  Ein Verweis auf den Autor, etwa im Rahmen eines einheitlichen Sei-

tenendes, kennzeichnet Verantwortlichkeiten und erleichtert die Kontaktaufnahme.

- Status
  Der Hinweis auf den Status der Seite (bereits komplett oder noch in Arbeit) ist eine wichtige Information für den Benutzer. Zumindest das Datum der letzten Änderung sollte angegeben werden.
- Browser-Unabhängigkeit
  Die einzelnen Kennzeichner werden von den verschiedenen Browsern unterschiedlich dargestellt. Es lohnt sich der Versuch, möglichst browserunabhängig zu schreiben beziehungsweise die erstellten Dokumente zumindest mit den wichtigsten Browsern zu testen.
- Links
  Verweise wie „hier“ oder „klicken“ sollten vermieden werden. Hyperlinks sollten sich statt dessen auf den Inhalt des verbundenen Dokuments beziehen. Es macht auch wenig Sinn, einen Text mit Hyperlinks zu überfrachten, da diese dann eher den Lesefluß stören.
- Tests
  Die Erprobung der eingefügten Links kann den für den Benutzer frustrierenden „File not found“-Error verhindern helfen.
- Icons
  Icons zum Navigieren können sehr effektiv sein, wenn sie richtig eingesetzt werden. Sie müssen aber konsistent und immer auf dem gleichen Platz zu finden sein.
- Formatierungen
  Werden Hervorhebungen (fett, kursiv, Änderungen der Schriftgröße oder des Fonts) zu exzessiv verwendet, verlieren sie ihren Effekt.
- Fehler
  Schließlich ist es selbstverständlich erforderlich, das fertige Dokument auf Grammatik- und Rechtschreibfehler zu untersuchen, die für den Benutzer mitunter sehr störend sein können.

Exkurs:
Neuere Entwicklungen – wie geht es weiter im WWW?

Durch die rasante Entwicklung in diesem Bereich stellt sich natürlich die Frage, welche Möglichkeiten dem Entwickler in Zukunft zur Verfügung stehen werden. Neben dem wachsenden Angebot an Datenbankschnittstellen gibt es zahlreiche interessante Ansätze.

Java

Vom Computerhersteller Sun wurde der Browser HotJava entwickelt, mit dem es möglich ist, im Client selbsterstellte Programme zu starten. Sogenannte Applets (Mini-Applikationen), die der Server bei Bedarf zum Client überträgt, ermöglichen ein dynamisches Erscheinungsbild der Web-Seiten. Ein Runtime-Interpreter übernimmt auf dem Zielsystem die Bearbeitung der Applets. Von sich bewegenden Icons in HTML-Seiten bis zu ganzen Paketen, die auf dem lokalen Rechner ablaufen und Netzwerk-Datentransfers auslösen, wird alles möglich. Die an C++ angelehnte Programmiersprache

Java ermöglicht sowohl in HTML-Seiten integrierbare Programme als auch solche, die eigenständig ablaufen können.

VRML

VRML, die in der Entwicklung begriffene Virtual Reality Modeling Language, ist als eigenständige Erweiterung des World Wide Web konzipiert. Mit der VRML-Sprache lassen sich dreidimensionale, verteilt aufgebaute Objekte wie Szenen visualisieren, die darauf abzielen, Benutzern zu ermöglichen, sich in einer virtuellen Umgebung frei zu bewegen. So können Sie beispielsweise über eine dreidimensionale Landschaft fliegen und ein Gebäude anklicken, dessen Innenansicht dann auf dem Bildschirm erscheint. Dadurch werden Einsatzbereiche wie interaktives Einkaufen in virtuellen Verkaufsräumen vorstellbar. Erste Produkte dieser Art wurden auch schon entwickelt.

Intelligente Agenten

Angenommen, Sie interessieren sich für einen bestimmten Fußballspieler und wollen wissen, was in den entsprechenden Diskussionsforen des Internet über ihn gesprochen wird. Internet-Agenten erledigen diese Aufgabe schnell und kostensparend, indem sie regelmäßig Newsgroups, E-Mails oder Web-Sites auf bestimmte Stichworte hin untersuchen. Die auch NetScripts genannten Programme speichern die Daten und Texte, die das richtige Reizwort enthalten, automatisch auf Ihrer Festplatte. Programme dieser Art finden sich auch schon im Angebot mancher Hersteller von Internet-Software.

Hyper-G

Hyper-G versucht die Vorteile des WWW mit den Vorzügen des Gopher-Space und WAIS zu vereinen. Ziel ist es, eine Index-Suche über alle WWW-Server zu vereinfachen und Hyper-Links auch in anderen als Textdokumenten zu ermöglichen. Vom Konzept her soll dies erreicht werden, indem die Hyper-Links nicht mehr wie in reinen Hypertext-Systemen in die Texte eingebettet, sondern in externen Link-Dateien verwaltet werden. Darüber hinaus besteht bei allen Hyper-G-Objekten eine hierarchische Struktur, die vom Gopher-System entlehnt wurde. Hyper-G-Clients wie Harmony oder Amadeus unterstützen Mehrsprachigkeit, Zugriff auf das WWW, auf Gopher-Server und haben integrierte Hilfsprogramme zur Darstellung von Bildern, Filmen, Ton, PostScript und 3D-Szenen. Auch WWW-Browser können Hyper-G-Server benutzen, allerdings nicht die komplette Funktionalität.

Welche der Techniken in den nächsten Jahren Bedeutung am Markt erlangt, läßt sich schwer abschätzen. Wie auch in anderen Bereichen setzen sich nicht immer die technisch ausgereiftesten Lösungen durch. Das entscheidende Kriterium ist auch hier die Marktpräsenz der Technik beziehungsweise des Herstellers. Die Zukunft auf diesem Gebiet verspricht jedenfalls interessant zu werden.

6.2.3.4 Einführung des Systems

Nach eingehenden Tests und einer unternehmensinternen Präsentation kann das WWW-Angebot ans Netz gehen. Gerade in dieser Einführungsphase kommt dem Marketing eine sehr große Bedeutung zu. Bei innerbetrieblichen Informationssystemen werden die Benutzer in der Entwicklungsphase informiert und geschult. Im Gegensatz dazu beginnt die Promotion für ein Masseninformationssystem bei seiner Verfügbarkeit. Dementsprechend dürfen auch die Marketing- und Werbekosten speziell während des ersten Jahres nicht unterschätzt werden. Das Maßnahmenpaket sollte alle Spielarten der klassischen Werbung umfassen, um eine entsprechende Resonanz bei der Zielgruppe zu erreichen.

6.2.3.5 Wartung

In vielen Fällen wird die Wartung der WWW-Sites vernachlässigt. Dabei bietet gerade dieses Medium die Möglichkeit, die Benutzer ständig mit den aktuellsten Informationen zu versorgen. Diese Aktualität ist, wie schon betont wurde, auch ein sehr wesentliches Kriterium für den Erfolg einer Web-Site.

Der Wartungsaufwand ist je nach Branche und Informationsangebot sehr unterschiedlich. Organisationen, welche die Web-Site zur reinen Produkt- und Unternehmenspräsentation verwenden, werden mit sporadischen Updates auskommen. Dienstleister wie Banken, die über ständig wechselnde Zinssätze oder Börsenkurse informieren wollen, werden wesentlich mehr Zeit investieren müssen. *Organisatorische Maßnahmen* wie die Einrichtung einer eigenen Stelle für das Datenmanagement des Informationssystemes sind ab einer gewissen Größe unerläßlich. Vor allem wenn die einzelnen Dokumente einer Web-Site durch verschiedene Stellen betreut werden, wird eine zentrale Koordinationsstelle, die auf Konsistenz und Vollständigkeit der dezentral erstellten Dokumente achtet, benötigt.

Neben der Aktualität der Inhalte darf auch die laufende *Unterstützung* der Endbenutzer nicht vergessen werden. Eine kostenlose Telefon-Hotline und On-line-Hilfen sind meist am effizientesten, aber für die Betreiber auch am teuersten. Die Wartungsintensität für eine WWW-Site hängt zusammenfassend von den folgenden Faktoren ab:

- der Quantität der angebotenen Information,
- dem Aktualisierungsbedarf der Information,
- der Möglichkeit, die angebotenen Informationen automatisch zu aktualisieren,
- dem Ausmaß der Kundeninteraktion (E-Mails, Bestellungen),
- dem angebotenen Support.

6.3 Fallstudie: Entwicklung des WWW-Angebotes der Bank Austria

Die technischen Eigenheiten sind beschrieben. Die Einsatzmöglichkeiten des Internet im Marketing wurden dargestellt. Auch die Sicherheits- und Rechtsproblematik wurde ausführlich diskutiert. Schließlich fanden alle Aspekte Eingang in ein idealtypisches Entwicklungskonzept für ein WWW-Angebot. Wie das Ganze in der Praxis aussieht, soll nun zum Abschluß anhand der Entwicklung einer WWW-Site für die Bank Austria gezeigt werden.

6.3.1 Die Bank Austria und das Internet

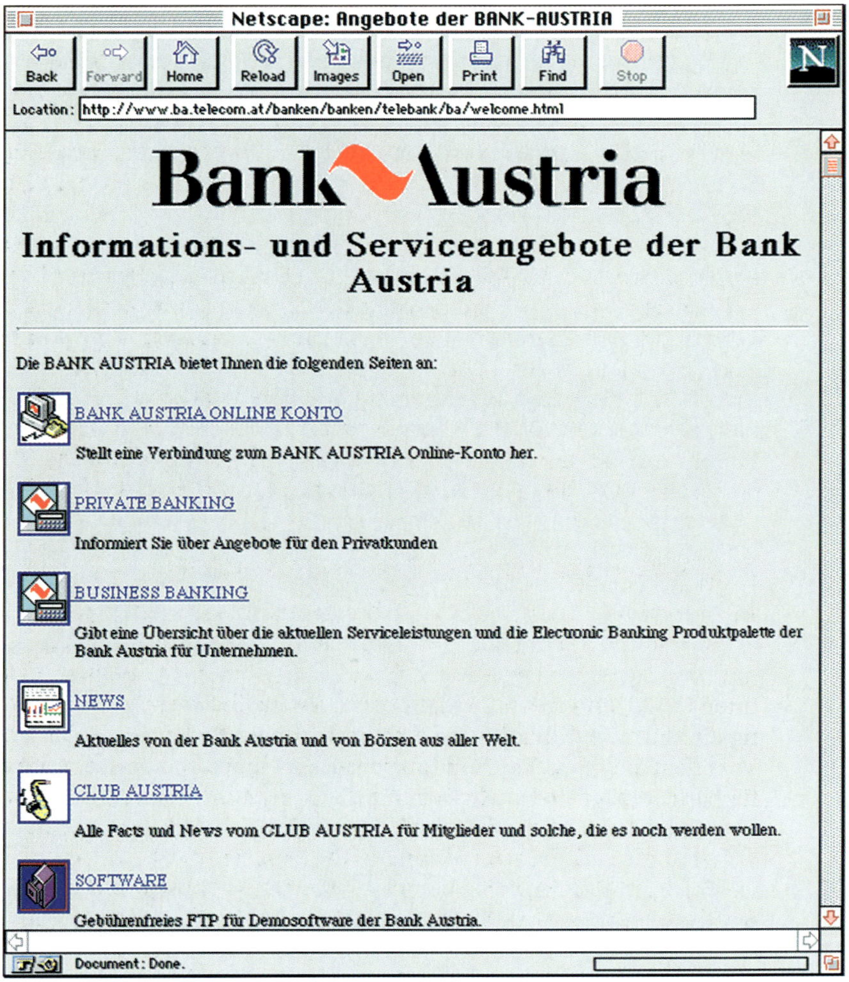

Abb. 85: Homepage der Bank Austria (http://www.telecom.at/ba/)

Seit Mitte 1995 ist auch Österreichs größte Bank via Internet erreichbar. Neben den bereits länger angebotenen elektronischen Zahlungsverkehrslösungen für Kommerzkunden – etwa Telebanking und EDI – versucht die Bank nun verstärkt ihre Privatklientel für das Electronic Banking zu gewinnen. Der Zugang über Internet ist in diesem Kundensegment das jüngste Angebot im Bereich der neuen elektronischen Dienstleistungen und eine konsequente Ergänzung der bestehenden On-line-Produktpalette der Bank.
Mit dem Internet-Angebot ermöglicht die Bank ihren Privatkunden aber nicht nur eine neue Zugangsmöglichkeit zu ihren Dienstleistungen (Abfrage der Kontostände etc.). Es geht auch darum, neue Technologien einzusetzen und zu erproben. Dabei spielt auch das Rationalisierungspotential im Bereich verwaltungsintensiver Tätigkeiten eine wesentliche Rolle. Und nicht zuletzt ist es eine Imagefrage, die Unternehmen, die innovativ und aufgeschlossen wirken wollen, nicht mehr an einer Internet-Präsenz vorbeikommen läßt.
Das für Österreichs Banken vergleichsweise frühe WWW-Engagement – die Bank Austria war nach der Österreichischen Postsparkasse die Nummer zwei im Netz – begründet der Leiter des Electronic Banking, Direktor Walter Gruber, mit dem Argument der Technologieführerschaft. Gruber: „Bei den Privatkunden wird das On-line-Angebot immer mehr zum Wettbewerbsfaktor. Ganz vorne mit dabei zu sein, ist daher in diesem Bereich für uns entscheidend."
Den Auftrag zur Entwicklung der Web-Site erteilte die Bank Austria bereits Anfang 1995 der Abteilung für Wirtschaftsinformatik an der Wirtschaftsuniversität Wien. Unter der Leitung von Prof. Dr. Hans Robert Hansen wurde im Zuge eines Seminars und in ständiger Zusammenarbeit mit der Bank Austria daraufhin dieses Masseninformationssystem realisiert.
Laut Direktor Gruber brachte die externe Entwicklung der Bank neben einem einsatzfertigen WWW-Angebot auch weitere Vorteile. Gruber: „Wir haben in Zusammenarbeit mit dem Institut die Grundlagen gelernt, wie wir mit dem System und dem neuen Medium Internet umgehen können."

6.3.2 Analyse der Banken im WWW

Am Beginn der Erstellung des WWW-Konzepts für die Bank Austria stand eine Analyse internationaler WWW-Angebote von Banken. In diesem Rahmen wurde auch eine Befragung von 14 im Internet präsenten Finanzinstituten durchgeführt. 85 Prozent schätzten die Präsenz am Internet als wichtig ein. Für die Zukunft wird eine noch höhere Bedeutung erwartet.
Vor allem die große Zahl der Internet-Teilnehmer und dessen weltweite Verfügbarkeit machen das Medium für die Banken interessant. Die einfache Bedien- und Gestaltbarkeit von WWW-Angeboten läßt das Internet dazu als kostengünstige Werbeplattform attraktiv erscheinen. Als weiterer Pluspunkt werden die Interaktivität und die vielfältigen Feedbackmöglichkeiten angesehen. So kann via Internet rasch und einfach die Kundenmeinung erhoben werden, die wertvolle Information für jedes Unternehmen darstellt. Als Vertriebskanal für Bankdienstleistungen – etwa für Geldtransaktionen – kommt das Internet derzeit aber noch kaum zum Einsatz.

Für die Banken sind aktuelle und interessante Informationen auf WWW-Seiten entscheidend für den Erfolg des Angebotes. Zusätzlich wurde die schnelle Auswertung des Kunden-Feedback und eine ansprechende Reaktion auf Kundenwünsche als sehr wichtig eingestuft. Als Voraussetzung gelten jeweils ausreichende finanzielle und personelle Mittel zur Bearbeitung der Antworten und die Schaffung der notwendigen Organisationsstrukturen.

6.3.3. Projektgliederung

Die Projektdauer belief sich ungefähr auf sechs Wochen. Die einzelnen Phasen sind in der nachfolgenden Abbildung dargestellt. Die Analyse basierte auf der bereits erwähnten Branchenumfrage, auf Sekundärmaterial sowie Prospekten aus diversen Fachabteilungen der Bank Austria. Außerdem fanden laufend Gespräche mit dem zuständigen Ansprechpartner in der Bank Austria statt.

Projektphase	Dauer
Analyse	1 Woche
Entwurf	2 Wochen
Realisierung	2 Wochen
Einführung	1 Woche

Abb. 86: Phasen des Projektes

6.3.3.1 Entwurf

In der Entwurfsphase wurden die Inhalte und Funktionen der WWW-Seiten auf Basis der Analyse definiert. Für den hierarchischen Aufbau wurde eine „Top-Down"-Vorgehensweise gewählt. Zuerst wurden also die einzelnen Menüpunkte der Homepage festgelegt und dann schrittweise verfeinert. Die Modellierung erfolgte, wie bereits im vorigen Kapitel gezeigt, mittels Prozeßketten. Die Seiten, von denen ausschließlich Informationen abgerufen werden können, wurden nur in der Struktur berücksichtigt. Angebote mit stärkerer Interaktivität wurden hingegen genauer modelliert.

6.3.3.2 Realisierung

Allgemeine Kriterien bei der Erstellung

- Bedienbarkeit
  Durch Darstellungsstandards – etwa durch die Wahl bestimmter Symbole und Farben für verschiedene Benutzeroptionen – wird eine Vertrautheit in der Funktion vermittelt. Das Ziel muß immer sein, gleiche Funktionen durch identisches „Look and Feel" zu einer Einheit zu verbinden. Denn: Hat der Nutzer in einer Funktion das Benutzungsprinzip verstanden, kann er es „intuitiv" in allen Bereichen nutzen. Daher wurde das Seitenende mit den Buttons zur

Steuerung und den allgemeinen Informationen standardisiert. Folgende Standardbuttons wurden verwendet:

Der erste Button führt jedesmal zur vorangegangenen Seite zurück.

Der zweite Button (das Bank Austria-Logo) bringt den Benutzer zurück zur Bank Austria-Homepage.

Der dritte Button informiert über das Projekt.

Um dem Benutzer der Bank Austria-WWW-Seiten auch die Möglichkeit zu Beschwerden, Wünschen oder Anregungen zu geben, wurde ein direkter Link zu einer E-Mail-Adresse bei der Bank Austria gelegt. Dieser Link ist von allen Seiten aufrufbar, damit jederzeit und unkompliziert ein Feedback möglich ist.

- Gestaltung der Benutzerschnittstelle
  Die Gestaltung der Benutzeroberfläche – als Schnittstelle zwischen User und Informationssystem – war von ganz zentraler Bedeutung für die Entwicklung. Denn schließlich entscheidet nicht nur der Informationsgehalt, sondern ganz wesentlich auch die Gestaltung und Navigationsfreundlichkeit der Bedieneroberfläche über den Erfolg eines Masseninformationssystems.
  Eine wesentliche Bedingung für das Layout war deshalb auch die Dimensionierung für einen 14-Zoll-Bildschirm. Aufgrund der kleinen Fläche des Bildschirms wurden relativ viele Seiten mit kurzem Inhalt erstellt, wodurch sich eine breite Hierarchie ergab. Die Breite der hierarchischen Struktur liegt im Falle dieser Web-Seiten bei acht, die Tiefe bei fünf Ebenen.

- Geschwindigkeit
  Ein privater Endbenutzer, der sich mit einem gängigen Modem mit angenommener Übertragungsrate von 14.400 bit/s bei seinem Provider einwählt, benötigt für die Übertragung eines mittelgroßen Bildes etwa eine bis eineinhalb Minuten. Die mögliche Wartezeit beim Server nicht miteingerechnet.
  Außerdem stellen unterschiedliche Browser gleiche Seiten oft anders dar. Daher wurden bewußt keine großen „clickable maps" eingesetzt und alle Icons und Buttons klein gehalten – im Schnitt unter einem Kilobyte. Nur bei speziellen Seiten, wo es unbedingt notwendig war – wie etwa bei der Darstellung des Kunstforum der Bank Austria –, wurden größere Bilder verwendet.

- Datensicherheit
  Durch die übersichtliche Trennung nach Sachgebieten können die Endbenutzer leichter und schneller zu den für sie interessanten Seiten kommen. Auch bei der Wartung der Seiten lassen sich Kompe-

tenzabgrenzungen leichter vornehmen, sodaß bestimmte Stellen in der Bank Austria mit der Wartung der Inhalte betraut werden können.

Beschreibung des Bank Austria-Informationsangebots

Die Homepage ist der Einstiegspunkt und damit die Visitenkarte einer Web-Site. Bei der Bank Austria kann von hier aus in die verschiedenen Informations- und Dienstleistungsangebote, die nach Sachgebieten strukturiert sind, verzweigt werden, wie die Abbildung zeigt. Die wichtigsten Punkte und ihre Inhalte werden hier kurz vorgestellt:
Über den ersten Menüpunkt kommt man direkt in das Bank Austria Online Konto und kann über Internet Überweisungen und Kontostandsabfragen vornehmen. Mit Anwahl dieses Punktes wird eine zeichenorientierte Telnet-Sitzung gestartet. Diese Telnet-Applikation war bereits vorhanden und wurde in das neue Angebot übernommen.

Der nächste Menüpunkt enthält Angaben zu den „Direct Banking"-Dienstleistungen für private Kunden. Die einzelnen Produkte sind:

- *Das Bank Austria Online Konto:* Zugang über Internet, PAN und Modem.
- *Quicken:* Persönliches Finanzmanagement-Programm mit einem direkten „Draht" zur Bank Austria.
- *Kontofon:* Das Telefon-Banking-System der Bank Austria.

Abgesehen von allgemeiner Information und einer Darstellung des Direct Banking-Angebots besteht noch die Möglichkeit, Fax-Bestellformulare auszudrucken.

Unter Business Banking werden die elektronischen Dienstleistungen der Bank Austria für Unternehmen präsentiert. Dieser Bereich enthält Informationen über die Produkte und die entsprechenden Kontaktstellen, an die sich Interessenten wenden können.

- *Electronic Banking Club:* Club zur Förderung des Electronic Banking.
- *MBS Telebanking:* die Telebanking-Software mit dem neuen Multi-Bank-Standard der österreichischen Banken.
- *Datenbanken:* Die Bank Austria bietet eine Reihe von Datenbanken zur Recherche an, wie zum Beispiel die Umweltdatenbank.
- *Mozart:* ein teletextgestütztes Kapitalmarktservice.

Die Seite mit News aus den Finanzmärkten bietet interessante Links aus dem Finanzbereich. Am Beginn dieser Seite kann die Bank Austria Werbung etwa für Finanzprodukte wie Anleihen oder Wertpapierfonds plazieren. Das erreicht, ohne gegen die Netiquette zu verstoßen, die gewünschten Adressaten.
Auch der Club Austria, der Jugend- und Veranstaltungsclub der Bank Austria, ist mit Informationen vertreten. Unter anderem werden kulturelle und musikalische Highlights des laufenden Monats angezeigt.

Der Bank Austria-Server bietet auch die Möglichkeit, direkt über das WWW und kostenlos Software zu beziehen. Über FTP können folgende Demoprogramme geladen werden:

- Einführung in das Bank Austria Online Konto
- Einführung in Telebanking MBS

Die folgende Abbildung zeigt die Dateien, die vom Benutzer durch einfaches Anklicken mit der Maus auf den eigenen PC gespielt werden können.

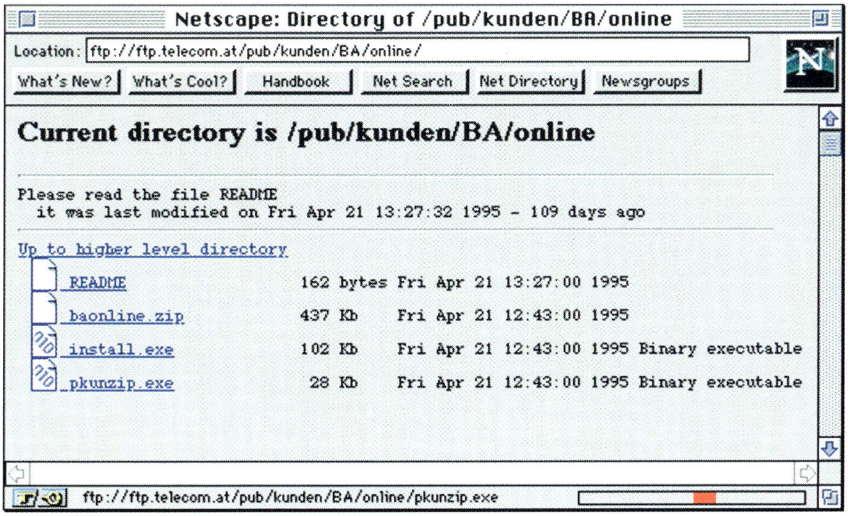

Abb. 87: Verzeichnis der FTP-Dateien

Die Kulturseite zeigt das laufende Ausstellungsprogramm im Kunstforum der Bank Austria.

„Sie an uns" enthält Feedback-Formulare, über die Benutzer direkt mit der Bank in Kontakt treten können. Die Formulare werden von praktisch allen bekannten Web-Browsern unterstützt und basieren auf Perl-Scripts (für UNIX-Server). Derzeit bietet „Sie an uns" zwei Funktionen an:

- Der *„Feedback-Survey"*. Damit wird den Benutzern direkt aus dem System eine Rückmeldung an die Bank ermöglicht. Das soll vor allem mehr Benutzer zu einer Antwort bewegen und zeigen, was die Kunden wünschen.
- Die *Bestellfunktion*. Mit dem umseitigen WWW-Formular kann online Informationsmaterial angefordert werden. Die Zusendung erfolgt allerdings noch auf herkömmlichem Weg, per Post.

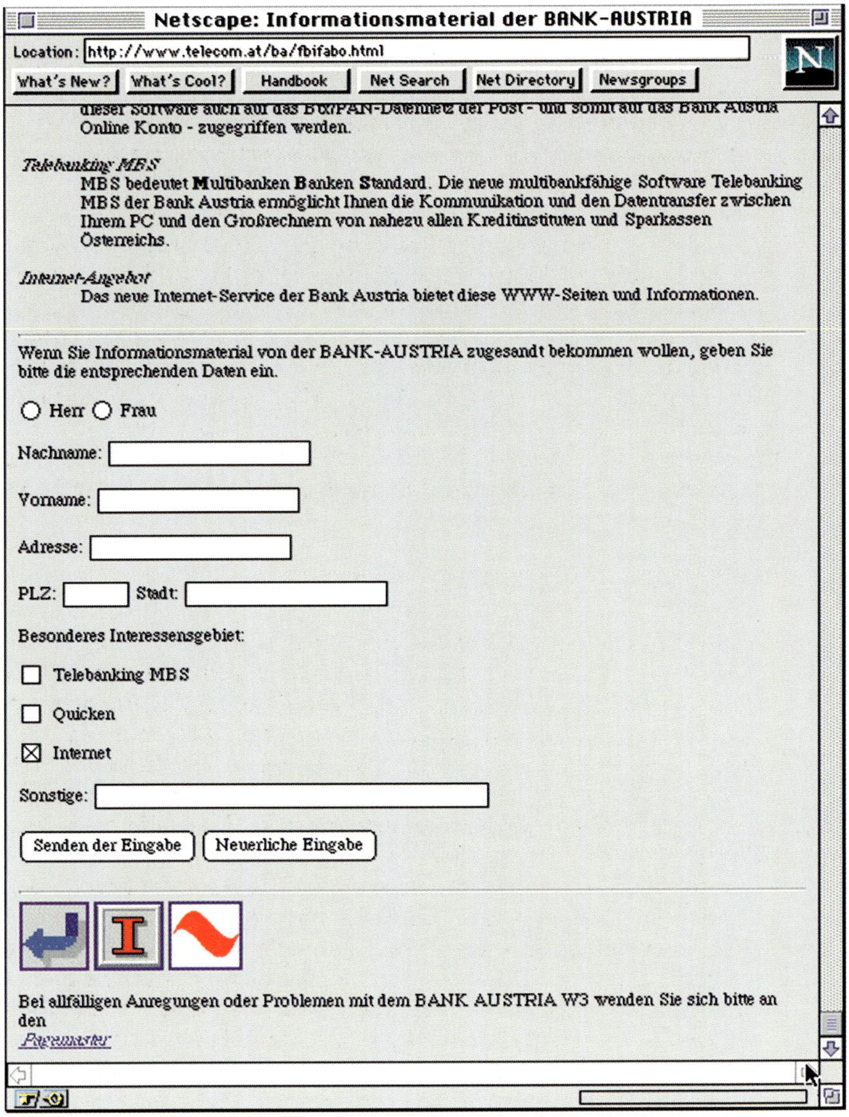

Abb. 88: Formular zum Anfordern von Informationsmaterial

6.3.3.3 Einführung und Wartung

Die Bank Austria bietet derzeit noch nicht über einen eigenen WWW-Server an. Ihr WWW-Angebot erfolgt über einen externen Internet-Provider. Diese Gesellschaft übernimmt die gesamte technische Abwicklung und einen Teil der Wartungsarbeiten. Damit fielen für die Bank Austria bei der Einführung keine größeren Investitionen an.

Von Beginn an wurde die Web-Site im Rahmen einer großangelegten allgemeinen Image-Werbekampagne mit ganzseitigen Anzeigen in Tageszeitun-

gen und Wochenmagazinen professionell beworben. Außerdem wurde der URL an diverse „Metapages“ und „Internet-Directories“ zur Eintragung weitergegeben. Knapp nach der Eröffnung des Servers im Juni 1995 wurde diese Seite bereits ungefähr 2.000mal pro Woche aufgerufen. Im Oktober 1995 verzeichnete dic WWW-Homepage – laut Angaben der Bank Austria – „20.000 Zugriffe pro Monat“.
Nach erfolgreicher Einführung beginnt der Alltagsbetrieb. Das heißt: Wartung, Aktualisierung, Weiterentwicklung der Seiten. Dieser Bereich ist sicher der aufwendigste Teil beim Betrieb eines WWW-Angebotes, der zu Beginn oft unterschätzt oder gar nicht eingeplant wird.
Klare Verantwortungsbereiche sind eine Voraussetzung für aktuelle Informationen. Bei der Bank Austria erfolgt die Koordination mit dem Internet-Provider deshalb durch einen Produkt-Manager aus dem Bereich Electronic Banking. Über diese Stelle laufen sämtliche Änderungen, und einheitliche und koordinierte Web-Seiten sind gewährleistet. Die inhaltliche Verantwortung liegt in den jeweiligen Fachabteilungen, die auch neue Vorschläge bringen sollen.

6.3.3.4 Weitere Entwicklung

Mit der Erstellung eines ersten Angebotes ist die WWW-Entwicklung der Bank Austria keineswegs abgeschlossen. Neben einer kontinuierlichen Wartung werden laufend neue zusätzliche Angebote erstellt. Ein gelungenes Beispiel dafür ist der interaktive EU-Förderwegweiser für Österreich. Dieses Informationswerk bereitet per Mausklick Tausende Seiten Förderrichtlinien für den Benutzer auf. Für jedes Bundesland werden separat alle möglichen Regional- und EU-Förderprogramme dargestellt. Dazu gibt es eine interaktive Checkliste, die sofort zeigt, ob ein konkretes Investitionsprojekt Förderchancen hat, und wenn ja, in welchem Ausmaß. Das ist Interaktivität, die dem einzelnen auch einen konkreten Nutzen bringt.
Von vielen Unternehmen und speziell von Banken, die noch nicht im Internet vertreten sind, wird immer argumentiert, daß das Netz ein zu hohes Sicherheitsrisiko beinhalte. In der Bank Austria sieht man diese Problematik differenzierter. Electronic-Banking-Direktor Walter Gruber meint jedenfalls: „Wir haben die Sicherheit im Griff.“ Für Gruber ist das Risiko sehr limitiert und wird in den Medien stark übertrieben. Gruber pragmatisch: „Ein PC kann kein Geld ausspucken. On-line-Transaktionen können nur von einem dafür freigegebenen Konto zu einem anderen Konto durchgeführt werden und sind im Betrag limitiert. Das heißt, auch wenn die PIN- und TAN-Codes geknackt würden, der Weg des Geldes ist also immer eindeutig nachvollziehbar.“
Dennoch oder vielleicht gerade deshalb, weil alles digital nachvollziehbar wird, schrecken viele Konsumenten noch vor dem unergründlichen Internet zurück. Der prognostizierte On-line-Shopping-Boom läßt aus Sicherheits-, Rechts- oder anderen allzu menschlichen Gründen vorerst noch auf sich warten. Doch programmiert ist er längst.

Anhang

URLs zu Kapitel 4.3.1

- 4th WWW User Survey (GVU) – Georgia Institute of Technology
  (http://www.cc.gatech.edu/gvu/user_surveys/)
- HERMES Consumer Survey of WWW Users – University of Michigan
  (http://www-personal.umich.edu/~sgupta/hermes/)
- Internet Survey No1 und Internet Shopping Habits Survey von PCS/AccessCom
  (http://www.survey.net/m0.htm)

URLs zu Kapitel 4.5

Einzelhandel

Beispiele in Österreich

- Airport Center Wals-Himmelreich
  (http://www.homeshop.at/homeshop/airport/)
- Austria-Baustoffmarkt – Info-Center
  (http://www.infot.co.at/bdb/)
- Austrian HOMESHOP
  (http://www.homeshop.at/homeshop/)
- Donauland
  (http://www.via.at/donauland/welcome.htm)
- Einkaufsgasse Internet
  (http://www.egi.co.at/egi/)
- Electronic Mall Bodensee
  (http://www.bodan.net/)
- Kastner und Öhler – Das Versandhaus
  (http://www.homeshop.at/homeshop/necker/)
- MAGNET-Supermärkte Online-Bestellsystem
  (http://www.magnetmarkt.co.at/magnet/)
- Modeversand Ritter International
  (http://www.bodan.net/ritter/)
- P.L.U.S. Internet Shop
  (http://www.telecom.at/plus/)
- Shopping City Austria
  (http://www.sca.co.at/sca/)

- Steve's Net Shop
  (http://www.telecom.at/steves-net-shop/welcome.html)
- Virgin Megastore
  (http://www.virgin.co.at/virgin/)
- World Wide Winery
  (http://www.intellectics.co.at/casadelvino/)

Beispiele in Deutschland

- Computerbücher am Obelisk
  (http://www.obelisk.netplace.com/)
- Frank Frankens Teehandlung
  (http://eunet.bda.de/bda/nat/franken/franken.html)
- J. F. Lehmanns Fachbuchhandlung
  (http://www.Germany.eu.net/shop/JFL/)
- Kawumm Head-Shop
  (http://www.uni-sb.de/SaarLink/kawumm/)
- Neckermann
  (http://www.neckermann.de/)
- Otto Versand
  (http://www.otto.de/)

Transport und Verkehrswesen

Beispiele in Österreich

- ARBÖ – Aktuelle Verkehrsmeldungen – Österreich
  (http://www.apa.co.at/arboe/verkehr/)
- Austrian Airlines
  (http://www.aua.co.at/aua/)
- Fahrplan der ÖBB
  (telnet://obb@fiicmds06.tu-graz.ac.at:23/)
- Lauda-air
  (http://www.Laudaair.via.at/)
- ÖAMTC – Österreich
  (http://www.apa.co.at/oeamtc/)
- Österreichische Bahnverbindungen – Telnet [Login: obb]
  (telnet://obb@info.tu-graz.ac.at:23/)
- Public Transport Vienna
  (http://www.atnet.co.at/Tourism/Vienna/publicTransport/)
- U-Bahn-Auskunftssystem für Wien
  (http://metro.jussieu.fr:10001/bin/select/english/austria/vienna/)

Beispiele in Deutschland

- ADAC – Deutschland
  (http://www.traxxx.de/adac/welcome.html)
- Bahnverbindungen in Deutschland
  (http://rail.rz.uni-karlsruhe.de/rail/)

- Berliner Verkehr
  (http://www.informatik.hu-berlin.de/Freizeit/berlin/verkehr/)
- Der RailServer
  (http://rzstud1.rz.uni-karlsruhe.de/~ule3/Railserver/railserv.html)
- Deutsche Bahn AG
  (http://www.bahn.de/)
- Flughafen Frankfurt/Main AG
  (http://www.frankfurt-airport.de/)
- Flugverkehr-Service – Airlines aus aller Welt
  (http://www.tii.de/air/air.html)
- Lufthansa-Flugplan
  (http://www.tkz.fh-rpl.de/tii/lh/lhflug.html)

Tourismus und Freizeitwirtschaft

Beispiele in Österreich

- @rs electronica 95
  (http://www.ars.co.at/ars/)
- ATS Austrian Tourist Service
  (http://www.netwing.at/atshome/)
- Austropa Hotels
  (http://www.telecom.at/telecom/kunden/connsys/Austropa/index.html)
- Dorfhotels und Bauerndörfer
  (http://www.dorfhotels.co.at/)
- Elektronischer Museumsführer
  (http://www.is.co.at/MuNe/)
- Hello Austria – Willkommen in Österreich
  (http://hello-austria.coa.t/ha/)
- Museum Moderner Kunst
  (http://www.mmkslw.or.at/mmkslw/)
- ÖKISTA – Das andere Reisebüro
  (http://www.telecom.at/telecom/kunden/connsys/Oekista/index.html)
- Österreich-Werbung
  (http://austria-info.at/)
- Rendezvous in Wien
  (http://austria-info.at/wien/index_d.html)
- Salzburger Festspiele
  (http://hirsch.cosy.sbg.ac.at/kultur/salzfest/)
- Tourismusinformationen über Österreich
  (http://www.via.at/metropolix/)
- Vereinigte Bühnen Wien
  (http://www.telecom.at/vbw/welcome.html)
- Wien Tourismus
  (http://www.atnet.co.at/Tourism/Vienna/)
- Wiener Festwochen
  (http://www.infosys.tuwien.ac.a:80/WF/)

- Wiener Staatsoper – Wiener Volksoper
  (http://austria-info.at/kultur/ws-wv/index.html)

Beispiele in Deutschland

- 5 vor 12 – Das Internet Last Minute Reisebüro
  (http://www.lastminute.de/)
- Deutsche Städte im WWW
  (http://www.leo.org/demap/cities/index.html)
- Deutscher Tourismus-Index
  (http://www.funtours.de/idt/)
- Last-Minute-Angebote
  (http://www.tii.de/lm/lm.html)
- Münchner Oktoberfest
  (http://www.bayern.de/Muenchen/english/offers.htm)
- Reisewetter – Wetterberichte aus aller Welt
  (http://www.traxxx.de/wetter/welcome.html)
- Skyways Billigflüge
  (http://www.skyways.de/it.html)
- The Berlin Bear
  (http://www.berlin-bear.de/)
- Tourismus in Deutschland – Unterkunftsverzeichnis und Veranstaltungshinweise
  (http://www.imedia.de/)
- TRAXXX – Travel-Guide – Interaktiver Reiseführer
  (http://www.traxxx.de/travelguide/welcome.html)
- Urlaub in Deutschland
  (http://www.tii.de/de/de.html)
- Wrapped Reichstag – Christo and Jeanne-Claude
  (http://www.nbn.com/youcan/christo/berlin.html)

Medien/Verlage

Beispiele in Österreich

- APA (Austria Presse Agentur)
  (http://www.apa.co.at/)
- BAZAR Zeitung
  (http://www.BAZAR.co.at/bazar/)
- Der Standard
  (http://www.DerStandard.co.at/DerStandard/)
- Industriemagazin
  (http://www.industriemagazin.co.at/im/index.htm)
- Live Sport Magazin
  (http://www.zika.co.at/live/live.htm)
- Manz'sche Verlags- und Universitätsbuchhandlung
  (http://www.manz.co.at/manz/)
- Mediabiz
  (http://www.mediabiz.co.at/mediabiz)

- Oberösterreichische Nachrichten
  (http://www.oon.at/OOEN/start.html)
- ORF
  (http://www.via.at/modern.times/)
- Radio CD
  (http://www.atnet.co.at/RadioCD/)
- Vorarlberger Nachrichten
  (http://www.vn.co.at/)
- Wiener Zeitung
  (http://www.oesd.co.at/wz/wz.htm)
- Wiener/Basta
  (http://www.ping.at/users/wiener/)
- WirtschaftsWoche
  (http://www.wirtschaftswoche.co.at/wirtschaftswoche/)

Beispiele in Deutschland

- Addison-Wesley Deutschland
  (http://www.germany.eu.net/shop/aw/)
- Allegra
  (http://www.allegra.de/allegra.html)
- ARD/ZDF-Teletext
  (http://odin.csn.tu-chemnitz.de:9999/ARD/100/1)
- Bertelsmann AG
  (http://www.bertelsmann.de/)
- c't-Redaktion
  (http://www.ix.de/ct/)
- Computer Zeitung
  (http://eunet.bda.de/bda/nat/cz/)
- COMPUTERWOCHE Online
  (http://www.computerwoche.de/)
- Der Spiegel
  (http://www.spiegel.de/)
- Die Welt
  (http://www.welt.de/)
- FOCUS Online
  (http://www.focus.de/)
- Heise-Verlag (iX, c't, ELRAD, Gateway)
  (http://www.ix.de/)
- IWT Magazin Verlags-GmbH
  (http://www.iwtnet.de/)
- Mac MAGAZIN
  (http://www.maz.net/macmagazin/)
- SAT.1 SatellitenFernsehen GmbH
  (http://www.sat1.de/)
- Spektrum der Wissenschaft
  (http://www.spektrum.de/)

- Springer-Verlag Heidelberg/Berlin
  (http://www.springer.de/)
- Stern
  (http://www.stern.de/)
- Süddeutsche Zeitung
  (http://www-dw.gmd.de/sz/)
- Sybex Verlag
  (http://www.sybex.de/)
- TAZ (Berlin)
  (http://www.prz.tu-berlin.de/~taz/)
- THE NAVIGATOR TV Today
  (http://www.tvtoday.de/)
- TV MovieON
  (http://www.tvmovie.de/)
- Westdeutscher Rundfunk
  (http://www.wdr.com/)

EDV-Branche (Computer und Telekommunikation)

Beispiele in Österreich:

- Apple Computer Österreich
  (http://www.DerStandard.co.at/DerStandard/applea.htm)
- Compaq Computer Austria
  (http://www.telecom.at/telecom/kunden/compaq/cpq_home.htm)
- DEC-College
  (http://www.via.at:80/dec/dec1.htm)
- Dicosoft GmbH
  (http://www.dicosoft.co.at/dicosoft/)
- EUnet Austria
  (http://www.eunet.co.at/)
- FABA – Fallmann & Bauernfeind
  (http://www.faba.co.at/faba/)
- IBM Austria
  (http://www.ibm.co.at/)
- Kapsch
  (http://www.kapsch.co.at/)
- magnet – The Personal Online Source
  (http://www.magnet.at/)
- PING Homepage – Personal Internet Gate Austria
  (http://www.ping.at/)
- Sun Austria
  (http://www.sun.co.at/sun/)
- Syscon International
  (http://www.syscon.co.at/)

- Telecom Home Page
  (http://www.telecom.at/)
- Vianet Homepage
  (http://www.via.at/)
- Xpoint (Internet-Provider)
  (http://www.xpoint.at/)

Beispiele in Deutschland:

- Amiga Technologies
  (http://www.amiga.de/)
- Apple Computer GmbH
  (http://www.apple.de/)
- Bull AG
  (http://www.bull.de/)
- Compaq Computer GmbH
  (http://www.compaq.de/)
- Der Software-Katalog im Internet
  (http://www.software.de/)
- Digital Equipment GmbH – München
  (http://www.digital.de/)
- ESCOM
  (http://www.escom.de/)
- IBM Deutschland
  (http://www.ibm.de/)
- NetConsult Computersysteme GmbH
  (http://www.intershop.de/)
- Netscape Deutschland
  (http://home.de.netscape.com/de/)
- Pandasoft GmbH
  (http://www.pandasoft.de/)
- PRISMA Computer GmbH
  (http://www.prisma.de/)
- Siemens Nixdorf Informationssysteme AG
  (http://www.sni.de/)
- Silicon Graphics GmbH
  (http://www.sgi.de/)
- Sun Germany – Produkte und Support
  (http://www.sun.de/)
- VOBIS Microcomputer AG
  (http://www.vobis.de/index.html)

Finanzdienstleistungen

Beispiele in Österreich

- Allgemeine Sparkasse Oberösterreich
  (http://www.telecom.at/aspk/)

- Bank Austria
  (http://www.telcom.at/ba/)
- Börse Wien
  (http://www.wu-wien.ac.at/cgi-bin/boerse1.pl)
- Creditanstalt
  (http://www.creditanstalt.co.at/)
- Donau-Versicherung
  (http://www.dv.co.at/dv/internet)
- EA-Generali
  (http://www.ea-generali.group.co.at/generali/)
- Fidelity Investments
  (http://www.fid-inv.com/)
- GiroCredit
  (http://www.girocredit.telecom.at/gc/)
- P.S.K. Telebanking
  (http://www.psk.co.at/psk/)
- Quelle Versicherung
  (http://www.quelle.plus.at/quelle/quelle.htm)
- Raiffeisenzentralbank Österreich
  (http://www.rzb.co.at/rzb/)
- Wiener Städtische Versicherung
  (http://www.wr-staedtische.co.at/wr-staedtische/)

Beispiele in Deutschland

- Allianz Versicherung
  (http://www.wiso.gwdg.de/ifbg/go20.html)
- Bank 24
  (http://www.bank24.de/)
- Bankgesellschaft Berlin
  (http://www.bankgesellschaft.de/)
- Bayerische Hypotheken- und Wechsel-Bank
  (http://www.hypo.de/)
- Deutsche Bank AG
  (http://www.deutsche-bank.de/)
- Direkt Anlage Bank München
  (http://www.diraba.de/)
- Dresdner Bank Investmentgruppe
  (http://www.dit.de/)
- HYPO-BANK
  (http://www.hypo.de/)
- Sparkasse Schwerin
  (http://www.miss.net/miss/user/spk_sn/)
- Sparkassenverband Bayern
  (http://www.sparkassenverband-bayern.de/)
- Stadtsparkasse Nürnberg
  (http://www.stadtsparkasse-nuernberg.de/)

Literaturverzeichnis

Angell, D.; Heslop, B.: The Internet Business Companion: Growing Your Business in the Electronic Age, Reading, Mass. 1995.

Atia-Off, K.: Videotex: Zivilrechtliche Aspekte, Diss., Bern 1988.

Baran, N.: The greatest show on earth, Byte, July 1995, S. 69 ff.

Bartel, A.: Online-Anwendungen nutzen mit Datex-J/Bildschirmtext – Homebanking, Teleshopping, Container-Welt, Electronic Mail, Bonn 1994.

Bauer, J. M.; Latzer, M. (Hrsg.): Nützliche Verbindungen. Österreichs Telekommunikationsdienste im internationalen Kontext, Wien 1993.

Blattberg, R. C.; Glazer, R.; Little, J. D. C. (Hrsg.): The Marketing Information Revolution, Boston, Mass., 1994.

Blaurock, U.: Haftung der Banken beim Einsatz neuer Techniken im Zahlungsverkehr, CR 1989, S. 561–567.

Borsum, W.; Hoffmeister, U.: Bildschirmtext und Vertragsrecht, Hannover 1984.

Bouwman, H.; Christoffersen, M. (Hrsg.): Relaunching Videotex, Dordrecht 1992.

Brauner, K.: Das Erklärungsrisiko beim Einsatz von elektronischen Datenverarbeitungsanlagen, Diss., Bonn 1988.

Brenner, W.; Kolbe, L.: Die computerunterstützte Informationsverarbeitung der privaten Haushalte als Herausforderung für Wissenschaft und Wirtschaft, in: Wirtschaftsinformatik, 36 (1994), Heft 4, S. 369–378.

Brinkmann, W.: Bestellvorgang über Bildschirmtext und Abruf von Bildschirmtext-Angeboten unter besonderer Berücksichtigung des AGB-Gesetzes und des Abzahlungsgesetzes, in: Bildschirmtext-Anbieter-Vereinigung e.V. (Hrsg.), Das Bildschirmtext-Recht entwickelt sich: Dokumente und Kommentare zum Bildschirmtext-Staatsvertrag und zum übrigen Btx-Recht, Berlin/Offenbach 1985.

Brinkmann, W.: Vertragsrechtliche Probleme bei Warenbestellung über Bildschirmtext, BB 1981, S. 1183–1190.

Bultmann, F.; Rahn, G.-J.: Rechtliche Fragen des Teleshopping, NJW 1988, S. 2432–2438.

Campbell, G.; Heim, J.: The Best of Online Services, in: PC World, Okt. 1993, S. 225–240.

Canter, L. A.; Siegel, M. S., übers. und bearb. von Haselier, G. und Fahnenstich, K.: Profit im Internet, München 1995.

Cavazos, E.; Morin, G.: Cyberspace & the Law: Your Rights & Duties in the On-Line World, Mass. 1994.

Chandler, D.: Der perfekte WEB-Server: Web-Server-Installation und Optimierung, München 1995.

Chapman, B.; Zwicky, E.: Building Internet Firewalls, Sebastopol 1994.

Clemens, R.: Die elektronische Willenserklärung: Chancen und Gefahren, NJW 1985, S. 1998–2005.
Crone, H.: Rechtliche Aspekte der direkten Zahlung mit elektronischer Überweisung (EFTPOS), Zürich 1988.
Cronin, M. J.: Doing More Business on the Internet: How the Electronic Highway Is Transforming American Companies, 2. Aufl., New York 1995.

Dichter, C: Software Engineering with Perl, New Jersey 1995.
Dittrich, R.; Matzka, M.; Wittmann, H.: Rechtsprobleme des Bildschirmtextbetriebes in Österreich, Wien 1984.
Duschanek, A.: Rechtliche Grundfragen des Bildschirmtext-Betriebes, ZfV 1987, S. 275–286.

Ellsworth, J. H.; Ellsworth, M. V.: The Internet Business Book, New York 1994.
Essinger, J.: Electronic Payment Systems – Winning New Customers, London 1992.

Fahey, T.: net.speak – the internet dictionary, Indianapolis, Indiana, 1994.
Fervers, M.: Die Haftung der Banken bei automatisierten Zahlungsvorgängen, WM 1988, S. 1037–1044.
Ford, A.: Spinning the Web: How to Provide Information on the Internet, Sheffield 1995.
Friedmann, St.: Bildschirmtext und Rechtsgeschäftslehre, Diss., Köln 1986.

Glazer, R.: Marketing in an Information-Intensive Environment: Strategic Implications of Knowledge as an Asset., in: Journal of Marketing, 55 (1991), Heft 10, S. 1–19.
Grau, O.: Gründerzeit – Mit dem WWW auf dem Weg in virtuelle Welten, in: iX, (1995), Heft 5, S. 86–92.
Greve, K.: Haftung für Datenverarbeitung: Ansprüche der Betroffenen, Frankfurt/Main 1988.
Großfeld, B.; Salje, P. (Hrsg.): Elektronische Medien im Recht, Köln 1986.
Grubb, A.; Kanellakis, A.; Lübbeke, M.: Profit mit dem Internet, München 1995.

Hansen, H. R. u. a.: Klare Sicht am Info-Highway: Geschäfte via Internet & Co., Wien 1996.
Hansen, H. R.: A Case Study of a Mass Information System, in: Information & Management, 28 (1995), Heft 2, S. 215–225.
Hansen, H. R.: Conceptual Framework and Guidelines for the Implementation of Mass Information Systems, in: Information & Management, 28 (1995), Heft 3, S. 125–142.
Hansen, H. R.: Die Auswahl von On-line-Diensten für kommerzielle Zwecke, in: Jahrbuch Telekommunikation und Gesellschaft, Band 3, Hrsg. H. Kubicek u. a., Heidelberg 1995.
Hansen, H. R.: Implementing Mass Information Systems: A Conceptual Framework and Guidelines, CITM Working Paper Series, No. CITM-94-WP-1004, Walter A. Haas School of Business, University of California, Berkeley 1994.

Hansen, H. R.: Marketing über den Information Superhighway. Teil 1: Interaktives Fernsehen, TV-Shopping und interaktive Videotexdienste, in: Werbeforschung & Praxis, 39 (1994), Heft 5, S. 169–175.

Hansen, H. R.: Marketing über den Information Superhighway. Teil 2: Internet, in: Werbeforschung & Praxis, 40 (1995), Heft 1, S. 32–36.

Hansen, H. R.; Prosser, A.: Entwicklung und Betrieb von Masseninformationssystemen. Schlußfolgerungen aus dem Studenteninformationssystem der Wirtschaftsuniversität Wien, in: Wirtschaftsinformatik, 35 (1994), Heft 3, S. 233–242.

Hansen, H. R.; Prosser, A.: Masseninformationssysteme: Erfahrungen mit Selbstbedienungsinformationsdiensten für EDV-Laien, dargestellt am Beispiel des WU-BTX-Systems, in: Eschenbach, R. (Hrsg.): WU-Jahrestagung 1993: Forschung für die Wirtschaft – Im Mittelpunkt der Mensch, Wien 1993.

Hansen, H. R.; Schweeger, T.: Interaktive Geschäfte mit Privathaushalten, Wien 1995.

Heidinger, J.: Computermißbrauch und die Versicherbarkeit der Risiken, CR 1986, 50–52, 106–111, S. 176–182.

Herda, S.: Die Verwendung von Unterschriften in der elektronischen Kommunikation, GMD-Spiegel 1988, H 1, S. 45–52.

Hohmann, H.: Fristgebundene Schriftsätze durch Telekommunikationsdienste, Telekommunikation in der Rechtspraxis, NJW-CoR 1989, Heft 1, S. 28–31.

Hübner, H. et al.: Rechtsprobleme des Bildschirmtextes, München 1986.

Huly, H. R.; Raake, S.: Marketing Online: Gewinnchancen auf der Datenautobahn, Frankfurt/Main 1995.

Icove, D.; Seger K.; Von Storch W.: Computer Crime, Sebastopol 1995.

Jaburek, W.: Bildschirmtext und Recht, Wien 1984.

Jaburek, W.: Elektronische Kommunikationsdienste – und niemand haftet? in: Gorny, P./Kilian, W. (Hrsg.): Computer-Software und Sachmängelhaftung, Stuttgart 1985, S. 100–110.

Jaburek, W.: Risiken elektronischer Datenübermittlung im Banken-, Handels- und Behördenbereich, Mannheim 1990.

Janal, D. S.: Online Marketing Handbook: How to Sell, Advertise, Publicize, and Promote Your Products and Services on the Internet and Commercial Online Systems, New York 1995.

Kantor, A.: Making On-Line Services Work for You, in: PC Magazine, 13 (1994), Heft 5, S. 111–158.

Kearsley, G.: Public Access Systems: Bringing Computer Power to the People, Norwood, N.J. 1994.

Kinnebrock, W.: Marketing mit Multimedia: Neue Wege zum Kunden, Landsberg/Lech 1994.

Kohl, H.: Telematikdienste im Zivilrecht, Rechtsgeschäfte – allgemeine Geschäftsbedingungen – unlauterer Wettbewerb und Urheberrecht, in: Scherer J. (Hrsg.): Telekommunikation und Wirtschaftsrecht, Köln 1988, S. 91–109.

Köhler, H.: Die Problematik automatisierter Rechtsvorgänge, insbesondere von Willenserklärungen, DuD 1986, S. 337–345, 1987, S. 7–12.

Krause, M.; Rosenow, J.; Stagl, G.: Online Kit – Der Information Highway für Multimedia, 1. Auflage 2/1995.
Kuhn, K.: Rechtshandlungen mittels EDV und Telekommunikation: Zurechenbarkeit und Haftung, München 1991.
Kunze, M.: Geheimtip – Entwickeln und Testen von Web-Projekten, in: c't, (1995), Heft 9, S. 166–172.
Kurzidim, M.: Spurensucher – Broswer und nützliche Utilities für's World Wide Web, in: c't, (1995), Heft 9, S. 152–156.

Larenz, K.: Beweislastverteilung nach Gefahrenbereichen, in: v. Caemmerer, E. et al. (Hrsg.): Festschrift für Fritz Hauß zum 70. Geburtstag, Karlsruhe 1978, S. 225–239.
Latzer, M.; Thomas, G. (Hrsg.): Cash Lines, Amsterdam 1994.
Liu, C.; Peek, J. u. a.: Managing Internet Information Services, Sebastopol, CA 1994.

Maier, G.; Wildberger, A.: In 8 Sekunden um die Welt – Kommunikation über das Internet, 4. Aufl., Bonn 1995.
Micklitz, H.-W.: Verbraucherschutz und Bildschirmtext, NJW 1982, S. 263–268.
Milczewsky, K.; Pielhauer, W.: Datex-J: Das Praktiker Handbuch für Bildschirmtext und Datex-J, Ulm 1995.
Mintert, S.: Weberknechte – WWW-Dokumente komfortabel erstellen, in: iX, (1995), Heft 8, S. 54–68.
Münch, J.: Rechtliche Probleme bei Electronic Banking, NJW-CoR 1989, Heft 4, S. 7–10.

Negroponte, N.: Being digital, New York 1995.

Paefgen, Th.: Bildschirmtext aus zivilrechtlicher Sicht, Weinheim 1988.
Paefgen, Th.: Forum: Bildschirmtext – Herausforderung zum Wandel der allgemeinen Rechtsgeschäftslehre? Jus 1988, S. 592–598.
Pine, B. J.: Mass Customization, Boston, Mass., 1992.
Poullet, Y.; Vandenberghe, G. (Hrsg.): Telebanking, Teleshopping and The Law, Deventer 1988.
Press, L.: The Internet and Interactive Television, in: Communications of the ACM, 36 (1993), Heft 12, S. 19–23 und 140.

Redeker, H.: Der Abruf von Informationen im Bildschirmtextsystem als Rechtsgeschäft, DB 1986, S. 1057–1061.
Regan, E. A.; O'Connor, B. N.: End-User Information Systems, New York 1994.
Reifner, U.: Die Haftung des Kontoinhabers beim Mißbrauch seiner Bankautomatenkarte durch Dritte, BB 1989, S. 1912–1921.
Reinhard, U.: Interaktives Fernsehen, Zusammenfassung der 2. Veranstaltung „Rundfunk Marketing", Mannheim 4/1994.
Rutke, W.: Rechtsfragen des Electronic Banking, in: Scherer J. (Hrsg.): Telekommunikation und Wirtschaftsrecht, Köln 1988, S. 139–161.

Schmid, B. u. a.: Electronic Mall: Banking und Shopping in globalen Netzen, Stuttgart 1995.

Schmid, B.: Elektronische Märkte, in: Wirtschaftsinformatik, 35 (1993), Heft 5, S. 465–480.

Schneider, U.: Das Recht des elektronischen Zahlungsverkehrs, Frankfurt/Main 1982.

Schneier, B.: Applied Cryptography, New York 1994.

Seidel, R.; Haacker, D.; Alton-Scheidl, R.: Österreich Online: ein interaktives Handbuch, Wien 1995.

Silberer, G. (Hrsg.): Marketing mit Multimedia, Stuttgart 1995.

Sterne, J.: World Wide Web Marketing: Integrating the Internet into your Marketing Strategy, New York 1995.

Traut, B.: Rechtsfragen zum Bildschirmtext, München 1987.

Vandenberghe, G.: Rechtliche Aspekte verbraucherorientierter Telebanking- und Teleshopping-Dienste in der Europäischen Gemeinschaft, in: Scherer, J. (Hrsg.): Nationale und europäische Perspektiven der Telekommunikation, Baden-Baden 1987, S. 149–157.

Verity, J. W.; Hof, R.: Bullet-proofing the net, Business Week, November 13, 1995, S. 50–51.

Viebcke, V.: „Durch Datenverarbeitungsanlagen abgegebene" Willenserklärungen und ihre Anfechtung, Diss., Marburg 1972.

Wagner, R.: Inside CompuServe, Indianapolis, Indiana, 1993.

Wall, L.; Schwartz, R.: Programmieren in perl, Wien 1993.

Washburn, K.; Evans, J.: Aufbau und Betrieb eines TCP/IP-Netzes, Bonn 1994.

Wienke, M.: Wettbewerbsrechtliche Probleme der Werbung über Bildschirmtext und Telefax, WRP 1986, S. 455–459.

Wilson, S.: World Wide Web Design Guide: Learn to design professional web pages, Indianapolis, Indiana, 1993.

Zahrn, Chr.: Beweislast bei Fehlern, insbesondere bei Softwarefehlern, IuR 1986, S. 301–303.